秦謎

秦始皇的祕密

李開元／著

秦始皇像

是他，第一次依靠武力統一了中國。從此，「打天下、坐天下」的暴力邏輯成為中華帝國揮之不去的的命運。對中國人來說，「權力會落入何人之手」與「權力以何種方式行使」這兩個問題，前者遠比後者刺激——而世界史已證明，只有對後一問題進行持續關注和反思的民族，才能夠建立起現代法治文明。

綠面俑

1999 年 9 月在秦始皇兵馬俑二號坑出土的跪射俑面部，臉型粗獷，表情堅毅，可見當日秦軍風貌之一斑。正是有了無數這樣彪悍的士兵，才使得秦始皇最終實現了數代秦王統一天下的夢想。

黑夫尺牘　驚尺牘

1975 年湖北省雲夢縣睡虎地 4 號秦墓出土，是秦王政二十四年（前 223 年）一對兄弟自前線發回的家書。兩千多年後，這兩封珍貴的戰地家書把我們帶回到烽煙四起的秦始皇統一六國戰爭的歷史中。據李開元教授考證，黑夫和驚所屬部隊是秦國名將王翦率領的滅楚大軍；而與王翦對抗的，正是末代楚王昌平君和項羽的祖父項燕聯合指揮的楚軍。

秦代銅量及其銘文

下圖為方形銅量外壁所刻的秦始皇二十六年統一度量衡的詔書（局部）。

琅邪台秦始皇與徐福雕塑（李開元攝）

坑儒谷

故址在今陝西臨潼縣。坑儒真相如何？是本書討論重點之一。

商水扶蘇墓（李開元攝）

壁畫《鴻門宴》（摹本）

西漢時期　原畫 1953 年洛陽燒溝漢墓出土。

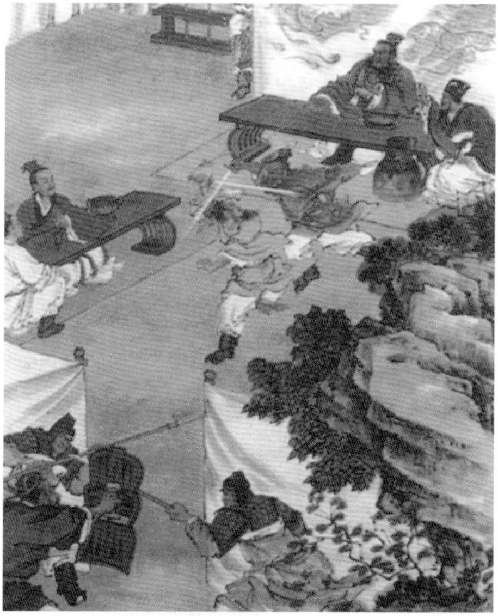

《鴻門宴》

近代畫作

秦始皇巡行專用馬車

彩色跪射俑

秦始皇像

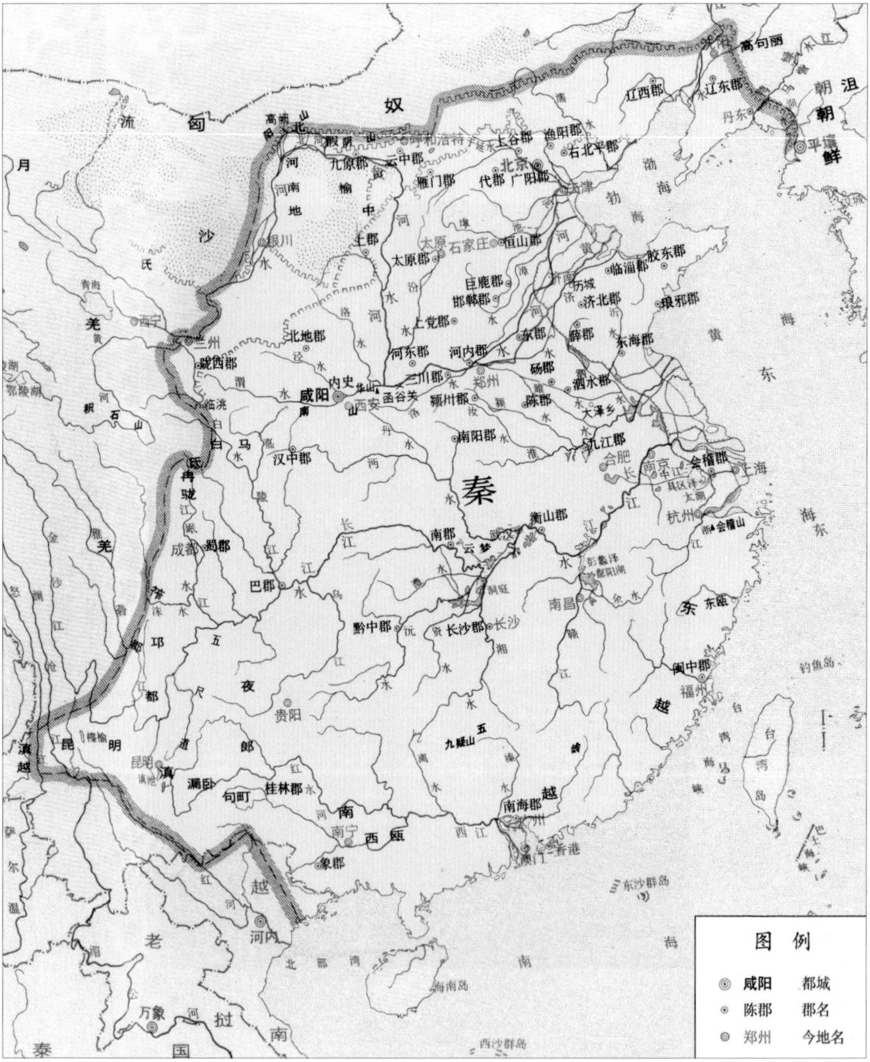

秦帝國疆域圖

錄自譚其驤主編《中國歷史地圖集》（原書為簡體字版）

自序　在推理中享受歷史的樂趣

這本書，不是一本常規的歷史著作，而是一本大膽的歷史推理作品。

簡單來說，這是一本解碼的書，破解的是歷史的密碼。解碼與解謎不同。解謎，是破解單謎。解碼，是破解謎團，一連串彼此關聯的謎；這些謎都在一個相通的環上，必須按照環扣的次序順次解開。

這本書所要破解的密碼，是秦始皇的密碼。

秦始皇可以說是中國歷史上第一大名人，也是迷霧重重的人物。籠罩在秦始皇身上的重重迷霧，從他的出生開始，一直到他的死後，日積月累，有增無減，千百年來，積澱成一連串的歷史疑案。

生父之謎是第一樁疑案，秦始皇究竟是嬴異的兒子，還是呂不韋的兒子？假父和弟弟之謎是第二樁疑案，秦始皇與嫪毐、成蟜之間，究竟發生了什麼事情？表叔之謎是第三樁疑案，昌平君究竟是什麼人，他為什麼先扶持嬴政親政，後來又起兵反秦稱楚王？

至於第四樁疑案的皇后之謎，更是蹊蹺迷離。秦始皇是中國歷史上第一位皇帝，但是，中國歷史上第一位皇后，卻在史書上渺無蹤影，這不是非常奇怪嗎？這樁奇怪的事情，不僅牽連到秦始皇的長子扶蘇、幼子胡亥和他們的兄弟姊妹，更牽連到他們的母親們，那些曾經在秦始皇身邊生活過，後來又完全失去了消息的所有後宮……

如此種種疑案，都糾纏在一個環上，這就是秦始皇的親族和外戚。如此種種疑案，至今仍沒有確切的答案。

為什麼會這樣？年代久遠，史料欠缺，當然是首要的原因。不過，人為地隱瞞歷史的真相，有傾向性地曲解歷史，也是重要的原因之一。除此之外，在我看來，還有一個也很重要的原因，就是觀念的束縛。

多年以來，在史料學的領域，我們信奉「有一分資料說一分話」的原則。不過，如果我們將這個原則推廣到整個歷史學中來加以奉行的話，警句就變成了咒語，我們將會掉進認識的陷阱，誤以為凡是沒有記載的事情就不曾存在。如此擴大化的結果，歷史學將會只剩下破碎的斷片，而失去完整的篇章，前言不搭後語的失衡，最終難免陷於失語。

歷史是什麼？歷史是基於史料對往事的推想。古代史的史料少而又少，如何通過這些少而又少的資料，解讀出多而更多的史實來，必須修練「有一分資料說十分話」的功夫。這個「說十分話」的功夫，講的是由一條資料生發十條線索的方法；這個方法的思路，就是多方聯想和合理推測。在直接證據不足的情況下，盡可能地搜尋間接的旁證，然後運用聯想和推測，上下內外關聯，前後左右旁通，索隱探微，設問求解，將各種蛛絲馬跡串聯起來，最大限度地解析歷史，揭示歷史的真相。

歷史學的這種做法，類似於現實中的偵探破案。案發後的現場，混亂而狼藉，犯人無影無蹤，證據被銷毀隱去，偵探們仔細地搜集每一個指紋、每一個腳印，哪怕是一根毛髮，甚至是一種氣味……如何由這些少而又少的證據，搜尋出犯人的蹤影，復原出案發的現場，推理和聯想，正是必不可少的功夫。按照偵探學上的說法，就是通過推理和聯想，將所有的證據合理聯繫起來，形成一個相關的證據鏈，由此重建案發的過程。

刑警偵探，破解的是現在的疑案；破解古代疑案的歷史學家，是歷史偵探。歷史偵探破解歷史疑案，同刑警偵探破案一樣，充滿了驚險、刺激，還有樂趣。

讀者朋友，讓我們回到兩千多年前的秦代，來到秦始皇的身邊，置身於那一個又一個的案發現場，一起來做歷史偵探，一起來享受破案的快樂，一起來體驗福爾摩斯式的邏輯與力量吧。

二〇〇八年六月十六日初稿

二〇〇九年一月十日定稿

目次

第一案

是他，創立皇帝制度，成為中國第一位皇帝；是他，挾雷霆之威，第一次統一了天下。他，秦始皇，姓嬴名政——且慢，據說還有另一個名字，叫呂政？原來，他的出生是一件兩千年來的無頭案：秦始皇，到底是不是大商人呂不韋的私生子？無數學者參與討論，卻一籌莫展：史料如此缺乏，而最原始的記載《史記》卻自相矛盾。問題出在哪裡？

第二案

秦始皇的青少年時代，歷史記載幾乎空白；唯一的線索就是他有三個弟弟：一個突然在前線投敵叛國，兩個被秦始皇活活撲殺而死。秦始皇與弟弟們，到底存在什麼樣的生死情仇？年輕國君，如何面對親情背叛、人倫慘劇？夾雜其間的，又有怎樣的政治陰謀？

第三案

西元前二三八年，秦王政九年，楚考烈王二十五年。這一年，秦楚兩國政局都發生大動盪：前者有嫪毐之亂，後者考烈王去世，其大臣被殺。此時，一件非常奇怪的事情出現了：一位神祕的楚國王子，在秦國為秦王浴血奮戰。兩千年來，沒有人知道這位王子的名字。他，是誰？他為什麼留在秦國？他跟秦始皇是什麼樣的關係？

第四案

在中國，幾乎無人不知秦始皇；可是，有誰知道，他的皇后是誰？難道赫赫有名的始皇帝，竟然沒有皇后？更為弔詭的是，不僅是始皇后，秦始皇後宮中所有的女人，都沒有留下姓名。究竟是什麼原因，讓歷史抹去了她們的身影？

秦始皇的後宮謎團（上）　170

謎底

《史記》是中國歷史上偉大的史書，然而，關於秦始皇的出生，他的宮廷，司馬遷要麼自相矛盾，要麼乾脆沒有記載。為什麼會這樣？歷史是怎樣寫出來的？《史記》中沒有記載的歷史，隱藏著怎樣的驚天大祕密？

穿透歷史的迷霧 224

附錄

秦漢

第一案

是他，創立皇帝制度，成為中國第一位皇帝；是他，挾雷霆之威，第一次統一了天下。他，秦始皇，姓嬴名政——且慢，據說還有另一個名字，叫呂政？原來，他的出生是一件兩千年來的無頭案：秦始皇，到底是不是大商人呂不韋的私生子？無數學者參與討論，卻一籌莫展：史料如此缺乏，而最原始的記載《史記》卻自相矛盾。問題出在哪裡？

誰是秦始皇的父親（上）

一　呂不韋真的是秦始皇父親嗎？

1　司馬遷惹的禍

秦始皇的生父究竟是誰，是一個古老的歷史疑案。

秦始皇姓嬴名政，出生於戰國時代的趙國首都邯鄲，就是今天的河北省邯鄲市。他的父親子異，是在邯鄲做人質的秦國公子，當時還不到二十歲，潦倒而不得意。他的母親是出身於邯鄲豪門大戶的美女，風流多情而又能歌善舞，美中不足的是史書上沒有留下她的名字，只稱她為趙姬。

落魄的王子，異國巧遇富家美女，美好而又浪漫，本來應該是茶餘飯後的美談，文人墨客的歌詠題材，然而，子異和趙姬的相遇，其間另有一位第三者介入。這位第三者，叫做呂不韋，是在邯鄲經商的大富豪。正是由於呂不韋介入了子異和趙姬之間的緣故，落魄王子異國巧遇富家美女的佳

秦始皇像

話，轉化成為複雜的三角戀情。正是在這種扯不清道不明的關係中，嬴政出生了。

嬴政出生以後，他的生父究竟是誰，是子異還是呂不韋，也就成為一樁說不明白的事情。生父不明，對於一般的庶民百姓而言，是一樁難言的家事；對於家天下的皇室而言，可就是一樁關係王朝命運的國事了。為什麼這樣說呢？因為這關係到六百年世代承繼的秦國政權，究竟還姓不姓嬴，秦國是否在嬴政即位的時候，就已經易姓革了命，被偷偷地改朝換代了？正是因為事情如此重大，秦始皇的生父究竟是誰的問題，千百年來成為歷史學上一樁聚訟紛紜的公案，歷史學家們為此一直爭論到今天。

考察事情的來龍去脈，這樁疑案起源於《史記》；換句話說，都是司馬遷惹的禍。那麼，司馬遷又是如何惹出這場官司來的呢？

司馬遷在《史記‧秦始皇本紀》中敘述秦始皇的身世說：

> 秦始皇者，秦莊襄王子也。莊襄王為秦質子於趙，見呂不韋姬，悅而取之，生始皇。以秦昭王四十八年正月生於邯鄲。

秦始皇的父親姓嬴名異，被稱作子異，就是公子異的意思。嬴異是秦國的第三十三代國王，莊襄王是他死後的謚號，司馬遷在這裡用的是追述的筆法，所以這樣稱呼他。這段記載說，秦始皇是莊襄王的兒子。莊襄王在趙國做人質的時候，在呂不韋家見到趙姬，一見鍾情娶以為妻，生下了嬴政。出生的時間是秦昭王四十八年（前二五九）正月，出生地是邯鄲。

這段紀事，簡潔明瞭，將秦始皇的身世交代得清清楚楚，明言他是子異和趙姬所生的兒子，並沒有對他的出生質疑。

不過，司馬遷在《史記・呂不韋列傳》裡又是另外一個說法了，他敘述秦始皇的出生時說：

呂不韋取邯鄲諸姬絕好善舞者與居，知有身。子楚從不韋飲，見而說之，因起為壽，請之。呂不韋怒，念業已破家為子楚，欲以釣奇，乃遂獻其姬。姬自匿有身，至大期時，生子政。子楚遂立姬為夫人。

子楚，是子異的字號。這段紀事說，呂不韋與絕色善舞的邯鄲美人趙姬同居，知道趙姬懷了孕。就在這期間，子異到呂不韋家做客宴飲，見到趙姬而一見鍾情，起身敬酒，請求呂不韋將趙姬送與自己。呂不韋開始非常生氣，後來考慮到自己已經為子異的政治前途投入了全部財產，為了「釣奇」獲取投資的成功，他不得不順水推舟，將趙姬送與子異。趙姬隱瞞了自己已經懷孕的事情，嫁與子異，如期生下了兒子嬴政。於是，子異立趙姬為自己的夫人。

這段紀事，生動詳細，通過講述一段歷史故事，明言嬴政實際上是呂不韋的兒子。

同一《史記》，在不同的篇章當中，對於同一事情有不同的記載，這就是秦始皇出生之謎這樁歷史疑案的由來，宛如司馬遷為我們布下的迷魂陣。

那麼，這兩種不同的紀事，究竟哪一個對，哪一個錯？哪一個是歷史的真相，哪一個是人為的虛構呢？這就是需要我們來破解的歷史疑案了。

2 嫌疑人名單

俗話說得好，兩占不定。講的是算命打卦，一卦凶一卦吉，你無法拿定主意。正如我們對案件的審理，肯定和否定的證據一半對一半，法官無法根據現有的證據斷案。基於這種常識，僅僅依據《史記》這兩處不同

偃師呂不韋墓（李開元攝）

的紀事，歷史偵探也無法判斷哪一處對哪一處錯，也就是說，無法判定秦始皇的生父究竟是子異還是呂不韋。

在案件的偵破中，刑警偵探們為了判斷事件的真相，常常使用一個有效的方法，叫做排除法。在種種疑跡當中，逐一排除假象，最後剩下來的，應當就是最接近真相的事情了。在秦始皇生父是誰這樁疑案中，可能是秦始皇生父的嫌疑人只有兩位，如果我們排除了其中假的一位，剩下的就可能是真了。基於這個道理，我們不妨使用排除法來偵查本案。

為了便於展開偵查工作，首先將涉及本案的兩位嫌疑人的個人資料做簡要整理，提供如下頁表。

首先請大家審閱這份資料，然後隨同我按照搜查名單的順序，逐一調查這兩位嫌疑人，審查他們做案的可能。下面，我們一起來對第一嫌疑人呂不韋做詳細的審查，看看能不能將他排除出嫌疑人名單之外。

3 發現了「奇貨」

呂不韋是濮陽人，濮陽是戰國時代衛國的首都，故址在現在的河南省濮陽市南。所以，以國籍而論，呂不韋應當算是衛國人。衛國曾經有過輝煌的歷史，不過，到了呂不韋的時候已經衰落得只

嫌疑人基本情況一覽

第一嫌疑人

姓名	呂不韋
性別	男
年齡	約三十多歲（案發當時）
國籍	衛國
出身	平民
職業	商人
居住地	濮陽（衛國）、陽翟（韓國）、邯鄲（趙國）
案發地	邯鄲
與案情的關係	趙姬的情人、子異的朋友、嬴政的仲父

第一嫌疑人

姓名	嬴異
性別	男
年齡	二十歲（案發當時）
國籍	秦
出身	王族
職業	外交官（質子）
居住地	咸陽（秦國）、邯鄲（趙國）
案發地	邯鄲
與案情的關係	趙姬的丈夫、嬴政的父親、呂不韋的朋友

剩下濮陽一座孤城，政治腐敗，前景黯淡。

國內無望，呂不韋於是出國尋求發展的道路。由於家業的關係，他最先選擇的事業是經商，從事國際貿易。呂不韋離開衛國以後，在韓國的舊都陽翟（今河南禹縣）大獲成功，成為天下數一數二的豪商，被稱為陽翟大賈，用現在的話來說，就是以陽翟為總部的商界大鱷。陽翟大賈時代的呂不韋，大概也就三十歲左右，家累千金，富可敵國，往來行商於各國之間，賤買貴賣，事業蒸蒸日上，前途一片光明燦爛。

大約是在西元前二六二年，也就是秦昭王四十五年的這一年，呂不韋為生意上的事情來到邯鄲，偶然結識了子異。子異的身世處境，立刻引起了他的興趣。史書記載了呂不韋初次見到子異時的感慨。這個感慨只有一句話，就是已經成為漢語成語的「奇貨可居」。奇貨，稀少珍奇的貨物；可居，可以進貨囤積。「奇貨可居」，就是現在投資購進稀缺的商品，留待將來高價出售。呂不韋不愧是國際級的大商人，他將子異作為投資對象審視，精明地察覺出子異作為商品的價值。

呂不韋是老謀深算的投資大家，他認準目標以後，行動非常慎重。在邯鄲初見子異時，他聲色不露，只是在心中審度盤算。回到公司的總部陽翟，他先做調查，搜集各種資訊，經過仔細研究，再三計算核實以後，制定出一個大膽的投資計畫，決定將自己的全部資產，

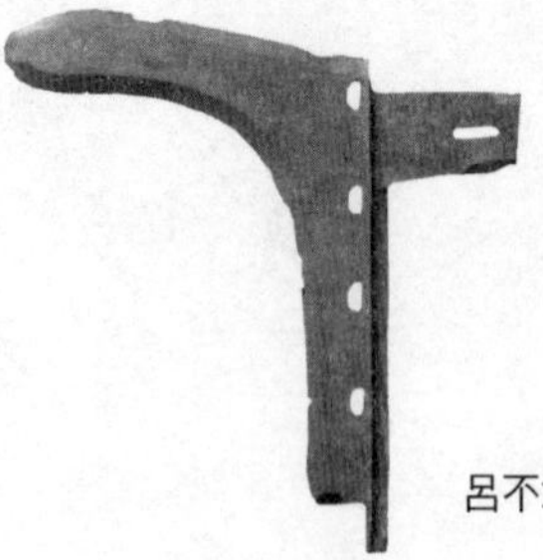

呂不韋戈

投資到子異的升值空間中去。

由於事關重大，他覺得需要同父親商量。

呂不韋專程從陽翟回到濮陽老家，就擬定的計畫徵求父親的意見。在《戰國策・秦策》裡，留下了呂不韋與父親談話的片段。這段談話的大意是這樣的，呂不韋問父親說：「投資農業，耕種收穫，可以獲得幾倍的利潤？」父親答道：「十倍。」呂不韋又問道：「投資商業，買賣珠寶，可以獲得幾倍的利潤？」父親答道：「一百倍。」呂不韋再問道：「經營政治，擁立國君，可以獲得幾倍的利潤？」

呂不韋的這一句問話，就是他看中子異的價值所在，也是解答「奇貨可居」的關鍵。在呂不韋的眼裡，子異的商品價值，不是普通的商品價值，而是政治權力這種特殊商品的價值。呂不韋要由經營商業轉入經營政治，他要由買賣商品轉入買賣權力，他要投資子異，擁立子異成為秦國的國王。

對於一位商人來說，這可是破天荒的投資計畫。當然，呂不韋的這個投資計畫並沒有脫離商人的算計，正如他話中所表露的，他這樣做的基本動機，仍然在於利潤。然而，這個投資計畫對於普通的商人來說，畢竟是超出了商業的常規，利潤究竟有多大呢？他拿不穩，他心中不安，他希望從父親的口中得到一個中肯的估計。

呂不韋的父親又是如何回答這個問題的呢？只有兩個字：「無數。」

這個「無數」是什麼意思呢？迄今為止，專家學者們的理解是這樣的，順著前面農業利潤十倍，商業利潤百倍的話往上走，增加到一千倍一萬倍，一直大到不可計量。看得出來，這是無限樂觀的利潤期待。然而，「無數」，還可以有另一種讀法，就是將「數」作為動詞讀為「計數」，理解為無法計算，難以預測。這是一種對於高風險投資的謹慎評估，更加符合一位賢明的父親對於愛子的冒險計畫的慎重反應。呂不韋的父親接下來說的話，我們不妨順著當時的情景替他補充出來：「不韋啊，既然你要選擇最高風險的投資，你就準備去獲取最高的回報吧！」辭意雙關，語重心長。

得到父親的理解，呂不韋心中最後一絲不安消去。他辭別父親，回到陽翟，開始行動。

以上，我們一起審查了呂不韋投資子異的過程，通過這次審查，呂不韋之所以為子異「破家」，也就是傾其所有財產投資子異的動機，應當是很清楚了。從本質上講，呂不韋是追求利益的商人。對於呂不韋來說，最高的利益就是資助子異登上王位，然後由成為秦王的子異給予自己最大的回報。呂不韋的這種行為動機，用我們今天的話來說，他是致力於助選而不是追求自己當選。

4 「奇貨」的價值

呂不韋的投資動機明瞭以後，我們進而審查他的投資買點，看看他究竟看中了子異的什麼，他為什麼敢於為子異下如此大的賭注。這要從子異的身世說起了。為了便於理解，也為了便於追蹤調查，我還是按照慣例，請大家首先來看下表：有關子異家系的資料。

子異是秦國第三十二代王、秦孝文王嬴柱的兒子。子異出生於秦昭王二十六年（前二八一），呂不韋見到子異的時候，他的祖父秦昭王嬴則還在位，他的父親嬴柱是王太子，被稱為安國君。安國君嬴柱妻妾眾多，子女也多，光他的兒子就有二十多個，子異是其中之一，排行夾在當中，被稱為中子。

俗話說，皇帝重長子，百姓愛么兒。皇帝重長子，是以利害計量的，長子將來要繼承父業，自然要格外看重栽培；百姓愛么兒，是基於人情，小兒子最是天真可愛，往往得到特別的呵護。不過，利害和人情常常糾纏不清。歷史上，老父親一朝心血來潮，以幼代長的事情屢屢可見。子異兩頭不沾，二十幾個兒子排排座，吃果果，不管從哪一頭數起，都輪不到他有好果子吃。

子異家系表

父系	世代	姓名	在位期間	母系
祖父	31秦昭王	嬴則	前306—前251年	宣太后
父親	32秦孝文王	嬴柱	前250年	唐八子
本人	33秦莊襄王	嬴異	前249—前247年	夏姬
長子	34秦始皇前	嬴政	前246—前210年	趙姬

俗話又說，愛屋及烏，子以母貴。講的是愛人之情及於所愛之人的相關事物，母親受尊寵，子女也高貴。子異的母親叫做夏姬，是安國君眾多妻妾中的一位，生下子異以後不受寵愛，鬱鬱寡歡於深宮後院。夏姬被冷遇，子異也跟著母親受白眼兒。正因為這樣，中子子異，既得不到父親的喜愛，也沒有繼承王位的希望，後來就被打發離開秦國，到趙國去做質子。

質子，就是人質。不過，子異所充當的人質，不是普通的人質，而是國家之間的人質。戰國時代，各國之間結盟訂約以後，往往互相交換王室子弟做人質，被稱作「質子」。這些被稱作「質子」的王室子弟，既是外交的使節，也是外交的抵押。作為一種國際政治的籌碼，他們的命運，伴隨國家之間關係的變化而變化。兩國間關係友好，被奉為上賓，禮遇有加；兩國間關係惡化，則被冷遇羞辱，甚至被拘捕殺害。那麼，在邯鄲的人質子異，究竟屬於哪一種呢？

子異來到趙國做人質的時候，大概是在秦昭王四十二年（前二六五）。這一年，子異的父親安國君做了秦國的王太子，也就在這一年，趙國的孝成王即位，秦趙兩國關係有了改善的契機。身為太子之子的子異作為人質來到邯鄲時，還不到二十歲。當時，秦國極力東進，集中攻擊韓國；趙國與韓國是唇齒相依的鄰國，表面上與秦國和解，暗地裡支持韓國抗秦。秦趙兩國之間，表面下的關係卻是日趨緊張，一場大決戰（就是後來的長平之戰）不可避免的預感，正在秦國首都咸陽和趙國首都邯鄲蔓延開來。身在邯鄲的子異，一方面承受著來自趙國的敵視冷遇，另一方面也感受到源於秦國的拋棄無依，日子一天天難過。

關於子異在邯鄲的處境，《史記・呂不韋列傳》裡這樣寫道：「車乘進用不饒，居處困，不得意。」說子異歸國無望，前途渺茫，手頭拮据，車馬破舊，居處寒傖，真可謂孤零零一落魄王孫，窮困潦倒於異國他鄉。

不過，王子王孫畢竟是王子王孫，在王權世襲的世代，王室的血統潛藏著繼承王位的可能。落魄王孫子異，他身上含有天下第一強國——秦國王位的潛在價值。呂不韋是第一流的商人，他以商人精明的眼光，敏銳地捕捉到了這個潛在的價值。在這個商機的捕捉當中，血統——子異身上純正的秦王血統，正是他投資的賣點。

然而，子異身上的投資價值，畢竟是潛在的價值。潛在的價值能否實現，又有機率和機遇的問題。我們前面已經說過，王太子安國君有二十多位兒子，純粹以數字計算，子異繼承王位的可能性為二十幾分之一，如今被打發到外國，希望更是渺小。可以說，除非有特別的機遇，子異是沒有即位的可能。請大家注意「除非有特別的機遇，子異是沒有即位的可能」這句話，這句話的另一種表達是，「如果有特別的機遇，子異是有即位的可能。」

呂不韋不愧是國際大商人，他在各國間往來經商，也密切關注各國政局。他不但長於發現有投資價值的商品，而且對於實現商品價值的機遇，他也是有火眼金睛的。就在呂不韋關注子異潛在的投資價值的同時，實現這個潛在價值的機遇已經出現在他的視野中，儘管還有些隱約不定，尚在流動當中。

那麼，呂不韋所察覺到的這個特別的機遇是什麼呢？

5 最高商業機密

呂不韋所察覺到的這個特別的機遇，是關係到他全部投資成敗的關鍵，是絕不能向外人透露的最高商業機密。這個機密，他只能講給一個人聽，也必須向一個人挑明，這個人是誰呢？

這個人就是當事人子異。

我們前面已經談到，呂不韋第一次見到子異，是在他從陽翟到邯鄲來做買賣的時候，只是一次偶然的邂逅。不久以後，呂不韋再一次來到邯鄲，直接登門拜訪子異。這一次見子異，呂不韋做了充分的準備，他是為了一樁大買賣而來的。這樁買賣，不但是呂不韋商人生涯中最大的一樁，也堪稱中國歷史上最大的一樁。

呂不韋進得子異家中，稍事寒暄以後，他試探性地對子異說道：「公子住的地方，門戶不夠寬敞，如果公子不嫌棄的話，在下能夠張大公子的門戶。」

子異回答道：「你最好先張大自己的門戶，然後再來張大我的！」

不愧是王子王孫，矜持的對應中不乏詼諧。

呂不韋接著說：「公子未必想到過，在下呂不韋門戶的張大，有待於公子門戶張大以後。」

子異是聰明人，明白呂不韋是有備而來，話中有話，他馬上延請呂不韋入內就座，做深入的交談。

在密室的深談中，呂不韋首先為子異分析了秦國王室所面臨的繼承問題。呂不韋對子異說：「尊祖父秦王已經年老，尊父安國君不久前被立為太子，已經確立了繼承人的地位。尊兄子傒，得到賢者士倉的幫助，又有他母親在當中說話，似乎已經形成了接班的態勢。不過，在下聽說尊父寵愛華陽夫人，而華陽夫人沒有兒子。尊父的嫡嗣至今未定，大概將取決於華陽夫人的意向吧！」

呂不韋這句話是話中有話。他的話中話是說，只要公子同意，我就有辦法說動華陽夫人立公子為安國君的繼承人。聽了呂不韋這一番話，子異深以為然。他離席起身，以頭叩地施大禮說：「如果真能如你所言，說動華陽夫人立我為繼承人，將來得以即位以後，我一定平分秦國與你共同治理。」

呂不韋與子異深談的時候，子異的祖父秦昭王已經在位四十五年，有六十多歲了。子異的父親安國君被立為太子時，已經將近四十歲了。古人的壽命遠比今人短，戰國秦漢時代人的平均壽命，不到五十歲。以當時人的眼光看來，六十多歲的秦昭王，已經是垂垂老年，不久將辭別人世了。從而，安國君繼承王位的事情，已經就在眼前。老王在世還有幾年的算計，用一句今天流行的話來說，已經開始倒數計時。

呂不韋的算計，是以安國君不久將即位為前提的，既現實又超前。安國君即位以後，他的繼承人就是王太子。安國君年近四十，儘管有二十多個兒子，繼承人——也就是未來的王太子是誰，卻還沒有確定。安國君的繼承人遲遲沒有決定，是因為他寵愛華陽夫人，華陽夫人是他的正室，他與華陽夫人之間，沒有子女。他們還在等待觀望。

安國君和華陽夫人究竟在等待什麼？在這個等待觀望的局面裡，為什麼呂不韋認為，安國君後嗣的問題，將取決於華陽夫人的意向呢？

6 華麗的家族

華陽夫人是何等人物，她為什麼能在王太子繼承人的問題上一語定乾坤呢？這要從她本人和她的家庭說起了。為了便於大家了解情況，我先請大家看兩份資料，一份是華陽夫人的個人資料，一份是華陽夫人的家族資料。

資料①所載華陽夫人的個人情況比較單純，也比較清楚，除了不知道她的名字而外，似乎沒有需要特別說明的地方。資料②所載的情況涉及秦王的家系，兩個家族的關係交錯在一起，必須做一些說明。

首先看資料②的左邊部分，華陽夫人是楚國人，屬於以宣太后為首的楚系外戚一族，熊姓芈氏。她的華陽夫人稱號，應當是從華陽君羋戎那裡承繼過來的。羋戎，是秦昭王母親宣太后的弟弟，曾經做過秦國的丞相，是楚系外戚的頭面人物之一。以姓氏稱號推斷，華陽夫人應當是羋戎的直系後人。華陽夫人的丈夫安國君是宣太后的孫子、羋戎的外甥，從而，再結合輩分來考慮的話，華陽夫人應當是華陽君羋戎的孫女。華陽夫人姊弟三人，姊姊被稱為華陽大姊，弟弟受封為陽泉君。

①華陽夫人履歷表

姓名	羋□
性別	女
年齡	約三十多歲（案發當時）
出生國	楚國
婚姻	已婚，丈夫安國君嬴柱
身分	王太子夫人
居住地	咸陽

②華陽夫人家系表

華陽君羋戎（祖父）——姊弟——宣太后（姑奶奶）

華陽君羋戎（祖父）｜父羋□｜華陽夫人、華陽大姊、陽泉君（弟）

宣太后（姑奶奶）｜秦昭王（表伯）｜安國君（表哥）｜子異

接著，再請看資料②的右邊部分，宣太后是芈戎的姊姊，華陽夫人的姑奶奶。在秦王的家系中，她是秦昭王的生母，安國君的祖母，子異的曾祖母。宣太后出身於楚國王族，熊姓芈氏，嫁到秦國來，先做王妃，號為「芈八子」。八子，是王妃的一種等級稱號，在前面冠上姓氏的芈，就成為她的專用稱號，而宣太后呢，是她做了太后以後的稱號。這位宣太后，可是秦國歷史上一位了不得的政治人物，她扶持秦昭王即位，依靠芈氏家族的力量多年秉持秦國國政，政績不凡，生活放縱，可以說是一位秦國的武則天。

華陽夫人是宣太后的表姪孫女，秦昭王的表姪女，安國君的表妹，她與安國君的婚姻是親上加親的政治婚姻，而安排這樁婚事的人，當是宣太后和華陽君。正是由於這樁親上加親的政治婚姻的緣故，華陽夫人在安國君的繼承人問題上有決定性的發言權。為什麼這樣說呢？

理由之一，在於華陽夫人。華陽夫人不僅出身高貴，而且年輕貌美，聰明而善解人意。她受家庭的影響，也繼承了宣太后的遺傳基因，對於政治問題多有留心，有見識，有主張，有活動能力，被認為是宣太后之後芈氏外戚的領軍人物，宣太后和芈戎將她嫁與安國君的目的，就是希望她與安國君能夠生下兒子，希望秦國的王位，始終掌握芈氏外戚所生的秦王手中。

理由之二，在於安國君。安國君本來不是嫡長子，不是王位繼承人，沒有什麼政治抱負，多年來沉醉於酒色，妻妾兒女多，政治活動少。秦昭王四十二年，前王太子去世，他仰仗了芈氏家族的力量，在秦昭王的多位兒子中勝出，做了王太子。正因如此，他對芈氏家族，是不得不依靠，不得不借重的，他對華陽夫人，可以說是言聽計從。

然而，世上的事物總是不完美。非常遺憾的是，華陽夫人與安國君結婚以後，始終沒有子女，這就是他們多年等待的原因。然而，等待多年，事到眼下，從安國君日漸衰弱的身體狀況來看，再生兒育女恐怕也是很難的了。因此，安國君的繼承人，不得不在他已有的兒子當中選擇，二十多位兒子當中，究竟選誰呢，他們還沒有看好。這就是他們還在觀望的原因。

在安國君的二十多位兒子當中選繼承人，直接牽連到這二十多位兒子的母親們，也就是安國君眾多妻妾的利益。在這種情形之下，當紅受寵的正夫人——華陽夫人和她身後的芈氏家族的意向，將是一語定乾坤。這就是我們前面所說的，華陽夫人在安國君的繼承人問題上有決定性的發言權的理由。呂不韋所看中的實現子異潛在價值的機遇，就在這裡。

機遇有轉瞬即逝的可能。及時抓住機遇，只是成功的第一步。已經抓住了機遇的呂不韋，能否成功地實現這個機遇所帶來的可能呢？這將取決於他能否說動華陽夫人，在安國君的二十多位兒子當中選子異做繼承人。

呂不韋能夠說動華陽夫人嗎？

7 公關第一步

能否說動華陽夫人，將考驗呂不韋的公關能力。不過，呂不韋在正式開始對華陽夫人展開公關活動以前，他還有一系列的準備工作需要完成。如同前面已經講過的，及時而果斷地抓住機遇，說動子異，呂不韋成功地走出了第一步。

然後，呂不韋開始了第二步的行動。他提供大量的金錢給子異，讓子異擴大邸宅，購置車馬，廣結賓客，以金錢開路，在邯鄲展開聲勢浩大的社交活動。有呂不韋提供的充裕財力為後盾，經過呂不韋的精心包裝打造，子異在邯鄲聲名鵲起，秦國賢公子的名望，開始在各國間傳播，自然也傳播到秦國的首都咸陽。

打造子異的宣傳造勢活動初見成效以後，呂不韋再次重金出擊，開始第三步行動。他高價購買了大量的珍寶奇物，攜帶前往秦國的首都咸陽，親自出馬開始公關活動。

呂不韋這次到咸陽來，可以說是有名有實有所求。有名，是說名正言順。呂不韋這次到咸陽，是有正式名分的。他是作為秦國派駐趙國的質子——公子子異的使者而來的，他將代表子異探望王太子安國君夫婦，向父母請安，也彙報出使入質的工作。有實，是說財力雄厚。呂不韋這次到咸陽，不是兩手空空，而是滿載珍寶，財大氣粗，大有一舉買斷王位繼承權的氣勢。有所求，是說目的明確。呂不韋這次來咸陽，有明確的目標，就是通過公關遊說，使子異成為王太子安國君的繼承人。

毫無疑問，呂不韋的公關目標是華陽夫人。然而，抵達咸陽以後，呂不韋沒有直接去見華陽夫人，他將這次公關活動的第一個對象，鎖定在華陽夫人的弟弟陽泉君身上。

呂不韋為什麼會這樣做呢？這就是呂不韋的精明細緻了。呂不韋經商多年，不僅眼光敏銳，而且行事周全，對於這次一生中最大的投資，他更是用心良苦，加倍地謹慎。他深諳人情世故，懂得從近親入手，是攻取婦人之心的捷徑。為了達到說動華陽夫人的目的，他制定了一個嚴密的公關計畫。在這個計畫中，公關陽泉君是序曲，是第一步。呂不韋將如何遊說陽泉君，他能否說動陽泉君呢？

呂不韋遊說陽泉君的事情，見於《戰國策・秦策》。呂不韋見到陽泉君後，並沒有多作客套，而是直言不諱，以居安思危的警告方式，提醒陽泉君，您和整個芈氏家族正面臨前所未有的危險。

呂不韋向陽泉君指出，當今的芈氏家族，人人居高官尊位，駿馬填滿苑廄，美女充滿後院，表面上華貴無比，實際上危如累卵。

話為什麼這樣說呢？芈氏是外戚，繁華和衰敗，都繫於婚姻和女寵，如今太子與華陽夫人之間沒有子女，恩寵正面臨斷絕的危機。安國君年紀已經不小，一旦有所不測，繼承人如果不是近親的話，華陽夫人和芈氏家族的前途可謂凶多吉少。而今眼下，長子子傒得到士倉的幫助，最有可能做繼承人。一旦子傒做了繼承人，他的母親就將當權管事，那時候，尊姊華陽太后的門下必將冷落，蓬蒿叢生的前景，已經不遠了。

呂不韋的這番話是說，外戚家族的興衰，關鍵在於與王室的聯姻。羋氏的夫人與嬴姓的太子結婚，以此保證未來的王后出於羋氏，這是維繫家族榮華的第一步。有了第一步還不夠，為了維繫你羋氏家族的榮華，還必須有第二步。這個第二步，就是需要由羋氏的夫人與嬴姓的太子生出兒子來做繼承人，這樣才能使羋氏夫人的正夫人地位不至於動搖，使王位始終掌握在有羋氏血統的繼承人手中。而今，你羋氏因為華陽夫人與安國君的婚姻做到了第一步，可以維持眼前的榮華。可是，因為華陽夫人與安國君沒有兒子，第二步已經是你羋氏做不到的事情了，未來的衰敗是看得見了。所以說，當今的羋氏家族，表面上華貴無比，實際上危若累卵。

呂不韋的這番話，說得陽泉君默默無語，唯恐漏掉了半句。呂不韋察言觀色後，乘勢單刀直入，將自己來此的目的和盤托出：在下呂不韋今天前來，有兩個目的，一是請求君侯的協助，二是解救君侯的困擾。君侯如果肯聽從在下的策畫，可以保證羋氏家族富貴千萬年，安寧如泰山，羋氏家族的隱患危機，也可以由此消去。

話說到此時的呂不韋，神情鎮定自若，語氣堅定自信。字字句句，擲地有聲，如同響鼓，如同驚雷，直接敲打在陽泉君心上。

陽泉君多年周旋於秦國政治權力的核心，是代表羋氏家族政治利益的權貴。自從宣太后去世以來，羋氏家族的勢力衰落，新的恩寵，新的政治婚姻，新的希望，都寄託在姊姊華陽夫人身上。然而，華陽夫人有寵無子，留下了芈氏家族可能一朝傾覆的隱患。芈氏家族所面臨的這種形勢，陽泉君何嘗不知，用不著等呂不韋來說方才明白。

大家可能都有這樣的體會，不管是在政治上，還是在商業上，甚至是在家庭內部，同樣的話，由不同的人來說，會有不同的意義，會有不同的效果。請大家設身處地地想一想，此時的呂不韋，他是安國君的兒子子異的代表，代表子異前來與華陽夫人和芈氏家族做政治交易的。他不是空手而來，而是手中有牌，他是拿著這張牌來與芈氏家族玩Game，玩博弈的。毋庸置言，呂不韋手中的這張牌就是子異。子異這張牌，對於華陽夫人和芈氏家族來說，有非同尋常的意義。為什麼這樣說呢？

事實上，確立安國君繼承人的問題，是圍繞著秦國王位繼承權的一場政治博弈。在這場博弈當中，華陽夫人和安國君的眾多妻妾，子傒、子異和安國君的眾多兒子，都是參與博弈的角色。在這場博弈當中，華陽夫人和子異都是有所有而又有所缺的。

子異所有的是什麼呢？他是安國君的兒子，身內有嬴姓王族的血統，他有繼承秦國王位的可能性。而子異所缺的是什麼呢？是與二十多位兄弟，特別是在與子傒的競爭中勝出所需要的格外恩寵。另一方面，華陽夫人所有的是什麼呢？她是當紅受寵的王太子正夫人，在繼承人的選取問題上有決定性的發言權。而華陽夫人所缺的又是什麼呢？是沒有安國君血脈的兒子。可以說，子異所有的，正是華陽夫人所缺的，華陽夫人所有的，又正是子異所缺的，兩者之間，天然形成一種互補的關係。

我們知道，生意能夠成交的前提，乃是以有易無，互惠互利。呂不韋以商人精到的眼光，看到了子異和華陽夫人之間這種千載難逢的互補互利關係。他遊說陽泉君，向陽泉君挑明了這種關係。他的話清楚地向陽泉君表明，如果我們放任現狀不有所行動的話，子異將窮困潦倒於邯鄲，而一旦子傒成為繼承人，華陽夫人和羋氏家族也將衰敗不振，可以肯定是兩敗俱傷。如果我們促成子異和華陽夫人結盟，子異將得到母親而繼承王位，華陽夫人將得到兒子而垂簾問政，秦國政權將掌握在子異和羋氏家族的政治聯盟手中，可以肯定是雙贏俱利。我們必須馬上行動。

呂不韋所說的這個「我們」，就長遠的大局來說，是指以子異為代表的政治勢力和以華陽夫人為代表的政治勢力的未來聯合；就眼前的談話來說，是指我呂不韋與你陽泉君。我呂不韋已經代表子異主動伸出了手，抛出了球，作為華陽夫人弟弟的你，請你權衡利害，請你當機立斷，伸不伸手，接不接球？

陽泉君與子異，同是秦國王室的親貴，在咸陽的高層社交圈子裡，都是彼此知根知柢而不會沒有往來的人物。陽泉君是紅極一時的華陽夫人的弟弟，子異是冷落於後宮的夏姬的兒子。子異在邯鄲多年，從來未有音信報到陽泉君府上。在將要決定王太子繼承人的微妙時刻，子異使者呂不韋的突然造訪，陽泉君當然不會不感到不同尋常。呂不韋來訪的名謁遞上來時，他心裡大概也猜到了幾分。呂不韋打開天窗說亮話，不但如同響鼓驚雷敲打在他心上，而且字字句句都在點子上，直說得陽泉君連連點頭稱是，心悅誠服。他當即低頭拱手求教，請呂不韋明確指點方策大計。

呂不韋也不推辭，乾淨利落幾句話：「子異是賢能之才，如今做質子遠在趙國，母親無寵無愛，盼望歸國而沒有機會，希望依附於華陽夫人。如果華陽夫人不棄，請收納子異為養子，拔擢子異做安國君的繼承人。如此一來，子異無國而有國，夫人無子而有子，豈不兩全其美。」

陽泉君當即拍板成交，說了一句話：「行。一切按呂先生說的辦。」於是，陽泉君成了呂不韋公關華陽夫人的幫手，親姊姊身邊的第一位說客。

那麼，說服了陽泉君的呂不韋，他的下一步行動又是什麼呢？

8 華陽夫人的眼淚

華陽夫人姊弟三人，陽泉君最小，華陽夫人居中，上面還有一位大姊，最受華陽夫人的信賴和倚重。呂不韋的下一步行動，是通過華陽大姊直接說動華陽夫人。

通過陽泉君的引薦，呂不韋面見了華陽大姊。呂不韋不愧是公關的天才，他這次見華陽大姊，與他見陽泉君時那種單刀直入、咄咄逼人的氣勢完全不同。他對華陽大姊話語平和親切，動之以情，曉之以理，遣詞用句，宛若春風化雨，點點滴滴地浸潤開去，大得華陽大姊的好感。談話恰到好處時，呂不韋將重金購置的珠寶奇物悉數亮出來，請華陽大姊呈送華陽夫人。華陽大姊同意了。

於是華陽大姊進宮面見華陽夫人，極力稱讚子異賢明智慧，廣結天下英才，是秦公子中一位不可多得的人才。華陽大姊轉達遠在邯鄲的子異的心思說：「子異白天黑夜思念太子和妹妹，在子異的心中，妹妹是自己出頭的日月天光，他一心一意期待著妹妹的恩寵。對於妹妹，子異這次特地備有一份薄禮，算是一點孝敬的心意。」

史書上說，聽了華陽大姊的讚美，接受了子異禮物的華陽夫人「大喜」。華陽夫人的「大喜」，是喜上加喜。呂不韋帶來的芈氏家族與子異結成政治聯盟的計畫，這是一喜；呂不韋帶來珍奇的厚禮，這又是一喜。趁著華陽夫人高興，華陽大姊趁熱打鐵，在姊妹間的閨中密語中將呂不韋的計畫委婉挑明。

華陽大姊說：「我聽說過這樣的話，『以色事人者，色衰而愛弛』。」以青春美貌博得寵愛和歡心的人，一旦青春過去容顏衰老，寵愛和歡心也就隨之減退。如今妹妹侍候太子，甚有寵愛卻沒有兒子，如果不在恩寵正濃的時候早做打算，妹妹的未來將沒有保障。為未來著想，妹妹不妨現在就在太子的兒子當中選取一位賢明孝順的作為養子，勸說太子將他作為自己的繼承人。如此一來，太子在世的時候，妹妹會一直受到尊寵，一旦太子百歲以後，妹妹的養子將繼承太子做秦王，妹妹現在所擁有的尊寵都不會有絲毫減退，這可以說是「一言而萬世之利也」，因為一句話而得到長久的利益。

華陽大姊又說，如果不這樣做，不在繁華的時候植根「樹本」，未雨綢繆，一旦到了人老珠黃，「色衰愛弛」的時候，再想說話恐怕就沒有人聽了。如今子異賢明孝順，知道自己排行居中，依順序不能成為繼承人，母親也沒有恩寵而無力相助，他願意依附妹妹，奉妹妹為養母終身侍候。如果妹妹這個時候接受子異的心意，拔擢他成為太子繼承人，妹妹將終身在秦國享受尊寵華貴。

華陽夫人是何等聰明的人，聽了姊姊的話，她是靈犀一點通，當即「以為然」，頷首稱是。華陽夫人又是何等乖巧的人，她柔風細雨，巧吹枕邊風，時時在太子面前為子異美言，稱讚子異賢明，受到各國各界的稱譽。華陽夫人又是何等動人的人，她感到太子對子異已經有好感時，嬌滴滴傷感涕泣，懇求太子說：「賤妾能夠進後宮服侍太子，算是三生有幸，這些年來，未能為太子養下後嗣，又是命中不幸。賤妾今生此世沒有多餘的願望，只求太子能夠恩准賤妾收養子異為養子；為太子的未來著想，也為賤妾的未來有所寄託，懇請太子定子異為後嗣。」

安國君成為王太子，多有仰仗華陽夫人的關係；安國君的未來，也需要芈氏家族的助力。於公於私，於情於理，安國君都沒有拒絕華陽夫人懇請的情理，他同意了。

華陽夫人又是何等精明的人，她趁太子高興，請求太子將定子異為太子繼承人的決定，寫成文書，刻在一分為二的玉符之上分別保管，使其成為具有法律效力的正式決定。

經過這番複雜而艱辛的努力，子異終於成為王太子安國君的法定繼承人。中國歷史上一樁最大的交易，到此成功了。

9 初審的意見

追蹤誰是秦始皇生父的疑案，審查第一嫌疑人呂不韋到這裡，我們的偵破工作似乎可以大致告一段落了。

呂不韋遊說華陽夫人收養子異為養子、促成子異成為王太子繼承人這件事情，是圍繞著秦國王位繼承權的一次三方合作。合作的三方，分別是呂不韋、子異和華陽夫人。呂不韋是這次合作的策畫者和經紀人，他在這次合作中成功地將互惠互補、雙贏共利的商業原則運用於政治，通過連環套式的投資計畫，促成了子異與華陽夫人聯手出擊，在王太子繼承人的爭奪中勝出，為最終取得秦國政權奠定了基礎。這件事情，表面上看來複雜而富有戲劇性，實質上是芈氏外戚與嬴姓王子子異之間締結同盟的政治交易過程。在這次政治交易中，子異的王室血統，是整個事情的關鍵，是連接呂不韋和華陽夫人的價值所在。

在呂不韋看來，子異這個「奇貨」的價值，在於他的王室血脈。秦王室血統的純正問題，對由商界投身政界、投入了全部資產的呂不韋來說，是關係他身家性命的死活問題，絕對不可以有稍許疏忽。從這個角度上看，呂不韋必須確保奇貨價值的真實可靠，他沒有在王室血統上做案的動機。

在華陽夫人看來，買下呂不韋所推薦的奇貨，也就是收養子異的賣點，也在子異的王室血統。子異血統的純正問題，同樣也是關係到華陽夫人和芈氏家族政治前途的死活問題。從這個角度上看，華陽夫人和芈氏家族在有關子異血統的任何問題上，必將嚴格地監督甄別，不可以容許任何疏漏，留下任何可能被質疑的餘地。在華陽夫人和芈氏家族的監管之下，在有關秦王血統的任何問題上，呂不韋只有小心唯恐不及的謹慎，不敢有稍許的疏忽。

從而，我們可以做出一個初步的審查意見：對於誰是秦始皇的生父這樣一樁歷史學的疑案，如果從當事人的動機來考察的話，呂不韋沒有做案的動機；另一方面，從當時的歷史背景來考察的話，華陽夫人和芈氏家族也不允許任何人在這個問題上作假。從而，這個歷史上流傳的故事，這樁歷史學上的疑案，在當時的歷史中沒有做案的歷史條件，歷史上的呂不韋，應當是清白的。

誰是秦始皇的父親（下）

二　鑑定和取證

1　法律鑑定

為了追查秦始皇的生父是誰的疑案，我們對與案件有關的主要嫌疑人呂不韋做了嚴密的審查。審查的結論是：呂不韋既沒有做案的動機，也沒有做案的條件，他是清白的。有了這個結論，在兩位可能的嫌疑人中排除了呂不韋以後，嬴政的生父只能是莊襄王子異的推論，也就可以成立了。

不過，使用排除法得出的結論畢竟只是邏輯上的推論，為了使這個推論成為可靠的結論，我們還必須提供更直接的證據。這個更直接的證據，我們可以從兩項技術鑑定中得到：一項是法律鑑定，一項是醫學鑑定。

兩千年前的秦國，經過商鞅變法以後，早早建成了中國歷史上第一個法制國家。秦國的國事民事，法律完備，制度嚴密，這是秦國能夠戰勝六國、統一天下的基本。根據傳世的文獻（如《史記》）等和新的出土文獻（如《睡虎地雲夢秦簡》、《張家山漢簡》），秦國已經有了比較完整的繼承法，子女法律身分的認定，是與繼承法相關的一個重要問題。從法律的角度來看的話，秦始皇的生父是誰的問題是一個直接關係到秦國王位繼承法的問題，具體而言，就是王位繼承人子異的嫡長子的身分認定問題。那麼，秦國的法律對於子女的身分認定是如何規定的呢？如果我們將相關法律引入到本案的判定中，將會得到什麼結果呢？

秦的法律規定，子女身分的認定，取決於生父生母身分的確認。生父生母身分的確認，至少包括三個方面。

①生父生母社會身分的確認：不同社會身分的男女，生下的子女具有不同的社會身分，子女的社會身分，主要跟隨父親。比如父親是普通庶民，母親是刑滿釋放人員，他們之間所生的子女，法律地位是庶民。我們大家所熟悉的歷史人物，毀滅了秦帝國的趙高就是這種情況。這個規定，稍微上點年紀的人並不陌生，就是大家都熟悉的家庭出身，解放後復活繼承了，所謂紅五類，黑五類，地富反壞右，革幹工農兵，都是從這兒來的，都是封建專制的餘毒。

我們將這條規定引入到本案當中來，嬴政的父親子異是出身於王族的公子，母親是平民出身的舞蹈演員，那麼嬴政的身分隨同父親，也是王族公子。這不會有問題。

②生父生母國籍的確認：比如父親是秦國人，母親是外國人，他們所生的子女，法律身分是秦

國人。父親是外國人，母親是秦國人，他們所生的子女也是秦國人。

這條規定，大家只要出過國，或者是和外國人打過交道，都不會陌生。出國要辦護照，護照上有一欄「國籍」。子女國籍的取得，各國有不同的規定，有的依從出生地，比如美國，有的依照父親的國籍，比如日本。戰國時代，是一個國際化的時代，跨國婚姻，特別是王室間的跨國婚姻，是時代的風氣和通行的慣例，各國制度上有明確的規定。跨國婚姻下的子女，特別是涉及王位繼承的嫡子，更有一整套嚴密的規定。否則的話，善於陰謀詭計的戰國游士，早就利用跨國婚姻搗鬼，將各國王室的繼承打亂，搞得天下不寧，易姓革命不斷。

我們將這條規定援引到本案中來，嬴政的父親子異是秦國人，母親是趙國人，他的法律身分是秦國人。這也不會有問題。

③生父生母血緣的確認：如果所生子女不是父母的親生子女，子女的繼承權將被剝奪，父母也將受到懲罰。

大家一看就明白，這條規定，直接關係到本案的斷案，本案在法律上的爭論點就在這裡。為了慎重起見，我們引用一條具體的案例來做說明。這條案例是西漢的案例，為什麼引用這條西漢的案例呢？有兩條理由，一是西漢的法律完全繼承了秦的法律，可以相互參照，二是這條案例清楚而且有名，不需要做過多的解釋。

我們都熟悉一個有名的歷史故事——鴻門宴。鴻門宴發生在秦末，講的是項羽和劉邦間的一次酒席宴上的生死較量。鴻門宴上有一位英雄樊噲，是我們大家都熟悉的人物。他仗劍闖入宴會廳，大桶喝酒，大塊啖吃生豬肉，打動了項羽，救了劉邦。因為這件事，樊噲後來被封為列侯，成為一位有世襲繼承權的侯爺。

樊噲死後，他的嫡長子繼承了爵位，後來犯法問斬，爵位也就斷絕了。劉邦的兒子漢文帝即位以後，考慮到樊噲過去的功勞，給予樊噲後人特別的優待，恩准樊噲的庶子樊市人繼承了爵位。這位樊市人有病，陽痿不能生育。按照秦漢的法律規定，爵位必須由嫡子繼承，沒有嫡子，爵位將會被廢除。樊市人擔心爵位無人繼承，於是想出一個辦法，讓他的夫人與自己的弟弟同房，生下了一個兒子叫做樊他廣，假冒為自己與夫人所生，立為嫡子繼承了爵位，總算是保住了侯爺的地位。後來，這件事被家臣告發了，依法處理的結果，樊他廣被剝奪列侯的爵位，廢為庶人，封地被沒收，侯國被廢除。

這個案例說明，秦漢的繼承制度非常嚴密，父親的地位，必須由嫡子繼承，嫡子的認定，必須是父親和正室所生，或者是另外得

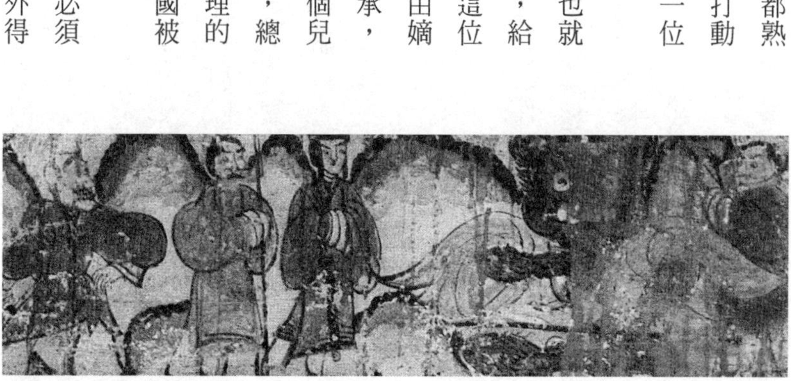

壁畫《鴻門宴》（摹本）西漢時期　原畫 1953 年洛陽燒溝漢墓出土

到官方的正式認可，相關的具體規定，可以說是周全細緻。在如此嚴格的法制之下，哥哥串通弟弟造假都被揭發嚴懲，非親族的外人介入的欺詐，當然更是嚴懲不赦。

回到本案上來，秦國有如此嚴格的法律制度，呂不韋想要由國際商界轉入秦國政界，他就必須熟悉秦國的法律和制度，他準備在秦王的繼承權上投入全部資產和整個人生，就必須精通秦國的繼承法。在一個法制至高無上的國家，在涉及國本的根本問題上，精明如同呂不韋這樣的人，絕不敢以身試法，有稍許的冒犯。另一方面，身為秦王繼承人的子異生活在秦國的法制社會中，從小接受的是法制教育，他對與自己有切身利害關係的王位繼承法更是清楚明白，絕不會糊塗。

2 刻玉符的意義

補上了法律課，對秦漢的繼承法有了基礎知識以後，請大家回憶一件往事的細節。我們在追查呂不韋的時候曾講到，呂不韋通過華陽大姊說動了華陽夫人接受子異為養子。於是，華陽夫人開始吹枕邊風，勸說安國君立子異為繼承人，安國君同意了。這個時候，華陽夫人請求安國君將選定子異為太子繼承人的決定，刻在玉符上作為憑證。對於這件事《史記‧呂不韋列傳》是這樣記載的：

安國君許之，乃與夫人刻玉符，約以為適嗣。

請大家注意「刻玉符」這三個字。玉符，是用玉石製作的符，有各種形狀，用來做信用的憑證。符一分為二，由定約的雙方分別保管，使用的時候取出來合符驗證，確定約定的可靠，作用相當於我們今天的契約書。「刻玉符」，就是將約定的內容大要，分別刻在一分為二的玉符兩半上。安國君與華陽夫人「刻玉符，約以為適嗣」，就是將冊立子異為「適嗣」，也就是王太子繼承人的決定寫成文書，正式備案，然後將其大要刻在玉符上，由安國君和華陽夫人各持一半分別保管。這個細節非常重要，首先，它體現了華陽夫人的精明，有法制觀念，重大的事情，需要有文字的憑證。

這件事更重要的意義，是在制度上。正如我們已經談到的，秦國是法制國家，時時處處講究法律章程，不論大事小事，國事家事，都用法律文書登錄，嚴格按照法定程序處理。秦漢時代，王子和封君的冊立，都極為慎重其事，制度非常完備，不但有法律文書保存於政府機構，還有正式的儀式宣稱其事，各種形式的「信用符」，廣泛地使用在各種協議約定當中，是具有法律效力的正式憑證。立子異為繼承人的事情，不僅是安國君的家事，更是關係秦國國本的重大國事，當然立有正式的文書，在秦政府做正式的登錄和保管，這份重要文書的內容大要，也刻在玉符上，由安國君和華陽夫人分別保存。

明瞭了「刻玉符」的重大意義以後，我們完全可以肯定，安國君立子異為繼承人是立有正式的憑證文書的，華陽夫人收養子異為養子，也是立有正式的憑證文書的。進而，我們可以推斷，子異立趙姬為正夫人，立嬴政為嫡長子作為繼承人，也都是立有正式的憑證文書的，而且，這些憑證文書正式立定的時間，都是子異在邯鄲做質子的時代，有正本和副本，正本在咸陽的秦政府檔案室，副本在子異手中。子異從邯鄲回到秦國以後，這些文書都是有案可查，具有法律效力的。

疑案追查到這裡，我想從辦案偵探的立場向電影電視劇的編導們提一個建議，關於秦始皇的影視劇，肯定是要重新拍攝的，不管是從新發現的歷史事實的角度上看，還是從新的人物詮釋的角度上看，現有的影視形象都過於陳舊，都乖離了歷史的真相。如果在新拍的時候，請在子異與呂不韋脫出邯鄲的章節中增加一場離別戲，硝煙瀰漫中，星空月光下，子異與趙姬刻玉符為憑證，盟誓終身不忘不棄，站在子異身旁的是年長的呂不韋，站在趙姬身後的是幼兒嬴政……。山盟海誓後，子異隨呂不韋越城脫逃，趙姬攜嬴政喬裝隱身，四人生死未卜，兩半玉符為憑……，生離死別的淒絕，當是何等一種感人的境況。

歷史是什麼，歷史是往事的片段，片段中的細節，最是真人真事的體現。細節在歷史中的意義，宛若文物一般。

法律鑑定的結果出來以後，我們再來做醫學鑑定。

3 醫學鑑定

懷孕的性別鑑定，是最近的科學技術。趙姬懷孕，是不知道男女的。呂不韋獻不知生男還是生女的孕婦予子異，寄望以此作為子異的後嗣，一旦即位後可以獲取有利於自己的政治利益，這件事本身就是僥倖中的僥倖。

在這件事情中，呂不韋所冒的身死族滅的重大政治風險，與他僥倖成功的些微可能性之間，存在著巨大的落差。經濟學有一個基本的前提假設，人性是貪婪的。不過，貪婪的人性是趨利避害的。請大家結合秦國的法律設身處地地想一想，如同呂不韋這樣算計精明的商人，用心周到的政治家，會不會去幹這種肯定有大害，而幾乎看不到成功的可能性的傻事情？想來，多數人都會同我一樣，會搖頭而難以置信。

《史記・呂不韋列傳》說，趙姬與子異同居以後，「至大期時，生子政。子楚遂立姬為夫人。」「大期」，就是婦女足月分娩的日期。唐代的大學者孔穎達給《左傳・僖公十七年》作注疏說：「十月而產，婦人大期。」這句話的意思說，懷孕十個月生產，就是婦人的大期。孔穎達說得非常正確，就是所謂十月懷胎嘛。按照這種正常的理解，趙姬與子異同居十個月以後，生下了嬴政，因為毫無問題，所以子異認可了自己的長子，冊立趙姬為自己的夫人。另有一種理解，「大期」為十二個月，這樣的話，子異就更找不到理由懷疑嬴政非親生了。

反之，如果趙姬已經先懷孕，月經不來，得在一個月以後。在沒有科學檢測方法的古代，呂不韋確實知道趙姬已經懷孕，怕要在兩個月以後，當第二次月經不來的時候。趙姬懷孕兩個月以後才被獻給子異，嬴政就不會在「大期」的十個月後產出，而是應當在趙姬與子異同居八個月後早產。早產是非正常的分娩，非正常的分娩當有非正常的原因，自然會受到關懷和問候。在這個時候，趙姬要拿話來說，子異也將前後思量。如果是這樣的話，將會出現什麼情況呢？

我們前面已經談到，子異是不乏幽默感的聰明人，他是有繼承權的秦國王子，他對自己的身分，也就是血統問題，是非常清楚而敏感的。所以，呂不韋第一次來見他時，短短兩三句交談，他就知道呂不韋是為王位繼承問題而來的了。子異和呂不韋開始合作，他繼承王位的可能性與日俱增以後，他對自己的繼承人的血統問題，特別是在女方不是秦國人、出生地是在外國的情況下，怕是比誰都在意而費心的。所以說，趙姬一旦早產，子異必然生疑。子異一旦生疑，就不會認可嬴政為自己的嫡長子，也不會立趙姬為自己的夫人了。

退一步說，即使子異因為知識不足而沒有產生懷疑，子異身邊至少有一個人一定會懷疑。這個人是誰呢？這個人就是子異的醫生——秦國使館的醫官。

子異在邯鄲做人質，用現在的話來說，相當於秦國駐趙國大使。他雖然因為秦趙兩國敵對而不受趙國的禮遇，又因為不受父親的寵愛，很有些潦倒失落，不過，子異的潦倒失落，只是相對於他如果受到趙國的禮遇和父親的寵愛的得意盛況來說的；作為平民百姓的我們，不要以庶民之心，去度王子之腹，空撒同情的熱淚。

子異在邯鄲是有府邸的，有車有馬，儘管不太豪華，但也不是後人所想像的那麼窮困，他的工作是有隨從官員處理的，他的生活是有傭人侍候的，其中應該有懂醫知藥的醫官，趙姬早孕早產的事情，要瞞過他怕是很難的。我們為什麼這樣說呢？

戰國時代，中國的醫學已經有相當的進步，對於婦人從懷孕到出生的生理，胎兒從一月到十月的狀況，已經相當清楚。長沙馬王堆出土的醫書《胎產書》，對這些都有具體的記載。

子異的時代，秦國宮廷和政府的醫官制度早已建立，讀一讀《史記・扁鵲倉公列傳》就知道了，那是司馬遷專門為醫生寫的傳記。著名的醫生扁鵲周遊各國行醫，到邯鄲做婦科醫生，到洛陽做五官科醫生，到咸陽做小兒科醫生。他最後死於咸陽，是被秦國的太醫令李醯派人刺死的。理由嘛，很簡單——妒忌。李醯妒忌扁鵲醫術高明，擔心他危及自己身為秦國宮廷最高醫生的地位。

所以，如果我們對於秦漢時代的醫學狀況和王族封君的生活狀況有所了解的話，就可以知道子異身邊應有醫官，趙姬早孕早產的事情是瞞不過他的。

再退一步講，即使醫生喝醉了酒，糊里糊塗被騙過了，子異身邊還有人是騙不過的，而且，他們是不會喝醉酒打馬虎眼的。他們是誰呢？

前面已經講過，子異雖然得不到父親安國君的寵愛，但他的母親夏姬是愛他的，他們同受冷落，相依為命。子異去邯鄲做人質，年紀不到二十，可以想像，夏姬送他出遠門，一定是千叮嚀萬囑咐。她政治上插不上嘴，說不上話，生活上一定會為兒子做盡可能的操勞，聽話懂事的丫鬟小廝，萬事瞞不過的老家臣老媽子，都會給子異配備得周全的。

更可以想像，兒子的婚姻生活，未來的媳婦孫子，幾乎就是她的全部心思，她老人家會很在意的。她老人家安排的這些人，受她老人家的囑託，都會細心地幫助子異把關。這些人，一輩子在王室宮廷內工作生活，熟悉王室婚姻，是懂得獻姬娶女的規矩和門道的。特別是被稱為「女阿」的老媽子，她們不但會照顧王子的生活，受王母的委託，對於王子的各方面，甚至政治前途，都是會關照到的（質子之「女阿」，可參見《戰國策・楚策》第九章，楚頃襄王熊橫為太子質於秦時）。

以古代獻姬的慣例而言，呂不韋獻趙姬給子異，是要「謹室」的。「謹室」，就是需要將所獻之女單獨居處，確認她沒有身孕，然後才能送出去。經過「謹室」的趙姬到子異府邸以後，醫官號脈，老媽子查月經，驗明有無身孕的方法簡單得不能再簡單，如何隱瞞得過去？趙姬進入子異府邸成為子異的妻妾，工作人員要做登記，有孕以後，更是要做紀錄的。子異正式成為太子繼承人以後，這些紀錄都得送到咸陽宮廷存檔備案。

所以我們說，《史記・秦始皇本紀》的記載，「秦始皇者，莊襄王子也」，「以秦昭王四十八年正月生於邯鄲」，都是根據秦政府的正式檔案文書寫成，是可信的記載。

4 太史公捉弄人

司馬遷有「良史之才」，他不編故事，不製造緋聞，不過，司馬遷愛聽故事，力圖將可信的故事作為信史寫進史書中。有時候，他聽了荒誕的故事將信將疑，在他拿不穩、吃不透的時候，會用曲折的筆法捉弄人，寫下模稜兩可的話來，要讀書的人自己去做真偽的判斷。呂不韋獻有孕之女的故事，會不會是太史公捉弄人的故事？

為了不被捉弄，我們退到問題的開端，再一次回到誰是秦始皇生父這件歷史疑案的起點，重新閱讀《史記・呂不韋列傳》所載的這個離奇故事：

> 取邯鄲諸姬絕好善舞者與居，知有身。子楚從不韋飲，見而說之，因起為壽，請之。呂不韋怒，念業已破家為子楚，欲以釣奇，乃遂獻其姬。姬自匿有身，至大期時，生子政。子楚遂立姬為夫人。

這個故事，是否肯定是司馬遷寫進去的，是否是《史記》的原樣，我們暫時不去多說。如果我們仔細審閱這個故事的話，不難發現在這個離奇的故事後面，實際上隱藏著否認這個故事的機關。這個機關，就是「大期」這兩個字。

我們前面已經說過，大期的意義，就是婦女足月分娩的日期，就是十月懷胎的十個月。趙姬與子異同居懷孕，十個月以後生下了嬴政，因為毫無問題，所以子異認可了自己的長子，冊立趙姬為自己的夫人。

反之，如果趙姬先已經懷孕才被獻給子異，嬴政就不是「大期」的十個月後出生，而是應當在趙姬與子異同居八、九個月後早產。一旦早產，子異必然生疑，就不會認可嬴政為自己的嫡長子，也不會立趙姬為自己的夫人了。也就是說，在「大期」這兩個字的後面，隱藏著一個否認趙姬與子異同居以前已經有孕的故事。

發現這個機關的歷史偵探，是清代的大學者梁玉繩，他對此有一個極為精闢的解釋。梁玉繩說：

> 公於〈本紀〉特書生始皇之年月，而於此更書之，猶云：世皆傳不韋獻匿身姬，其實秦政大期始生也。別嫌明微，合於《春秋》書「子同生」之意，人自誤讀《史記》耳。

這段話說，太史公在《史記・秦始皇本紀》中特別寫明了始皇帝出生的年月，在這裡之所以再次以不同形式改寫，當是一種隱晦的寫法，當今世上盛傳呂不韋獻有孕之女的流言，其實始皇帝是如期而生。太史公的這種寫法，辨別嫌疑，指明細微，合於《春秋》書寫嫡長子誕生的筆法，世人未能深入理解《史記》，陷於自我誤讀而已。

如此看來，呂不韋獻有孕之女的故事，可以說是由兩個故事構成的一個雙重故事，一個張揚的大故事套著一個隱祕的小故事，隱祕的小故事的內涵是否認張揚的大故事的。如果確是這樣的話，太史公真是捉弄人，話不明說，眨巴眼變戲法，要你仔細讀書，要你體察表面文章後面的真意。

5 第三條證據

講到這裡，秦始皇的生父究竟是誰的歷史疑案，當是可以做最後的結論了。

不過，在做最後的結論以前，我們溫故知新，請大家回想我在本案開頭時說過的一句八卦的話：「俗話說得好，兩占不定。算命打卦，一卦凶一卦吉，你無法拿定主意。正如我們現在有疑難有爭議的時候，一半人贊成，一半人反對，定不下來。」對於誰是秦始皇生父的疑案，我們費了這樣大的篇幅，花了這樣多的時間，就是因為受了這句八卦的牽制，直接的證據不足，不得不用間接證據，使用理斷的方式。

現在，我再補充一句八卦的話：「三占從二。」在兩卦不定的情況下，再算一卦，不管是吉還是凶，可以依據第三卦的結果決定。這種情況，正如再次投票表決，少數服從多數。受這句八卦的啟發，我最近又將《史記》有關秦始皇和呂不韋的所有紀事都仔仔細細地讀了一遍，竟然有了一點意外的發現，找到了「三占從二」的第三卦，在此奉獻給大家。

歷史學家們早就注意到這樣一件事情，我們現在讀的《史記》，有不少地方存在原書編撰完成以後再做添加的情況。這種添加在《史記・秦始皇本紀》的末尾，就至少有三種。第一種是司馬遷自己的添加，他長篇引用西漢初年政論家賈誼的名著〈過秦論〉，作為對秦亡和秦始皇的評價，比較中肯。第二種添加是東漢時代的歷史學家，《漢書》的作者班固對於秦亡和秦始皇的評價，不但通篇都是攻擊，而且直接稱呼秦始皇為呂政，認定他是呂不韋的兒子。這部分添加，時間肯定是在東漢或者東漢以後，很可能是班固自己附上去的。

除此以外，《史記・秦始皇本紀》的末尾還有一份添加資料，內容是秦國自秦襄公到秦二世的世系和葬地。這份秦王譜系資料放在前兩份添加之間，可能也是班固放進去的。

根據專家們的意見，這份秦王譜系資料與《史記・秦本紀》中的秦王世系略有不同，對於秦始皇身世的記載也與《史記・秦始皇本紀》的記載，也就是「秦始皇者，莊襄王子也。莊襄王為秦質子於趙，見呂不韋姬，悅而取之，生始皇。以秦昭王四十八年正月生於邯鄲」這條紀事略有不同。這份資料，可以稱為「別本秦王譜系」，是一份獨立來源的貴重史料，可信度很高。在這份秦王譜系資料中有這樣一句話：

莊襄王享國三年，葬茝陽。生始皇帝。

清楚明白，寫出莊襄王生始皇帝的事情，完全可以作為秦始皇是莊襄王子異的親生兒子的另一條直接證據。有了這個新的證據以後，我們可以對誰是秦始皇生父的歷史疑案做一個肯定的結論了。

這個結論如下：秦始皇嬴政的生父是子異，生母是趙姬，他是秦國第三十三代王莊襄王的嫡長子。《史記・秦始皇本紀》的記載和《史記・秦始皇本紀》後面所附的秦王譜系記載是可靠的。反之，出現在《史記・呂不韋列傳》中的呂不韋獻有孕之女的故事，是不可信的編造。

讀者朋友，如果你覺得上述的結論可以使你滿足，就請你安心地進入第二案的考察。如果你仍然覺得心存疑慮，對於《史記》中為什麼會出現這種真假混同的編造感到不好理解的話，請你跳過第二、三、四案，直接進入本書最後一章的謎底——《史記》中重複出現獻有孕之女這一類編造故事的來龍去脈，將穿透歷史的迷霧，直截了當地呈現在你的眼前。

秦始皇一生的隱祕，是連環套似的密碼，我們破解他的生父之謎，不過是解碼的第一環。第一環的破解，又引出第二環的相關事情：出生以後的秦始皇，是如何度過他的童年和少年時代的？

第二案

秦始皇的青少年時代，歷史記載幾乎空白；唯一的線索就是他有三個弟弟：一個突然在前線投敵叛國，兩個被秦始皇活活撲殺而死。秦始皇與弟弟們，到底存在什麼樣的生死情仇？年輕國君，如何面對親情背叛、人倫慘劇？夾雜其間的，又有怎樣的政治陰謀？

弟弟與假父的故事（上）

一　弟弟為什麼叛變投敵？

1　弟弟臨陣倒戈

關於秦始皇的童年和青少年時代，也就是他從出生以後，一直到二十二歲親政掌權以前的事情，史書上幾乎完全沒有記載。正是因為如此，現有的各種秦始皇傳記，近年來流行的各種講座，無一不是迴避這個問題，苦於巧婦難為無米之炊。

搜尋所能找到的所有史料，我們僅僅找到了有關秦始皇青少年時代的兩條線索。一條是他童年時代的朋友姬丹，一條是他少年時代的弟弟成蟜，這些極為有限的友情和親情，都折射出秦始皇人生中的片段影蹤。

《史記・刺客列傳》提到，秦始皇童年時代有一位朋友，叫做姬丹，是燕國的王子，他們都曾經在趙國首都邯鄲做過人質，曾經一起遊玩打鬧，相親相愛。秦始皇當政以後，姬丹又來到秦國做人質。這個時候，已經大權在握、一心要吞併六國的秦始皇甚為傲慢，大不禮遇姬丹，姬丹怨恨、逃亡，招來刺客荊軻暗殺嬴政，演出了一場驚天地泣鬼神的歷史大戲。這件事情，傳頌千古，不僅見於各類史書，更改編為戲劇小說、電影電視，永遠地映照著秦始皇人性中不厚道的陰冷面。人性因為權勢而扭曲，扭曲的人性又加劇了權勢的異化，幾乎成了集權體制的宿命。關於這件事情的真假虛實，國內國外，議論很多，將來有機會再來一一細說澄清。

有關秦始皇的青少年時代，我們還找到另一條線索，就是他的弟弟長安君成蟜。成蟜是嬴政的異母弟，他們年齡相近，在父親莊襄王子異的呵護下，一起在咸陽度過了幸福的童年。嬴政即位以後，成蟜也順利成長，後來成了一位政治人物，頗有一定的勢力和能力。

秦王政八年的時候，成蟜領兵進攻趙國，突然在前線投敵叛國。從此以後，他從歷史記載中消失，宛若流星劃過夜空。這件事情史稱「成蟜之亂」，見於《史記・秦始皇本紀》秦王政八年條：

> 王弟長安君成蟜將軍擊趙，反，死（按，「死」為衍字）屯留，軍吏皆斬死，遷其民於臨洮。

這件事情，也見於《漢書・五行志》：

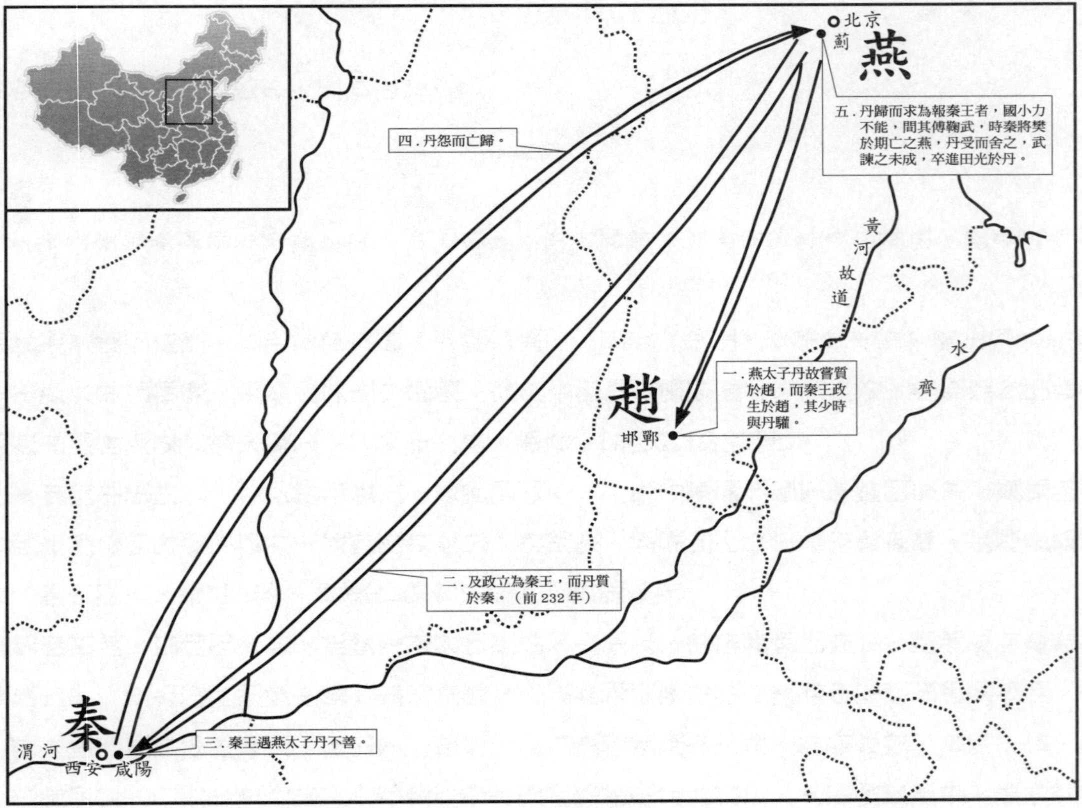
北京
薊
燕
五．丹歸而求為報秦王者，國小力不能，間其傅鞠武，時秦將樊於期亡之燕，丹受而舍之，武諫之未成，卒進田光於丹。
四．丹怨而亡歸。
黃河故道
水
齊
趙
邯鄲
一．燕太子丹故嘗質於趙，而秦王政生於趙，其少時與丹驩。
二．及政立為秦王，而丹質於秦。（前232年）
秦
渭河
西安
咸陽
三．秦王遇燕太子丹不善。

燕太子丹質秦怨而亡歸

王弟長安君成蟜，將軍擊趙，反屯留，軍吏皆斬死，遷其民於臨洮。

上述記載說，秦王政八年，秦王的弟弟長安君成蟜領軍進攻趙國，在屯留（今山西屯留）反叛。叛亂平定後，參與叛亂的軍吏都被斬首，參與叛亂的民眾被遷徙到臨洮（今甘肅臨洮）。根據《史記‧趙世家》的記載，在這次事件後，成蟜亡命到趙國，被授予封地饒（今河北饒陽）。

以上的敘述，是史書為我們提供的有關成蟜之亂的全部直接資訊。至於更詳細的情況，比如成蟜的身世、他的母親是誰、他何時出生、生於何地、他為什麼在前線反叛、他以後的命運如何等等，就完全沒有消息了。

成蟜是嬴政的異母弟弟，成蟜之亂，表面上發生於兄弟之間，背後則有兩位母親的影子。這件事情，首先牽連著嬴政家族內部的親情，兄弟之間的關係，到了水火不能相容的地步，不可不謂是家族危機的爆發。在家天下世襲王政體制下，王族內的親情就是政情。成蟜之亂，也牽連著秦國的政情，不同政治勢力之間的矛盾，發展到了兵刃相見的地步，不可不謂是政治危機的爆發。

然而，奇怪的是，史書上對於這件事情，只有上述短短的記載，至於這件事情的原因結果，來龍去脈，竟然沒有隻言片語提及，不但留下了巨大的歷史空白，也成為一樁千古疑案。

2 邯鄲脫逃路

追查疑案，首先要追查與疑案相關的嫌疑人。成蟜之亂的主角是成蟜，自然是追查的第一嫌疑人。關於成蟜其人，我們可以提供一份簡單的資料，請參見成蟜履歷表。

成蟜履歷表

姓名	成蟜
生年	秦昭王五十一年？
父親	莊襄王嬴異
母親	韓夫人？
爵位	長安君
官職	將軍
大事	秦王政五年，出使韓國，迫使韓國獻出大片土地。 秦王政八年，領軍反叛，投降趙國。

根據這張表，我們首先對成蟜做一個簡短的介紹。成蟜與嬴政同父，都是莊襄王嬴異的兒子。關於成蟜的出生，有一段曲折的故事。這個曲折的故事，因為嬴異的顛沛流離而發生，也與秦始皇的身世密切相關。

為了便於考察這件事情，下面，我將嬴異一生的情況整理成一份比較詳細的年表，提供給大家，同時，為了便於考察嬴異與兩個兒子間的關係，我在這份資料的旁邊，註上了嬴政和成蟜的年齡。

請大家瀏覽這張表，由我根據這張表對嬴異的一生和他與兩個兒子間的關係做一簡

秦莊襄王嬴異履歷表

年代	年齡	身世	嬴政年齡	成蟜年齡
秦昭王二十六年	1歲	嬴異生。		
秦昭王四十二年	17歲	到邯鄲做人質。		
秦昭王四十五年	20歲	結識呂不韋。		
秦昭王四十七年	22歲	與趙姬同居。趙姬有孕。 長平之戰趙軍慘敗。		
秦昭王四十八年	23歲	長子嬴政出生。 秦軍進入趙國。	1歲	
秦昭王四十九年	24歲	秦軍圍困邯鄲。	2歲	
秦昭王五十年	25歲	嬴異和呂不韋脫逃回到秦國。 趙姬與嬴政留在邯鄲。	3歲	
秦昭王五十一年	26歲	次子成蟜出生？	4歲	1歲
秦昭王五十六年	31歲	嬴政與趙姬回到秦國。 秦國與趙國和解。	9歲	6歲
孝文王元年	32歲	嬴異立為王太子。 三日後，孝文王死，嬴異立。	10歲	7歲
莊襄王元年	33歲	嬴異即位。 嬴政為王太子。	11歲	8歲
莊襄王三年	35歲	嬴異死。 嬴政立。	13歲	10歲

單的介紹。

嬴異出生於他的祖父秦昭王在位的第二十六年，相當於西元前二八一年。他十七歲到趙國首都邯鄲做人質，不久結識了呂不韋，共同開始爭取王太子繼承權的活動。子異從呂不韋那裡得到趙姬並與之同居，是在他二十二歲的時候。子異二十三歲的時候，趙姬生下了嬴政。子異二十五歲的時候，回到秦國正式做了王太子繼承人。子異三十二歲繼承王位，他做了三年秦王，三十五歲死去，死後謚號為莊襄王，王位由嬴政繼承。

在子異的這份資料中，請大家特別注意一件事情，子異曾經與妻子趙姬和長子嬴政分開了整整六年。這件事情，不僅深刻地影響了秦始皇的一生，而且直接關係到成蟜的出生，我們必須做特別的考察。

順著這張表，找到秦昭王四十七年這一欄。這一年，子異與趙姬同居，趙姬懷了嬴政。也就在這一年，秦國和趙國之間爆發了有名的長平之戰。戰爭的結果，趙國大敗，四十多萬趙國軍隊投降，被秦將白起活埋。這場戰爭，深刻地影響了中國歷史的進程。可以用一句話來簡單地概括，長平之戰，決定了未來統一中國的是秦國而不是趙國。長平之戰的消息，子異是在哪裡得到的呢？是在趙國的首都邯鄲。這個消息，對他的祖國秦國來說，是前所未有的大勝；對他妻子趙姬的祖國趙國來說，是立國以來的大慘敗。子異一家，為此將迎來什麼樣的命運，付出何等的代價呢？

長平戰敗，趙國震動，邯鄲城內，悲憤恐慌。次年，也就是秦昭王四十八年，秦軍乘勝攻入趙國境內。就在這一年，秦王嬴政在邯鄲出生，他是生於兵荒馬亂當中。秦昭王四十九年，秦軍兵臨城下，開始長期圍困邯鄲。身在邯鄲的子異一家，陷入趙人仇恨的汪洋大海中，隨時有不測的危險。

秦昭王五十年，秦軍猛烈攻擊邯鄲，戰事日益慘烈。邯鄲城內，兵員減少，糧食短缺，婦女老弱都到軍中出力，燒人骨吃人肉的情況也時有所聞。為了表示誓死抗秦的決心，趙國決定處死秦國人質子異及其全家。在情況萬分緊急之下，呂不韋用重金收買趙國的看守官吏，與子異兩人逃出邯鄲城，進入秦軍軍營，被護送回到咸陽。

趙姬和年僅三歲的嬴政呢？他們留在了邯鄲城內，九死一生，多次面臨被殺的危險。萬幸的是，趙姬是邯鄲人，家中是邯鄲有名的豪門大戶，在趙國頗有勢力，在趙姬家人的拚死保護下，趙姬和嬴政被轉移隱藏，免於一死。

3 成蟜的身世

回到咸陽的子異，正式做了王太子繼承人。他由呂不韋陪同，特意穿著楚國的服裝去見養母華陽夫人。華陽夫人非常高興，她對子異說，我是楚國人，過繼你做我的兒子，你就用「楚」做你的字號吧。子異後來被稱為子楚，就是由這裡來的。

子異回到咸陽，除了華陽夫人以外，父親安國君、祖父秦昭王自然是一定要見的了。不過，請大家一定不要忘了，子異還必須去見一個人。這位子異一定要去見的人是誰呢？她就是夏姬。我們前面已經做過介紹，夏姬是子異的生母，她生下子異以後，多年冷落無寵，她與子異相依為命，兩人之間有濃厚的母子親情。子異被華陽夫人收為養子而成為王太子繼承人，夏姬也沾光，有了出頭的日子，如今兒子歷經千辛萬苦，終於回到自己身邊，自然是萬分高興。夏姬為兒子高興，她感謝呂不韋，感謝華陽夫人，感謝上天保佑，她與子異之間，自然少不了劫後重逢的喜悅。

關於夏姬其人，史書上記載得很少，只是說她是安國君眾多夫人當中的一位，生下子異以後，「無寵」，得不到安國君的寵愛，是一位在後宮鬱鬱寡歡的女人。我們知道，戰國時代各國王室通婚，王女出嫁到外國，王子娶外國的王女為妻。各國王族間的婚姻，多有國際的背景。以這種常情而論，夏姬可能是出身於某國王族的夫人。

夏姬的「姬」，是婦人的美稱；姬前的「夏」，或者是姓氏，或者是與出生國相關的某種稱謂。我們前面已經講過，秦始皇的母親被稱為趙姬。趙，不是她的姓氏，而是表示她的出生國——趙國的一種稱謂。以此類推，夏姬的「夏」可能也是如此。

夏是古代中國的第一個王朝，夏的活動區域，以山西南部的安邑（今山西夏縣）和河南西部的陽城（今河南洛陽）為中心，戰國時代都屬於韓國的領土，基於這種地域觀念而言，稱韓為夏，稱韓國出身的韓夫人為夏夫人，寫作夏姬，應當是合於情理的。

我們的這個推測，也有別的旁證。我們在後面將會談到，成蟜十五歲的時候，曾經出使韓國，不費一兵一卒，迫使韓國獻出大片土地，回來後封爵受賞。這件事情的背後，顯示出夏太后與韓國王室之間的密切關係。

所以我們說，「夏姬」出身於韓國王族，是韓國系的夫人。

回到咸陽的子異，年僅二十五歲。他與呂不韋一道脫出邯鄲時，由於事情緊急，夫人趙姬和年僅三歲的長子嬴政都被留在圍城邯鄲，生死不明。在這種情況下，出於人情的考慮，也依據秦國的制度，馬上為他物色新夫人成了緊迫的事情。

按照當時的慣例，王子的婚姻多由母后決定。夏姬是嬴異的生母，在兒子的政治前途上她插不上話，得聽華陽夫人的；在兒子的第二次婚姻上，她則是當仁不讓的關鍵人物，子異的新夫人，當由她選定。也依據當時的慣例，母后為兒子娶妻，多會在自己的近親中選取，熟悉的娘家，自然成為首選。比如說，秦武王的母親惠文后出身於魏國，她為秦武王選取的夫人是魏夫人。秦昭王的母親宣太后出身於楚國，她為秦昭王選定的夫人是楚夫人。以此推斷，夏姬為子異選取的新夫人，應當是韓國王族出身的韓夫人。

子異是秦昭王五十年初回到秦國的，我們推算他回到咸陽的當年娶妻，第二年生下成蟜，成蟜大概比嬴政小三歲左右，是子異的次子，嬴政的異母弟。韓夫人是夏姬從自己的娘家選定的兒媳，她生下的成蟜，自然得到夏姬的喜愛和關照。如此一來，內以夏姬、韓夫人和成蟜為中心，外以韓國為支援，在秦國的王室裡面，自然形成一種新的韓系外戚政治勢力。在這種情況下，如果趙姬和嬴政不能從趙國歸來，成蟜就將取代嬴政成為子異的第一繼承人，韓夫人就將取代趙姬成為第一夫人，秦國的政局將會變動，秦始皇的一生，將會有完全不同的命運。

4 三種外戚勢力的博弈

幸運的是，趙姬和嬴政劫後餘生。秦昭王五十六年（前二五一），嬴政的曾祖父秦昭王死去，祖父安國君即位，是為孝文王，父親子異正式做了王太子。以新王即位為契機，敵對的秦趙關係和解，作為表示和解的行動，趙國政府將趙姬和嬴政送回秦國。這個時候，距離子異逃出邯鄲整整六年，嬴政已經九歲，而成蟜呢，大概是六歲。

孝文王即位時已經五十多歲，身體衰弱，正式即位三天就死去，子異即位，是為莊襄王。莊襄王即位以後，養母華陽夫人被尊為華陽太后，生母夏姬被尊為夏太后，兩宮太后的局面正式形成。在咸陽的秦國宮廷中，以莊襄王嬴異為中心，以兩位太后為雙翼，形成一種微妙的政治關係網。為了明瞭起見，我將這種關係網列如下（見下頁表）。

首先看這張表上的華陽太后與夏太后，我用並立來概括他們之間的關係。我所說的並立關係，是有分有合即有合作也有對抗的關係。華陽太后是子異的養母，政治上的母親，她出身於楚國，是

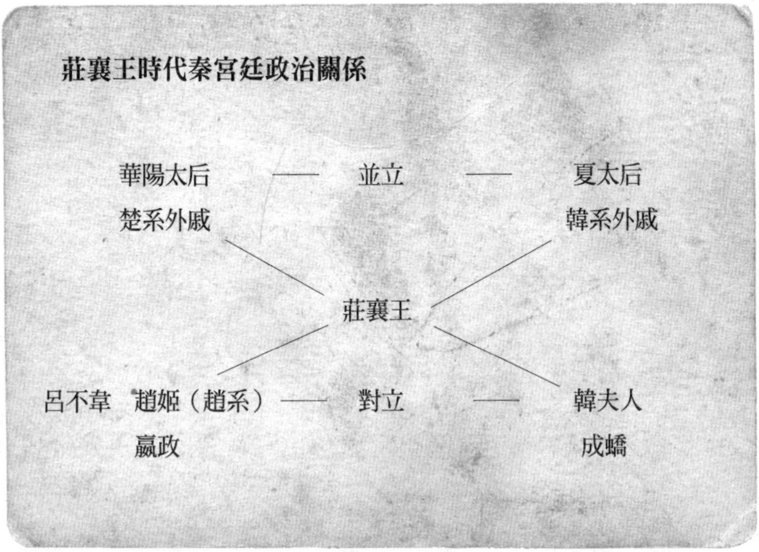

勢力強大的楚系外戚勢力的中心人物。夏太后是子異的生母，出身於韓國，是韓系外戚勢力的中心人物。兩位太后，在支持莊襄王子異上是一致的。但是，在對待趙姬和韓夫人的態度上，兩位太后就有所不同了。華陽太后通過呂不韋的溝通，接受了身在邯鄲的子異和他的家庭，趙姬的正夫人地位，嬴政的嫡長子地位，都是她認可的，她自然對趙姬和嬴政有親近感。夏太后就不同了，她與呂不韋、趙姬本來沒有什麼關係，嬴政也是九歲以後才回到咸陽來的，關係相對疏遠。另一方面，韓夫人是她選定的兒媳，與她關係親密，成蟜從小就在她的身邊成長，更多得到她的喜愛和呵護，自然也是人之常情。

對於趙姬、嬴政與韓夫人、成蟜，我

用對立來概括他們之間的關係。趙姬出身於趙國的豪門，與她有關的人物多是趙國人，比如他後來的面首兼權臣嫪毐，或者是從趙國來到秦國的人，比如呂不韋，她自己和嬴政也是由趙國政府送回到秦國來的，所以，以趙姬為中心的政治勢力，與趙國關係密切，不妨稱為趙系外戚勢力。趙系外戚勢力發達以前，趙姬依附於華陽夫人，受到楚系外戚的庇護。

另一方面，韓夫人出身於韓國的王族，她是夏太后的親屬，她與趙姬分屬於不同的外戚勢力。子異娶韓夫人，是在從邯鄲回到咸陽以後，當時，趙姬和嬴政生死不明，新婚的韓夫人有夏姬的支持，當然是可能取代正夫人趙姬的第一人選，成蟜出生以後，立成蟜為繼承人取代生死不明的嬴政，在秦國政權和王室內部，想來曾經成為現實的議題。從這種歷史背景上看，韓夫人與趙姬，始終是對立的後宮；至於成蟜，從他的出生開始，就是嬴政的潛在政敵。

毫無疑問，以韓夫人取代趙姬，以成蟜取代嬴政，符合夏姬和韓系外戚的利益，卻不符合以華陽夫人為中心的楚系外戚的利益。趙姬和嬴政，雖然不是楚系的血親，卻是楚系認可的養親，楚系必須堅決地支持他們，防止夏姬和韓系的勢力過度擴張。想來，正是在以華陽夫人為首的楚系外戚的堅決支持之下，有呂不韋的協助，子異才能抗拒生母夏姬和韓系外戚的壓力，堅持等待趙姬和嬴政六年之久。六年之間，種種複雜的關係和暗地裡的激烈爭鬥，詳情雖然不得而知，但大體上還是可以想像得到的。

子異即位以後，趙姬被立為王后，嬴政被立為王太子，在莊襄王居中的平衡之下，諸種名分確定，老臣們受到尊重，親族們受到厚遇，百姓也得到恩惠，政情安定。兩位太后在上，也一時相安無事。依照秦國王室的慣例，王后一般不參與政治。在沒有直接的利害衝突之下，王后趙姬與側室韓夫人，大體上風平浪靜，嬴政與成蟜，在子異的愛護下，長兄幼弟一同成長。可以說，回到咸陽的嬴政，度過了他一生中最幸福的少年時光。

嬴政幸福的少年時代，是以父親莊襄王在世為前提的。莊襄王在位只有三年，西元前二四七年，莊襄王去世，年僅十三歲的嬴政做了秦王。秦國的政局，由此發生了重大的變化，嬴政也結束了他幸福的少年時代，進入了風雲不定、暗流湧動的幼王時代。在諸位太后的庇護下，他與弟弟成蟜之間的暗鬥和明爭，也一步一步趨於明顯和激烈。

5 嬴政委政於誰？

嬴政即位的時候，只有十三歲，尚未成年，不能親政，只能委政於太后和大臣。嬴政委政於太后和大臣，從十三歲到二十二歲，整整十年，那麼，在這十年之間，被委以大政，真正掌管秦國政權的是誰呢？

歷代學者的解釋認為，嬴政年幼期間，被委政的太后是母親帝太后，被委政的大臣是相國呂不韋，他們兩人，是這十年間真正掌管秦國政權的主要人物。然而，這個說法實在是一個天大的誤會，是一個必須予以澄清的歷史錯誤。

為什麼這樣說呢？因為這種見解，忽視了兩個重大的歷史事實。第一：嬴政即位之時，太后一共有三位，除了嬴政的生母帝太后趙姬之外，還有兩位太后：一位是嬴政的養祖母華陽太后，另一位是嬴政的親祖母夏太后。

三位太后，不管是從名分、輩分來看，還是從根基權勢來看，華陽太后都有絕對的優勢，是第一位的。華陽太后之後是夏太后，最後才是帝太后。這個順序，我們不僅有文獻的依據，也得到了新近出土的秦漢法律的支持。根據《張家山漢簡》二年律令，秦漢時代，對於男子死後的繼承者權益的順序有明確的規定：第一位是兒子，第二位是父母，第三位是妻子，第四位是女兒。依據這種原則，子異死後，第一位的繼承者是兒子嬴政，第二位是兩位在世的母親，也就是華陽太后和夏太后，第三位才是子異的妻子帝太后。

所以，嬴政年幼，委政於太后，應當是委政於三位太后，三位太后當中，真正主事的人，是華陽太后。華陽太后是嬴政的祖父孝文王的正室，是嬴政的父親子異名分上的母親，她不僅權高位重，而且在她的周圍，有一大批親族親信，比如在收養子異為養子的過程中發揮了重大作用的華陽大姊和弟弟陽泉君等人，這個時候都聚集在華陽太后身邊。多年以來，以華陽太后為首的親族親信，形成了一個控制秦國政權的楚系外戚集團，勢力強大，如日中天。可以肯定地說，嬴政親政前的十年間，真正掌管著秦國政權的人，是以華陽太后為首的楚系外戚集團，這是我們必須明確的第一個重大的歷史事實。

第二個重大的歷史事實是：嬴政即位之初的大臣，除了相國呂不韋外，秦昭王以來的一大批老臣都健在，比如將軍蒙驁、王齮等人，他們一直受到尊寵重用，統領軍隊。特別值得提到的是，與呂不韋共同執掌國政的，還有兩位非常重要的大臣：一位是昌平君，一位是昌文君。昌平君和昌文君，都是活躍在秦國政壇的楚國公子，同屬以華陽太后為首的楚系外戚集團。

所以說，嬴政年幼，委政於大臣，絕非僅僅指呂不韋一人，而是指秦昭王以來的一批老臣，其中，在政權中樞主持國政的主要有三位：呂不韋、昌平君和昌文君。三人當中，昌平君和昌文君都是華陽太后的親屬親信，至於呂不韋，他是促成華陽太后收養子異的牽線人，得到華陽太后和子異雙方的信任，一半可算是華陽太后的人。莊襄王子異過世以後，他繼續得到華陽太后的信任，也得到帝太后的信任，得以繼續執掌國政。

6 夏太后之死引起的震動

由此可見，嬴政十三歲即位的時候，成蟜只有十歲，他們之間的關係，完全受三位太后之間關係的左右。史書中有關成蟜的記載非常之少，只有兩件事情，一件是前面我們已經講到的叛秦降趙，還有一件事情，是出使韓國。

根據《戰國策・秦策》、《新序・善謀》和《史記・春申君列傳》等文獻的記載，秦王政五年，成蟜出使韓國，不費一兵一卒，使秦國得到韓國獻出的「百里之地」。這件事情，是作為戰國故事流傳下來的，僅僅在外國使者與秦王的談話中偶然提到，對於事情的詳細，沒有做具體的交代，難免又成為一樁歷史之謎。

我在整理這件事情的時候，注意到一個年齡問題，這件事情發生在秦王政五年，當時，嬴政十八歲，還沒有親政，成蟜呢，最多只有十五歲（本書人物的年齡，一律按照古代成例用虛歲），年紀輕輕的他，能夠不費一兵一卒取得韓國的大片土地，真是有些不可思議。

歷史上很多不可思議的紀事，往往有隱祕的背景。對於這件不可思議的事情，順著成蟜—韓夫人—夏太后—韓系外戚的脈絡，我們可以做一種合理的推測。年輕的王子成蟜，無功無爵祿，母親韓夫人憂心，祖母夏太后也覺得不妥。根據秦國的法律，身為王子的成蟜如果沒有功勞，是不能得到爵位官職的。成蟜出頭發達的事情，不僅牽動著母親韓夫人的心，也成了祖母夏太后的心病。

我們前面已經談到，夏太后與韓夫人都出身於韓國，與韓國王室有密切的關係，於是她們動用自己的關係網，派遣成蟜出使韓國，通過軍事壓力和外交活動，迫使韓國獻出百里的土地，成蟜歸來後，因功受封，成為擁有封土和封號的封君，他的封號「長安君」的由來，或許就在這裡。由此看來，成蟜在對韓國的擴張活動中立功的事情，很可能是夏太后和韓夫人為了封賞成蟜而特意安排的活動。

一句話，夏太后是成蟜的保護者，她生前為自己所鍾愛的孫子做了盡可能的安排。不過，保護者的精心安排，管得了生前，保不住死後。秦王政七年，夏太后死去，成蟜失去保護傘，他的命運也因此發生了變化。這種變化的不幸結果，就是成蟜之亂。

《史記・秦始皇本紀》記載說：七年「夏太后死。八年，王弟長安君成蟜將軍擊趙，反，死屯留」。韓系的祖母與孫子之間，兩件不幸的事件，先後相繼，背後不會沒有關聯。這種關聯究竟是什麼呢？由於史書完全沒有記載，我們只能根據近年來考古的發掘，做一點可能的推測。

夏太后是秦始皇的祖父孝文王的側室，還在世的華陽太后才是正室，所以，她死後不能與孝文王合葬。孝文王的墓地在秦東陵（今西安臨潼區），華陽太后死後與孝文王合葬在這裡。夏太后死以前，為自己另外選定了葬地「杜東」，在今天西安市南部的長安區。在《史記・呂不韋列傳》中，她有一句談及為什麼選中杜東作為自己葬地的話：「東望吾子，西望吾夫。後百年，旁當有萬家邑。」意思是說，我選杜東做我的葬地，由此往東，可以望見我兒子的墓地，由此往西，可以望見我夫君的墓地。一百年以後，這個地方會發達興旺，成為有萬家住戶的城市。如果這句話真的是夏太后生前所言的話，就成了這位老太后在歷史上唯一的一句留言。

關於夏太后，由於史書上只有寥寥數語的記載，她在歷史上留下的形象，似乎只是一位被冷落的後宮夫人，她在歷史上的存在，似乎只是被安排來用作華陽夫人的陪襯，以她的黯然失落，映照華陽太后的光輝顯赫。然而，歷史的真相真是這樣的嗎？或者，這一切只是殘缺史書掛一漏萬的記載所導致的誤會？

二〇〇六年，我得到夏太后的墓葬被發掘的消息。二〇〇七年三月，專程前往考察。雨天泥濘，步履艱難，當我來到西安南部的長安區神禾原，進入發掘現場時，我感到驚奇，我感到震撼，舊日讀史書所留下的夏太后的印象，瞬間一掃而空。當時當地，出現在我眼前的墓葬，規模宏大，氣勢輝煌，一座亞字形的帝王級規模的大墓，東西長一百三十米，南北寬一百一十米，墓室在地下十五米深處，周圍有十三座陪葬墓。整個陵園占地約兩百六十畝，南北長五百五十米，東西寬三百一十米，原本有各種地面建築。

如果這座墓葬真的是夏太后的墓的話，可以想像得到，如此規模的一座大墓，絕非短時間能夠修建。夏姬被尊為太后，是在莊襄王元年，夏太后之死，是在秦王政七年，其間的十年，應當就是這座大墓的修築時間。也可以想像得到，如此一座大墓的主人，生前必有高貴的地位，顯赫的權勢。在兒子莊襄王子異的時代，夏太后與華陽太后分據兩宮，共同輔助秦王。在孫子秦王嬴政的時代，夏太后與華陽太后共同監理政權，看守先王留下的基業，她在秦國政局中的影響，舉足輕重。

母后干政，外戚當權，是秦漢政治的通例，可以說是制度性的產物。秦國早年的歷史，由於史料的缺乏，不太清楚，不過，在史籍的隻言片語和出土的銘文上，強大的母后和外戚的活動，仍然是可以看到痕跡的，到了秦昭王即位以後，情況就非常明顯了。以宣太后為中心的楚系外戚集團，完全主導了秦國政權。伴隨著這種情況，當權的太后去世時，政治上往往出現重大的變動。宣太后死，當權的楚系外戚權貴們，包括華陽夫人的祖父，都被放逐出京，解除了政治權力。與此類似，夏太后死去，秦國政治也出現了相應的變動。

伴隨夏太后的死，韓系外戚失去了中心人物，不可避免地衰落。分據兩宮的兩位祖母級的太后，只剩華陽太后，而以趙姬為中心的趙系外戚，力量日益強大起來，秦國宮廷的政治勢力將重新洗牌組合。夏太后在世時，韓夫人可以援引夏太后與趙姬分庭抗禮，兩位莊襄王的遺孀間可以保持一定的平衡，如今韓夫人失去後盾，自然是孤立失勢。相反，趙姬沒有了夏太后的節制，自恃是秦王的生母，又有相國呂不韋和面首嫪毒的支持，行情看漲，甚至一步步走向肆無忌憚，有恃無恐。在這種背景之下，她利用夏太后之死的機會，趁勢排擠韓夫人和成蟜，可以說是當然的事情。

無獨有偶，恰巧在夏太后死的次年，統治了韓國三十四年之久的桓惠王去世，變化了的韓國政局，也給徹底打擊韓夫人和成蟜提供了機會。從以後一連串的事情來看，以帝太后趙姬為首的趙系外戚打擊韓夫人和成蟜的結果，就是成蟜之亂。替帝太后充當打手的人，就是面首嫪毒。

7 寡居的帝太后

嫪毒是何許人，他為什麼會在成蟜之亂中替帝太后充當打手？為了便於案情的調查，我首先提供有關嫪毒的個人資料如下頁表。

嫪毐檔案

姓名	嫪毐
性別	男
出生國	趙國
出生地	邯鄲
爵位	長信侯
職業	倡優
案發地	咸陽
與案情的關係	帝太后趙姬的面首。 成蟜之亂的打手？ 嫪毐之亂的主犯。

嫪毐是趙國邯鄲人，與帝太后趙姬是同鄉。有人說他本來就與趙姬相識有染，後來隨同趙姬一道來到秦國，一直默默地侍候趙姬，等趙姬做了太后以後，他才張揚紅火了起來。不過，《史記・呂不韋列傳》說，嫪毐本來是呂不韋的舍人，就是家臣，後來被呂不韋介紹給帝太后，得到帝太后的寵愛，方才發達起來，被授予秦國的最高爵位，封為長信侯，權傾一時。

嫪毐這個人，本是倡優一類的人物。他有一個特點，就是具有超強的性功能。據說，在酒席宴會的樂舞演出中，他可以用勃起的陽具套上桐木小車輪做精采的表演，被稱為大陰人。那麼，這樣一個古怪特異的人物，為什麼會被呂不韋看中，並且將他介紹給帝太后呢？帝太后又為什麼會寵愛他？他為什麼能夠在秦國政壇上紅極一時呢？這就必須從呂不韋與帝太后趙姬的關係說起了。

趙姬是邯鄲人，出身於趙國的豪家。所謂「豪家」，就是有勢力的大戶人家。趙姬天資絕色，能歌善舞，在邯鄲的佳麗名媛當中，堪稱引領時尚的先鋒。

我們都知道一句成語，叫做「邯鄲學步」，講的是一位燕國人來到趙國的首都邯鄲，邯鄲的一切是那樣新潮繁華，連邯鄲人走路的姿勢都是那樣好看，於是這位燕國人就學邯鄲人走路，結果不但沒有學會，反而連自己原來的走法都忘記了，沒有辦法，只好爬著回去。

邯鄲學步這個成語，出於《莊子》，固然是一種比喻，比喻盲目模仿人，不但沒有學會新東西，反而把自己原來的東西給丟掉了。莊子是戰國時代的人，邯鄲學步的歷史背景，與趙姬時代的趙國首都邯鄲相當接近。在當時，邯鄲是天下聞名的大都市，以引領天下時尚著稱。邯鄲時尚，一是公子養士行俠，一是美女多情善舞。從趙姬以後的行事為人來看，她確是一位迷人多情的美人，她的人生價值取向，少在政治而多在生活。

前面我們已經介紹過，趙姬懷上嬴政的這一年，遇上長平之戰。生下嬴政的第二年，秦軍圍困邯鄲。第三年，子異與呂不韋逃出邯鄲，她帶著三歲的嬴政九死一生，歷盡千辛萬苦。整整六年以後，秦國和趙國和解，她才帶著九歲的嬴政，被趙國送返，回到咸陽。可以想像，在這一段時期中，作為母親的趙姬，為了保護和撫育嬴政，經受了多少艱難困苦。母子兩人，可謂患難與共，情深似海。

由邯鄲回到咸陽，可謂是由地獄到了天堂。久別重逢之後，子異對髮妻趙姬和長子嬴政做了不忘舊情的補償，趙姬正式成了太子夫人，嬴政也被立為太子繼承人。子異即位以後，趙姬成了王后，十一歲的嬴政成了王太子。對於趙姬來說，來到秦國的生活，可謂一帆風順，她在咸陽度過了人生中美滿的時期。然而，好景不長，不久，她的人生又出現了新的轉折。

西元前二四七年，僅僅做了三年秦王的莊襄王子異死去，嬴政十三歲即位，趙姬成了王太后。新寡的趙姬，不過三十多歲，她那多情的心思，再次投向舊日情人呂不韋。據說，他們之間舊情復燃，成了隱祕的情人，有了一段激情的歲月，彷彿是回到了當年。

《史記·呂不韋列傳》敘述這件事情說：「秦王年少，太后時時竊私通呂不韋。」這就是說，趙姬和呂不韋兩人之間，舊情復燃，重新成為情人。這個說法，很有一些傳奇故事的色彩，有人認為是不可信的，是誣陷呂不韋而抹黑秦國王室的編造。我們究竟應當如何來理解呂不韋與趙姬的關係呢？

從歷史學的角度，我們可以合理地聯想到，趙姬本是邯鄲的舞姬，嫁給子異做了秦國的王太孫夫人，她後來孤身一人帶著嬴政來到咸陽，隨著子異地位的變化，先做太子夫人，後做王太后，成為秦國的第一夫人，高貴的政治人物。不過，身在秦國的趙姬，她是外國人，她在秦國既沒有政治根基，也缺少人脈關係，她在秦國能夠依靠的只有三個人：丈夫子異、舊情人呂不韋、兒子嬴政。子異去世以後，兒子嬴政年幼不能親政，趙姬在政治上能夠信任和依賴的人，只有呂不韋了。趙姬是多情善舞的人，年輕守寡，孤單失助，她在情感上唯一能夠依託的男人，也只有呂不韋了。所以，呂不韋不得不充當帝太后趙姬的情人和政治顧問的雙重角色。

古今中外，充當幼王母太后情人的政治人物都面臨身敗名裂的巨大風險。首先，難免遭到政敵的攻擊；其次，一旦幼王長大成人親政，也將遭到新王的追究。趙姬與呂不韋的情人關係，更還有第三層危險，這就是趙姬的兩位婆婆，華陽太后和夏太后的威懾和監督。我們已經講過，秦王嬴政委政於太后，第一位是華陽太后，第二位是夏太后，第三位才是帝太后。莊襄王子異過世時，華陽太后和夏太后都還健在，做了位高權重的太王太后，是秦王室的老佛爺老祖宗。可以聯想得到，一旦她們知情後發難的話，後果是不堪設想的。

趙姬是感情豐富的性情中人，她一個人孤獨地生活在宮中，承擔著巨大的政治壓力和精神壓力，不管是在政治上還是在情感上都離不開呂不韋。呂不韋是商人兼政治家，他精明睿智，身為相國，身邊既不缺女人，手上也不缺權力，他深知與趙姬的私情關係有百害而無一利，自己必須盡早脫身出來。

呂不韋經過深思熟慮，周密計畫以後，他想出了一個兩全其美的脫身之計。這個脫身之計就是獻「面首嫪毒」。

8 獻面首嫪毒

為了避禍，呂不韋決定，政治上一如既往地支持帝太后趙姬和幼王嬴政，生活上堅決切斷與帝太后的情人關係。呂不韋畢竟是呂不韋，他深通人情世故，處世圓滑，擔心突然斷絕與帝太后的情人關係可能引起不測，便考慮找一位可以取代自己充當帝太后情人的替身。他找到的這個人就是嫪毒。

呂不韋看中嫪毒有兩大理由：第一，嫪毒是趙國人，趙姬也是趙國人，同鄉音同習俗，易於親近，可解帝太后孤身一人在異國他鄉的憂愁；第二，嫪毒是具有超強性功能的男子，而且可以做性表演，對成熟婦人有吸引力。呂不韋不時在帝太后面前提起嫪毒，引起了帝太后的興趣，於是讓呂不韋將嫪毒送到自己的身邊來。

太后宮中，戒備森嚴，不相干的男人豈能隨便進入。還是呂不韋足智多謀，他設法將嫪毒定罪，罰受宮刑送進太后宮中做太監。他又教唆帝太后買通主持刑罰的官吏，僅僅拔去嫪毒的鬍鬚，就把他當作太監送進宮中。帝太后得到嫪毒，受用後大為興奮喜愛。史書上說帝太后對嫪毒是「絕愛之」，就是愛得不得了，幾乎忘掉了一切。自然，帝太后因為寵愛嫪毒而忘掉了的一切當中，也包括了舊日情人呂不韋。呂不韋樂見其成，大大鬆了一口氣，慶幸自己終於迴避了情感上的糾纏和政治上的危險。

帝太后沉浸在與嫪毒的情愛之中，不久就懷了孕。為了避開世人的耳目，帝太后以身體不適占卜，得到應當迴避現在居所的結果，於是離開咸陽，遷居到雍城的離宮中去居住。雍城在現在的寶雞，遠離咸陽數百里，是秦國的舊都，不但是秦國先君先王的祖墓、祖廟所在地，也修築有不少的離宮別館。帶著嫪毐一道遷居到雍城的帝太后，在這裡構築起世外桃源般的愛巢。她的私生活，不但自由放任，幾乎是肆無忌憚，忘乎其形，她與嫪毐之間，一連生下了兩個兒子。

受到帝太后寵愛的嫪毐，與帝太后形影不離。他得到帝太后的賞賜，家產萬貫，家奴數千，成為秦國數一數二的巨富。不僅如此，嫪毐還積極參與政治，成為權傾一時的寵臣。

嫪毐這個歷史人物，千百年來都被視為不齒的性怪物，做妖魔化的醜化和謾罵，這些年來，電影電視更是將他處理為隱藏在宮中的陰類惡物，不僅見不得天日，而且從形象到行為都遭人厭惡。從歷史來看，這種處理並不符合當時的歷史事實，是經過後人臆想的添加和歪曲，形成的一種臉譜化的人物形象。

實際上，戰國秦漢時代，寡居的太后公主養面首，公開持有性夥伴的事情多的是，並不以為醜而隱瞞，甚至受到支持和鼓勵。秦始皇的曾曾祖母宣太后與西北的義渠王私通，生有兩個兒子，幾乎是公開的祕密。宣太后死時，要另一位面首魏醜夫陪葬，經過謀士巧妙的勸說，方才打消了這個主意。漢昭帝的姊姊養有面首，稱作丁外人，漢昭帝專門下詔令提供方便。這些是古風古俗，其中的人情人性，反倒是真實自然的。所以說，趙姬養面首嫪毐，當時並非見不得人的醜事，等同於男人養小妾一般。嫪毐的真正問題，是在政治上。他的真實形象，是一位政治人物，他在政治上是有相當作為的。作為歷史人物的嫪毐，他的真實形象被隱瞞和竄改了。

9 嫪毐為什麼封侯？

關於嫪毐受到帝太后寵愛後的情況，《史記‧呂不韋列傳》是這樣說的：「嫪毐常從，賞賜甚厚，事皆決於嫪毐。嫪毐家僮數千人，諸客求宦為嫪毐舍人千餘人。」

這是說，嫪毐日常跟隨帝太后，得到的賞賜甚為豐厚，帝太后將各種事情都交由嫪毐處理。嫪毐家有奴僕數千人，各國游士投靠到嫪毐府上做舍人的有一千多人。

解讀這段史料可以看出，嫪毐不是隱藏在帝太后宮中，他是堂堂正正地住在自己的豪宅府邸中，使喚著數千下人奴僕。他絕非自卑見不得人，而是廣開府邸大門，公開招攬各國游士，那種情況，宛若戰國四大公子，也就是楚國的春申君、魏國的信陵君、趙國的平原君和齊國的孟嘗君，名揚天下，也完全同當時的呂不韋一樣，賓客滿門，張揚得很。

關於嫪毐發跡的盛況，《史記‧秦始皇本紀》記載得更為正確而且具體：

> 嫪毐封為長信侯，予之山陽地，令毐居之。宮室車馬衣服苑囿馳獵恣毐。事無大小皆決於毐。又以河西太原郡更為毐國。

這是說，嫪毐被封為長信侯，他的領地在山陽這個地方（今河南獲嘉、沁陽一帶）。在帝太后的縱容下，嫪毐可以隨意地使用秦國王室的宮室、車馬、衣服、苑囿和獵場。帝太后的事情，不管大小，都交由嫪毐處理決定。進而，又將太原郡的汾河以西地區賞給嫪毐作為封國。

嫪毐，作為帝太后的面首和寵臣，得到財富的賞賜，隨意地使用秦國王室的宮室、車馬、衣服、苑囿和獵場。帝太后也將自己的家事政事，統統交由嫪毐處理決定。這些事情，在帝太后的私人恩寵之下，都是不難辦到的。然而，嫪毐封長信侯，建立封國的事情，可就不是一般的事情，而是載入典籍史冊，關係國法的大事了，那麼，嫪毐為什麼會被封侯呢？

關於嫪毐為什麼封侯，史書上沒有記載，歷來學者的理解，以為他是帝太后寵愛的面首，封侯也是出於帝太后的私恩。我最初也隨大家這樣理解，然而，當我仔細整理了這一段歷史以後，發現這是一個想當然耳的誤解。不但誤會了兩千多年，也直接影響到《史記》的標點分段。中華書局點校本的分段，就是活生生地將同年發生的兩件相關事情，分段列在秦王政八年和九年以前。這種基於錯誤理解的分段，反過來又加固了錯誤理解的基礎。

我們知道，秦國是一個絕對重視爵位的國家。商鞅變法明文規定，爵位的授予，必須根據軍功，或者是與軍功相應的功勞。不管任何人，包括王室成員，沒有軍功就不得授予爵位。秦國的爵位一共二十級，最高一級是侯。嫪毐受封長信侯，就是這一級。被授予侯爵的人，除了享受種種巨大的特權外，還要授予領地，建立自己的封國，相當於一個小國的國王。在秦國的歷史上，被授予侯爵的人屈指可數，都有登記，都有被封侯的理由。

關於秦國封侯之難，我們可以講一個短短的故事。秦始皇統一天下，最大的功臣是老將王翦。他多年作為秦軍大將領軍出征，攻破趙國，消滅燕國，戰功累累，卻沒有得到封侯的賞賜。在攻滅楚國的戰爭中，王翦統領六十萬秦軍出動，秦王嬴政親自來送行，王翦臨行前曾經對於列侯難封表示不滿，對嬴政抱怨說：「臣下為大王領軍作戰，多有功勞也不曾得到列侯的封賞。」王翦的侯爵，是在大敗楚軍、攻滅楚國以後才被授予的。由此可見列侯爵位的授予，在秦國是何等重大，又是何等不易。

嫪毐封侯一事，秦國史書是作為國家大事正式做了記載的，除了上述的《史記・秦始皇本紀》而外，《史記・六國年表》也有專門的記載，秦王政八年，「嫪毐封長信侯」。這些都是秦國政府的正式記載，顯示事件重大。這個重大的意義，就是表明嫪毐立下了非同尋常的功勞，按照秦國的制度授予了與他的功勞相應的最高爵位。那麼，嫪毐究竟立下了什麼的功勞，他被授予最高爵位的理由究竟在哪裡呢？

查詢史書，就在嫪毐封侯的同一年，秦國歷史上還有一件大事發生，這件大事，就是成蟜之亂。同一年發生的這兩件大事之間，會不會有某種關聯呢？

我們前面已經講到，秦王政七年，夏太后死，韓系外戚勢力失去領軍人物而開始衰落。以趙姬為首的趙系外戚勢力乘機開始打擊韓夫人和成蟜。這個時候的嫪毐，已經成為秦國政壇上一大政治勢力，他不僅是帝太后的面首，而且是帝太后家務和政務的貼心代理人，在帝太后打擊韓夫人和成嶠的行動中，由他來充當頭號打手，可以說是順理成章的事情。想來，正是在他的一手策畫下，韓系外戚勢力遭到徹底的清理，領兵在外的成嶠被迫降趙。也許正是在這件事情當中，嫪毒因為鎮反立了大功，被封為長信侯，權傾朝野。

當然，以上的脈絡，只是我們基於當時的歷史背景，在秦國不同外戚勢力之間的爭鬥這條主線上所做的合理推測而已。對於這條推測，我們可以舉出一條旁證。秦國的法律制度，奠基於商鞅變法。商鞅變法有一條重要的原則，叫做「告奸者與斬敵首同賞」，就是揭發謀反奸人的功勞，與殺敵斬首的功勞同等計算。秦漢歷史上，援引這條法律，為揭發重大謀反者封侯的事例有案可查。漢武帝時，外戚之間爭奪皇位繼承權，演出了一場類似的悲劇，史稱「巫蠱之亂」，皇后自殺，太子出逃被殺。追殺太子的官吏，因功被封為列侯，援引的就是這條法律。

歷史事件的真相，不僅僅在事件的本身，也在事件前後左右的關聯當中。前後，是指時間的前後，為了了解歷史的真相，我們需要關注事件發生前和發生後的事情，由此尋找與該事件有關的線索。左右，是指事情的周邊，為了了解歷史的真相，我們需要關注與該事件同時發生的其他事情，由此尋找與該事件有關的線索。

在上面的破案過程中，我們運用這種方法，前後將夏太后之死和成嶠之亂連接起來，解讀出了新的史實，我們又左右將成嶠之亂與嫪毒封侯連接起來，也解讀出了新的史實。如果我們前後左右連接起來看的話，夏太后之死、成嶠之亂與嫪毒封侯這三件看似孤立的事件之間，不但是有關聯的，甚至可能是具有同一歷史背景的連續事件。這個連續事件的下一環，就是秦王政九年的嫪毐之亂。

弟弟與假父的故事（下）

二 假父到底想要攻擊誰？

1 嫪毐之亂

俗話說，人怕出名豬怕肥。人出了名，就會受到眾目睽睽的關注；豬長壯了，就會被送進屠宰場。

嫪毐立了功，受了賞，出了名，當了權，陡然間成為秦國政壇上的新星，同時，也成了各派政治勢力矛盾的焦點。他在帝太后宮中沒沒無聞地當面首的時代，沒有人去關注他這樣一個卑賤的人物，然而，到了他封侯建國紅極一時的時候，他開始受到多方面的調查，終於被人祕密告發了。關於嫪毐被告發的事情，有這樣一個比較詳細的故事。

據《說苑・正諫》的記載，嫪毐的最終暴露，出於一次偶然的口角。嫪毐得到帝太后的寵愛，在宮中驕奢淫逸，難免得意忘形。有一天，嫪毒與宮中的侍臣們一起飲酒作樂，博弈遊戲，發生了爭吵。喝醉了酒的嫪毒睜圓了眼睛，大聲呵斥對方說：「吾乃皇帝假父也，窶人子何敢乃與我亢！」這句話的意思是說：「我是誰，老子是秦王的乾爸爸，你這窮鬼王八蛋也敢和我爭！」一時間，大家都驚呆了，被嫪毒呵斥的人趕緊溜掉，將此事告發。

嫪毒與帝太后的私情，秦國朝野上下，宮內宮外，早就是風言風語的事情。秦王年幼，帝太后權大，大家心知肚明，睜隻眼閉隻眼，不去說，不捅穿，也就罷了。如今秦王長大，嫪毒不檢點，竟然在大庭廣眾之下暴露帝太后的隱私，口吐狂言，自稱秦王的乾爸爸，實在是太不像話。以秦王宮廷的潛規則而言，太后養面首不是問題，面首張揚太后的隱私，這就是問題了，進而牽涉到秦王的聲譽，這就更是問題了。於是，嫪毒開始受到追查。他自己也實實在在地感到危險在臨近，感到追查的方面多，來頭大，不僅是對準著自己，更是衝著帝太后而來的。他開始和帝太后祕密商量對策，暗暗做應付不測的準備。

秦王政九年正月，嬴政滿二十二歲。當嬴政親政的日期一天天逼近的時候，嫪毒的危機感也一天天加深。四月，嬴政前往雍城舉行冠禮，嫪毒預感大難將要降臨。盛大的雍城冠禮，王族大臣們都前往參加，首都咸陽成為政治空城，對被逼急了的嫪毒來說，這是千載難逢的機會。他狗急跳牆，在咸陽發動了武裝政變。

關於嫪毒之亂，《史記・秦始皇本紀》是這樣記載的：

（秦王政九年）四月，上宿雍。己酉，王冠，帶劍。長信侯毐作亂而覺，矯王御璽及太后璽以發縣卒及衛卒、官騎、戎翟君公、舍人，將欲攻蘄年宮為亂。王知之，令相國、昌平君、昌文君發卒攻毐。戰咸陽，斬首數百，皆拜爵……毐等敗走。

根據這條記載我們了解到，秦王政九年，嬴政從首都咸陽來到雍城。雍城，在現在的陝西省寶雞市，距離秦都咸陽大概有三百多里，是秦國的舊都，秦國先公先王的墳墓和宗廟很多都在這裡，歷代修建的離宮別館也不少。嬴政來到這裡，是要在宗廟舉行冠禮。冠禮，就是成人禮，通過這個儀禮正式宣告長大成人。己酉這一天，嬴政正式行了冠禮，佩劍戴上了王冠。按照秦國的制度，從此以後，他將收回委託出去的大權，正式開始親政。

就在嬴政還在雍城滯留的時候，長信侯嫪毐在首都咸陽作亂而被察覺，嫪毐私自使用秦王的印璽和太后的印璽，調動咸陽縣的軍隊、負責宮廷警衛的衛尉的軍隊、政府的騎兵部隊、咸陽附近的少數民族部隊以及長信侯府的家臣門客，發動了大規模的武裝叛亂，準備進攻雍城的蘄年宮。

秦王知道了這件事，命令相國呂不韋、昌平君和昌文君發兵攻擊嫪毐。兩軍大戰於咸陽，嫪毐兵敗。

2 四大疑問

令人吃驚的是，在這次事件中，站在嫪毐一方參與叛亂的，有一大批政府高官，包括秦國的宮廷警衛大臣——衛尉，首都地區的最高軍政長官——內史，內廷顧問的長官——中大夫令，宮內負責弓射兵的武官——佐弋等二十多人。可以想像，如果政變成功，秦國政權的格局將發生根本的變化，嬴政的一生也將有不同的命運。

嫪毐是嬴政的母親帝太后趙姬的面首，嫪毐之所以發動這次大規模的政變，是得到帝太后的支持的。政變被平定以後，嫪毐以及參與事件的高官都被判刑處死，帝太后被驅逐出咸陽，遷居到雍城軟禁。她與嬴政的母子關係，從此發生了根本的變化。

嫪毐之亂，是秦始皇五十年人生中最大的危機，既是最大的政治危機，也是最大的家庭危機。這件事情，不僅深刻地影響了秦始皇個人，也深刻地改變了秦國的政局，可以說是秦國歷史上罕見的大事，驚天的大案。然而，這件驚天的大案，在歷史上是一樁不明不白的疑案，千百年來，這件事情的真相就是不清楚的，是一團謎，令人疑慮環生。追究下來，環生的種種疑慮，都出於史書記載的不明。

①嫪毐發兵，攻擊的對象是誰？史書上沒有交代。只說他「將欲攻蘄年宮為亂」，他為什麼要攻擊「蘄年宮」，他將如何為亂？史書上也沒有交代。

②嫪毐之亂爆發時，嬴政在雍城舉行冠禮，嫪毐在咸陽發兵。那麼，這個時候，帝太后趙姬在哪裡，她在做什麼？她與這次政變究竟有什麼關係？史書上也沒有交代。

③嫪毐之亂爆發時，秦王「令相國、昌平君、昌文君發卒攻毐」。這道王令，我們稱為「攻毒令」。接受「攻毒令」的第一位大臣是相國呂不韋，他與帝太后關係密切，也是介紹嫪毐給帝太后的牽線人，他在這件事情當中，究竟持什麼立場，有什麼行動？史書上沒有交代。

④與相國呂不韋一道接受「攻毒令」的另外兩位大臣，是昌平君和昌文君。昌平君和昌文君都是封號，他們的官職是什麼，他們的名字是什麼，他們究竟是誰？他們與嫪毐之間，與秦王嬴政之間究竟有什麼關係？史書上也沒有交代。

以上種種問題，都是直接關係到嫪毐之亂真相的問題，史書上全都沒有交代。看得出來，司馬遷在《史記》中，雖然根據秦國史書的殘缺記載，披露了嫪毐之亂這件事情，但是，他對於這件事情的詳情和背景，也不清楚。

千百年以來，對於這個事件的種種質疑，就不斷地出現，問題不斷地被提起，遺憾的是，卻從來沒有得到完滿的解答。今天，我在系統整理秦始皇人生的基礎上，通過對於現有史料的重新解讀，結合新出土的資料，運用聯想推理的方法，試圖破解秦始皇人生中這樁驚天的歷史大案。

3　他想攻擊誰？

關於嫪毐之亂的目的，也就是嫪毐到底想攻擊誰，千百年來就是不清不楚的事情。史書上只是說，嫪毐在咸陽起兵，「將欲攻蘄年宮為亂」，並沒有挑明他要攻擊誰。蘄年宮在雍城，故址在現在陝西省鳳翔縣西南，是一處用來向上天祈求豐年的齋宮，嬴政行冠禮，將在這裡齋戒告天。那麼，如果由此自然聯想的話，嫪毐的攻擊目標，他想要消滅的對象，應當是秦王嬴政了？然而，這種想當然耳的看法，實在是一種誤會，根據重新整理歷史的結果，今天我們可以明確地斷定，嫪毐發動政變所要打擊的目標，不是秦王嬴政。為什麼這樣說呢？

嫪毐是帝太后的親信和打手，他的一切，包括財富、地位、權力，都得自於帝太后的恩寵，他的重大行動，都代表了帝太后的意願。他發動這次政變，是得到帝太后的支持和指使，使用帝太后和秦王的印璽調動軍隊的，並且得到一大批擁戴帝太后的大臣們的支持。所以，嫪毐之亂的真正幕後人物，是帝太后；嫪毐之亂的真正發動者，是以帝太后為首的趙系外戚集團。嬴政是帝太后的長子，合法的王位繼承人，也是帝太后在秦國能夠立足的唯一憑藉和資本，帝太后絕對沒有一絲一毫的理由對嬴政下手。

有人說，嫪毐與帝太后生有兩個兒子，據說嫪毐與帝太后之間曾經有過這樣的話，將來秦王過世以後，就讓我們的兒子繼承王位吧。由此看來，嫪毐發動政變，或許是想要擁立自己與帝太后的私生子為王。然而，這是絕對不可能的事情。嫪毒與帝太后所生的兩位兒子沒有秦王室的血統，他們是沒有任何可能繼承王位的。這一點，不管是帝太后還是嫪毒，都是清楚得不能再清楚的。他們可以在私下裡講些如同「秦王百年以後，就讓我們的兒子即位」一類的閨房話，但絕不可能將這種話拿到政治檯面上來。這種話公開出來，就是大逆不道的謀反，公然對有數百年歷史的秦國宣戰，嫪毒之亂，不可能用這種名目。

所以說，嫪毒發動政變想要打擊的目標，另有所在。那麼，這個目標在哪裡呢？我們認為，目標有兩個，第一在華陽太后，第二在呂不韋。為什麼這樣說呢？

我們前面已經講過，夏太后之死，成蟜之亂，嫪毒封侯，這是互有關聯的系列事件，背景是帝太后與韓夫人間的政爭。這一連串事件的結果，以帝太后為首的趙系外戚勢力取得了勝利，韓系外戚勢力徹底地沒落。對於帝太后與韓夫人的爭鬥，楚系外戚的老祖宗華陽太后坐山觀虎鬥，樂見其成。然而，韓系外戚徹底崩潰以後，帝太后勢力的過度擴張，當然引起楚系外戚集團的警戒和不滿。嫪毒暴露帝太后隱私的事件，授予了華陽太后打擊帝太后的口實。以華陽太后為首的楚系外戚，開始徹底地追查這件事情，他們希望利用嬴政親政的機會，清除嫪毒，剝奪帝太后的政治權力。正是在這種逼迫之下，得到帝太后支援的嫪毒狗急跳牆，發動政變，企圖用非常手段，消滅以華陽太后為首的楚系外戚集團。

如果說，嫪毒之亂的主要矛盾是華陽太后與帝太后之間的政爭的話，嫪毒之亂還有一個次要的矛盾，這就是嫪毐與呂不韋之間的政爭。成蟜之亂後，嫪毐封侯建國，他在政壇上的急速崛起，除了招來以華陽太后為首的楚系外戚的警戒外，更引起了與另一位人物——相國呂不韋之間的矛盾。呂不韋是帝太后的舊情人，介紹嫪毐與帝太后的牽線人，他們都是從趙國來到秦國的，大體上都可以歸屬於以帝太后為首的趙系外戚集團。不過，當嫪毐得到帝太后的寵愛以後，呂不韋與帝太后的關係疏遠，當嫪毐封侯建國紅極一時以後，在政治上就成了呂不韋的對頭，兩人之間出現了激烈的政爭。

關於嫪毐與呂不韋之間的政爭，《戰國策・魏策》有明確的記載。當時，秦國進攻魏國，有人勸告魏王說：

> 秦自四境之內，執法以下，至於長挽者，故畢曰：「與嫪氏乎？與呂氏乎？」雖至於門閭之下，廊廟之上，猶之如是也。今王割地以賂秦，以為嫪毐功，卑體以尊秦，以因嫪毐。王以國贊嫪氏，以嫪毐勝矣。王以國贊嫪氏，太后之德王也，深於骨髓，王之交最為天下上矣。……今由嫪氏善秦，而交為天下上，天下孰不棄呂氏而從嫪氏？天下必舍呂氏而從嫪氏，則王之怨必報矣。

這段記載說，當今秦國國內，從政府到民間，從官員到百姓，大體分成兩派，或者站在嫪毐一方，或者站在呂不韋一方。如果魏國依附嫪毒一邊，割地送給秦國，屈身尊禮秦國，這些都通過嫪毒上達，作為嫪毒的功勞，嫪毒就勝過呂不韋了。如此一來，帝太后必定深深地感謝魏國，魏國與秦國的關係就會在各國之上了。如此一來，天下也必定捨棄呂不韋而跟從嫪毒了。

這件事情，發生在秦王政八年，正是嫪毒封侯建國紅極一時的時候。這段對話，不但清楚反映出嫪毒與呂不韋的激烈政爭，而且，在兩人的政爭中，帝太后已經忘記呂不韋，完全站在嫪毒一邊了。所以說，嫪毒暴露帝太后隱私的事件，予呂不韋以打擊嫪毒的口實。呂不韋的態度，嫪毒是清楚的。他發動政變，呂不韋當然是他的打擊對象。

4　動亂的餘波

嫪毒之亂，以嫪毒兵敗逃脫告終。逃脫的嫪毒，被懸賞捉拿以後，處以車裂，就是車馬分屍的酷刑，他的宗族也被誅滅。參與叛亂的二十多位高官，都被梟首示眾。依附嫪毒的家臣，很多被判刑，而被流放到四川的，數量就多達四千多家。

嫪毒是帝太后的面首，帝太后家務政務的貼心代理人。帝太后是嫪毒的後台，嫪毒之亂的幕後人物。嫪毒之亂失敗後，帝太后被驅逐出咸陽，遷徙到雍城棫陽宮（今陝西鳳翔南）軟禁，她與嫪毒所生的兩個兒子，也就是嬴政的兩位異父弟弟，都被處死。從此以後，以帝太后為首的趙系外戚集團瓦解，帝太后也基本上喪失了對於秦國政權和秦王嬴政的影響力。

在事後的一連串追究中，相國呂不韋與帝太后的舊情，他推薦嫪毐入宮的種種祕事，都被牽連出來，他也成了被審查的對象。秦王政十年十月，呂不韋被免去相國職務，驅逐出京，回到自己的封地河南（今河南洛陽）。

第二年，呂不韋受到更為嚴厲的追究和處罰，秦王嬴政親自下書給呂不韋說：「君何功於秦？秦封君河南，食十萬戶。君何親於秦？號稱仲父。其與家屬徙處蜀。」

看來，呂不韋被罷免以後，秦王嬴政仍然怒氣難消。他質問呂不韋說，你對秦有什麼功勞，秦國賜予你封地河南，享受十萬戶的待遇。你和秦有什麼親屬關係，竟然被稱為仲父。現在，命令你全家遷徙到蜀地去居住。呂不韋接到這封信以後，唯恐還有更為嚴厲的處罰到來，於是飲鴆自殺，終年約五十七歲（前二九二—前二三六）。那些跟隨呂不韋的家臣和賓客們，也受到嚴厲的處罰。

不過，就在呂不韋免相的同一年，嬴政與母親的關係卻出現了戲劇性的變化。怒氣衝天的嬴政聽了一位叫做茅焦的齊國人的勸告，陡然回心轉意，親自到雍城去見母親，將她接回咸陽，重新居住於甘泉宮。《史記・秦始皇本紀》是這樣記載這件事情的：

齊人茅焦說秦王曰：「秦方以天下為事，而大王有遷母太后之名，恐諸侯聞之，由此倍秦也。」秦王乃迎太后於雍而入咸陽，復居甘泉宮。

這段記載，作為文學故事來讀的話，可以理解為作者在情節推進中製造的戲劇性轉折，是一波三折的起伏式敘事手法。這段記載，作為歷史來讀的話，則很有些不可思議，使人懷疑這段紀事的真偽和可靠性。作為歷史偵探，我們自然要問，這位齊國人茅焦究竟是什麼人，他為什麼會在嫪毐之亂後出現在秦王嬴政身邊？茅焦勸諫嬴政說：「秦國志在天下，而今大王有了遷徙母后的名聲，恐怕諸侯各國聽說後，由此紛紛背離秦國。」他講的不過是母子之間應當和睦相處的簡單道理，怎麼會扯到諸侯各國背叛秦國的外交大事上去？嬴政聽了這幾句話之後，又怎麼會怒氣全消，幡然醒悟，立刻前往雍城迎回母親？

5　茅焦勸秦王的歷史意義

追究起來，《史記・秦始皇本紀》的這段記載，是司馬遷根據戰國時代流傳下來的歷史故事改寫的。這個戰國故事的原型，可以從《說苑》的類似故事看得出來。《說苑》所記載的這個故事非常詳細，我們簡要地轉述如下：

嬴政驅逐母親以後，下令說，有敢以帝太后的事情勸諫的人，一律處死。據說，拚死來勸諫的人有二十七人，都被一一處死了。就在這個時候，來了第二十八個人，自稱齊客茅焦，有事請求秦王接見。嬴政命令侍衛問道：「是不是為太后的事情？」茅焦答道：「正是。」嬴政又命令侍衛問道：「有沒有看見宮門外的死人？」茅焦答道：「看見了二十七個。臣下聽說天上有二十八星宿，二十七人二十七星，現在差一個，特來補足滿數。請趕緊去報告秦王，臣下不怕死人。」

嬴政聞訊大怒，下令準備好煮人的大鍋，按劍而坐，傳令讓茅焦進來。

茅焦進到殿上，不慌不忙，對秦王施禮說道：「有關人的死生、國之存亡的事情，都是歷代聖王急於想知道的，不知道大王想不想聽一聽？」秦王說：「此話怎麼講？」茅焦回答說：「陛下有狂悖的行為，難道自己不知道嗎？」秦王冷冷答道：「倒是想聽你說一說。」茅焦嚴正地回答道：「陛下車裂假父嫪毒，有妒忌之心；殺死兩位弟弟，有不慈之名；將母親遷徙到雍城棫陽宮，有不孝之行；刑殺勸諫之士，有桀紂之治。如今天下都知道了，紛紛疏遠秦國。臣下實在是擔心秦國將會為此而衰亡，陛下也會為此而有不測的危險。我的話完了，請陛下處死我。」

茅焦於是解開衣服，準備接受烹煮之刑。這時候，戲劇性的場面出現了，嬴政走下殿來，用左手扶起茅焦，用右手揮開準備前來捉拿茅焦的人說：「一切都免了，先生請繫上衣服，我願意聽從先生的。」

嬴政當即尊茅焦為「仲父」，授予上卿的爵位。事後，他立刻啟動車駕，千乘萬騎，親自到雍城棫陽宮迎接母親歸還咸陽。

被迎回咸陽的帝太后，在宮中設置酒宴招待茅焦。酒席上，帝太后感慨萬端地對茅焦說：「將扭曲扳直，從敗亂中復生，安定秦國的社稷，使我們母子得以再次相會，都是您茅君的力量。」

比較這段故事和《史記・秦始皇本紀》的記載，我們可以看到《史記》的歷史世界是如何編撰的。對於嫪毐之亂這一段歷史，司馬遷掌握的資料並不多，除了秦國史書上的一些簡略記載外，餘下的就是一些戰國故事了。對類似於《說苑》所載的戰國故事，司馬遷站在歷史學家的立場上做了鑑別和選取。他將故事最聳人聽聞的部分，比如秦王一連殺了二十七人，茅焦是第二十八個，最吸引聽眾的部分，比如茅焦強硬地應對秦王，秦王又是如何戲劇性地走下殿來等等，都做了刪節，只保留了茅焦說秦王的話中，關於遷徙母親會引起各國背離，也就是會引發外交問題的部分。司馬遷的這種取捨和解讀是否恰當呢？

今天，我們可以站在歷史學的立場上做一個合理的鑑定：

①司馬遷敏銳地注意到嫪毐之亂這件秦國政權中樞的內亂，是有國際背景的，因而，他選取了故事中對於帝太后的處置不當，會引起相關的外交問題的內容。但是，為什麼會引起外交問題呢？司馬遷沒有深入講，從我們今天的研究結果來看，也許他自己也不清楚。

②茅焦是齊國人，自稱「齊客」。他是有齊國背景的人，在這個時候突然出現在秦國的首都，能夠直接請求謁見秦王，可見他不會是一般的人。合理的解釋是，他應當是從齊國來到秦國的使者，他以外國使者的身分面見秦王，站在秦國的立場上為秦王分析驅逐帝太后出京對秦國外交的影響。有了這個認識，茅焦的話就便於理解了。

③我們知道，嫪毐之亂，前前後後涉及三個外戚集團之間的興亡，以夏太后為首的韓系外戚，

以帝太后為首的趙系外戚，以華陽太后為首的楚系外戚，他們都與各自的出生國有千絲萬縷的聯繫。嫪毒之亂結束後，韓系外戚失勢，趙系外戚也瓦解了，只剩下楚系一家。這種楚系外戚一家獨大的局面，不但會引起韓、趙，也會引起齊國的不安。這種內外交錯的利害關係，應當就是茅焦所說的「恐諸侯聞之，由此倍秦也」的背景。

④故事的最後，有帝太后感謝茅焦的話：「將扭曲扳直，從敗亂中復生，安定秦國的社稷。」這句話，是說嬴政迎回母親，是將被扭曲的事情矯正過來了，將敗亂的事情恢復過來了，秦國的政權由此而安定下來。這句話，是針對該事件對秦國內政的影響而言的。非常遺憾，司馬遷沒有採用這句話。這就是司馬遷的疏漏了，他未能理解這件事情對於秦王嬴政安定秦國內政的意義。為什麼這樣說呢？

嫪毒之亂結束後，楚系外戚一家獨大，這不符合秦王嬴政的利益。嬴政是帝太后的兒子，他從趙國來到秦國，以母家而言，他與趙系外戚最親。養祖母華陽太后位高權重，楚系外戚勢力強大，對他來說，應是如芒在背的事情。母親與祖母不和，趙系外戚與楚系外戚爭權，嬴政夾在中間左右為難。如今楚系已經一家獨大，再對母親嚴厲處罰，不單是處置親族關係不當，更可謂是犯了政治上的忌諱，過於依附一方，將會失去獨立自主。正是基於這種憂慮，嬴政在茅焦的開導下，終於克制了感情上的衝動，冷靜下來，採取了合於理性的政治行動，迎回母親帝太后，平衡了與養祖母華陽太后的關係，對過於強大的楚系外戚做了一定的牽制。

也正是出於這種考慮，嬴政對被流放到四川的嫪毒的家臣們，不久也做了寬大處理。《史記・秦始皇本紀》記載說，十一年九月，「復嫪毒舍人遷蜀者」，對他們做了租稅徭役的減免。

嫪毒之亂的真相，因為史書的失載和世人的誤解而成千古之謎，秦始皇的人生，也由此而更加撲朔迷離。撲朔迷離的事情之一，就是受命主持鎮壓嫪毒之亂的三位大臣的命運。

嫪毒之亂爆發時，接受秦王嬴政的命令處理平叛事宜的有三位大臣：相國呂不韋、昌平君和昌文君。嫪毒之亂平定以後，呂不韋受到事件的牽連，被免相貶斥出京，後來自殺身亡。呂不韋的這種結局，我們比較容易理解，因為他與帝太后有曖昧關係，又是送嫪毒進宮的策畫人。

不過，嫪毒之亂平定以後，有一件事情卻是不好理解，這就是與呂不韋一道接受王命主持平叛的另外兩名大臣昌平君和昌文君，在事後卻幾乎從歷史上消失，史書上沒有留下相關的記載。

我們前面已經講到，嫪毒之亂的真相和實質，是以華陽太后為首的楚系外戚集團與以帝太后為首的趙系外戚集團之間的鬥爭，昌平君和昌文君都是華陽太后的親信，按照常理常情考慮，在叛亂平息、楚系外戚勝利以後，他們都是應當受到褒獎和升遷的人物，應當在事後的秦國政壇上發揮更大的作用，在史書中有更多的記載。奇怪的是，與常情常理相反，他們卻從史書的記載中消失了，這不能不說又是一樁歷史之謎了。

第三案

西元前二三八年，秦王政九年，楚考烈王二十五年。這一年，秦楚兩國政局都發生大動盪：前者有嫪毒之亂，後者考烈王去世，其大臣被殺。此時，一件非常奇怪的事情出現了：一位神祕的楚國王子，在秦國為秦王浴血奮戰。兩千年來，沒有人知道這位王子的名字。他，是誰？他為什麼留在秦國？他跟秦始皇是什麼樣的關係？

尋找秦始皇的表叔（上）

一　誰接替呂不韋做丞相？

1　神祕的昌平君

嫪毐之亂平定以後，嫪毐及一大批高官被處死，呂不韋免相自殺，帝太后失勢，喪失對於秦王嬴政和秦國政局的影響力，趙系外戚勢力徹底地崩潰，秦國的政壇將大規模地洗牌重組。在這種形勢下，由於趙系外戚的崩潰而留下的政治權力的巨大真空，必定要有新的政治勢力和政治人物來填補。然而，奇怪的是，對於秦國歷史上這樁大事，史書上完全沒有提及。不但沒有提及，反而留下了一個更大的漏洞：呂不韋免相以後，新任的丞相是誰？沒有消息。不僅如此，從呂不韋免相以後一直到秦統一天下，秦國的丞相又是誰？也沒有下落。

呂不韋免相，在秦王政十年，秦統一天下，在秦王政二十六年，其間整整十六年。這十六年，正是秦始皇開始登上歷史舞台，逐一消滅六國的時間，也是中國歷史上政治變動最為劇烈的時間，恰恰在這段時間裡，秦國政府的總理大臣——丞相的下落不明，不能不說是有些蹊蹺，也不能不說又是一件難解的歷史疑案。

為了破解這樁疑案，我們必須再一次回到嫪毐之亂。嫪毐作亂被察覺後，秦王下令鎮壓，「令相國、昌平君、昌文君發卒攻毐」。這道命令，被稱為「攻毐令」。接受「攻毐令」的三位大臣是：相國呂不韋、昌平君和昌文君。

在這三位大臣中，呂不韋是從秦昭王時代就活躍於商界、政壇的著名人物。嫪毐之亂時，他身任相國，是政府的主要負責人，下令由他來主持平叛是當然的事情。然而，我們已經講過，呂不韋是由商人轉型的政治家，長於算計和謀略，他也是文化事業的宣導和推進者，曾經廣召各國人才，主持編修《呂氏春秋》。不過，呂不韋缺少軍事經驗，沒有真正帶兵打過仗，他一生中唯一參加過的一次準軍事行動，是莊襄王元年主持秦滅東周君的事情。當時的東周君，是一個毫無軍事力量可言的小城君主。秦滅東周君，僅僅是一次基於軍事壓力的外交行動而已。所以我們說，嫪毐之亂爆發後，呂不韋只是詔令下達形式上的受命人之一，真正領兵前往咸陽平叛的人物，應當是昌平君和昌文君。

由「攻毐令」的排名來看，昌平君和昌文君應當是地位僅次於呂不韋，居於秦國政權中樞的重量級大臣，他們是忠誠地站在秦王嬴政一邊，全力輔佐嬴政親政的權勢人物。昌平君和昌文君是封號，他們是擁有封號和領地的大人物，這是沒有問題的。問題在於，擁有昌平君和昌文君封號的這兩位重量級人物，究竟是什麼人，他們姓什名誰，擔當什麼官職，為什麼會在緊急情況下臨危受命，主持如此重大的行動？所有這一切，《史記》中都沒有明確的交代，這就不能不說是有些奇怪了。

對於這件奇怪的事情，我們只能解釋為秦國政府的記載曾經有所隱瞞和刪改，到了司馬遷編寫《史記》的時候，他也搞不清楚了。正是因為如此，昌平君和昌文君這兩位與呂不韋齊名、在平定嫪毐之亂中發揮了關鍵作用的重量級大臣，就成了身世不明的神祕人物。

非常幸運的是，我們在司馬貞《史記索隱》中找到了有關昌平君身世的線索。《索隱》說：「昌平君，楚之公子」，「史失其名」。

《索隱》的這個資料，是從司馬貞所見到的古史當中引用的，這部古史今天已經佚失，其中保存的一些古代史資料，司馬遷也沒有見到過，非常珍貴。《索隱》的上述資料告訴我們，昌平君是楚國的公子，史書上失載了他的姓名。這一句話，也許就是破解昌平君身世之謎的關鍵。

不過，《索隱》所提供的線索，過於簡單，一位楚國的公子，為什麼會出現在秦國政權的中樞，他又為什麼會在秦王嬴政面臨一生中最大的政治危機的時候，出面平叛，化解危機，扶持嬴政順利親政？這一切，都增加了昌平君這位歷史人物的神祕感。他究竟是誰呢？

由於在秦國的有關記載中找不到更多的資料，我們只能根據他是「楚之公子」這條線索，暫時離開秦國，到楚國的歷史中去尋找可能的蹤影。

2　又一樁質子事件

嫪毐之亂這一年，以西曆計數，是西元前二三八年；以秦國的年曆計數，是秦王政九年；以楚國的年曆計數，是楚考烈王二十五年。就在這一年，楚國的歷史上也有大事發生：第四十一代楚王考烈王熊元（元，又作完）死去，兒子熊悍即位，成為第四十二代楚王，史稱楚幽王。當時楚幽王還很年幼，為了爭奪輔政權，幽王的舅舅李園殺死了多年執掌楚國國政的權臣、楚國令尹春申君黃歇，開始主導楚國國政。

楚考烈王多子，其中有四個兒子在史書上有記載，他們是熊悍、熊猶、負芻和昌平君。這個重要的資訊，也是《史記索隱》提供給我們的。在《索隱》為《史記・春申君列傳》做的註解中，有一條資料如下：

> 楚悍有母弟猶，猶有庶兄負芻及昌平君。

楚王熊悍銅鼎

這資料中的悍，是熊悍的名字。猶，是熊猶的名字，他是熊悍的同母弟。負芻與昌平君，都是熊猶的庶兄。這條史料非常寶貴，是我們現在所知的有關昌平君的父親兄弟等家世情況的唯一資料。根據這條資料，再結合《史記・楚世家》的資料，我們將考烈王前後的王位繼承關係列表如下。

表中，頃襄王熊橫是考烈王熊元的父親。熊悍、熊猶、負芻和昌平君是熊元的兒子。其中，熊悍和熊猶，是王后李園妹所生，分別做了第四十二代和第四十三代楚王。第四十四代楚王負芻的母親是誰，不清楚。他在熊猶即位兩個月後，發動政變，殺死熊猶，奪取政權，做了四年楚王。

至於昌平君，他的母親是誰，也不清楚。更奇怪的是，考烈王二十五年（也就是

楚國後期王位繼承關係

熊橫（頃襄王　40代）
（前298—前263年）
｜
熊元（考烈王　41代）
（前262—前238年）
｜
熊悍（幽王 42代）— 熊猶（哀王 43代）— 負芻（44代）— 昌平君（45代）
（前237—前228年）　（2月）　（前227—前224年）　（前223年）

秦王政九年），當他的父親去世，他的嫡兄弟熊悍即位，春中君被李園兄妹殺害，楚國政局發生大變動的時候，他不在楚國，而是在秦國的政權中樞，為秦王嬴政的親政而浴血奮戰，成為擁戴嬴政的第一功臣。這不能不說是很異常的事情。異常的事情，一定有非同尋常的理由。那麼，這個非同尋常的理由是什麼呢？為了解答這個疑問，我們不得不追究到他的出生，一直要追究到他的父親考烈王熊元的年輕時代。

西元前二七二年，也就是昌平君平定嫪毒之亂的三十四年前，這一年，以秦國的曆法紀年，是秦昭王三十五年，以楚國的曆法紀年，是楚頃襄王二十七年，秦國與楚國和好，身為楚國王太子的熊元到秦國做人質。熊元入秦，一住就是十年。按照戰國時代質子在外國的一般做法，他們往往在當地娶妻生子，這種情況，類似秦始皇的父親子異在趙國做人質時娶趙姬生嬴政一樣。而昌平君，或許還有昌文君，可能就是熊元在秦國娶妻所生的兒子。

熊元在秦國做人質時，控制秦國政權的是楚國王系出身的宣太后及其楚系外戚集團。秦昭王是宣太后的長子，他有一半楚系的血統，他的正室也是從楚國迎娶的。以兩國間關係而論，當時，楚國是秦國最重要的盟國，又是宣太后的母國，熊元是楚國的太子，他在秦國娶妻，是有關秦楚兩國關係的大事，妻家不但應當同他的地位相當，也應當同秦國王室關係密切。從歷史上的情況來看，秦昭王當時大約五十四歲，多子女，熊元在咸陽娶秦昭王之女為妻最符合各方面的利益，也合於古代王室間通婚的禮儀秩序。在沒有更為有力的說法的情況下，我們不妨根據這個推測，由母系入手，將昌平君與秦國王室、與秦始皇的關係做一個清理。這個清理的結果如下表。

由此表我們可以看出一個大體的關係，昌平君可能是秦始皇的曾祖父秦昭王的外孫，秦始皇的祖父安國君（孝文王）的外甥，秦始皇的父親莊襄王子異的表兄弟，秦王嬴政的表叔。如果是這樣的話，昌平君是橫跨秦楚兩國王室間的人物。以楚國的王系而論，他是楚國的王子，有王位繼承權；以秦國的後宮關係而論，他屬於宣太后以來一直掌控秦國政權的楚系外戚集團，也是天生的權貴。正是這種特殊的身分，決定了他既有資格在楚國的政權中樞活動，也有資格在秦國的政權中樞活動。至於他為什麼沒有隨同父親回到楚國去，而是留在秦國，後來長期在秦國政權的中樞活動，成為秦國政壇上非同尋常的政要，這是又有別的原因，又有別的故事了。

秦始皇與昌平君關係表

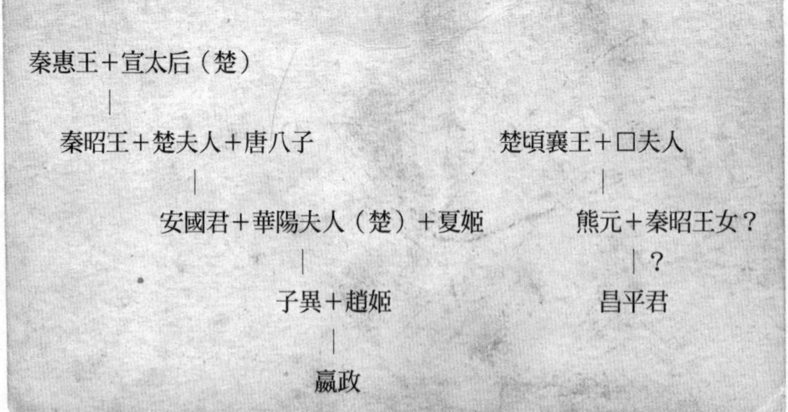

3 被拋棄的母子

西元前二六三年，也就是秦昭王四十四年、楚頃襄王三十六年，熊元的父親，第四十代楚王頃襄王熊橫年老病重，可能不起。已經在咸陽做了十年人質的太子熊元得到消息，急於馬上回到楚國，看望父親，處理可能出現不測的後事。然而，他的岳父秦昭王卻不願意馬上放他回去。理由嘛，簡單明瞭。秦昭王想借勢拿一把，以放熊元回國為條件，要脅楚國獲得實際利益。

熊元到秦國做人質，有一位赫赫有名的人物以王太子傅的身分一直伴隨著他，成為他最信賴的親信，這就是我們比較熟悉的春申君黃歇。熊元與春申君徹夜商量對策，務求早早歸國。當時，秦國的丞相是應侯范睢，深得秦昭王的信任，不但與春申君關係良好，也與熊元關係親密。於是春申君找到范睢，直接商談讓熊元歸國的事情。

談話中，春申君說：「請問相國是否真的善待我家太子？」范睢回答：「當然如此。」春申君接著說道：「如今楚王恐怕一病不起，秦國不如送太子回國。太子回國後如果被立為王，一定會厚重地善事秦國，也一定會無量地感德相國，如此一來，秦國可以說是得到友好之國楚國的親近，相國則可以說是在楚國儲存了萬乘之邦的力量。如果不放太子回去，太子留在秦國，終究不過是咸陽城內一布衣而已。太子不得歸，楚國不得不另立太子，心生怨恨必然不會善事秦國。如此一來，不但秦國會失去與友好之國的親近，相國也將斷絕與萬乘之邦的協和，這不是賢明的做法，希望相國深思熟慮。」

范雎是出身於魏國的游士，思路敏捷，精明於國事已事的利害。一番話下來，他當即明白，請春申君不用多說了，立即面見秦昭王，將留送熊元的利弊一一呈明，請秦昭王重新計量。秦昭王考慮後說：「讓太子傅黃歇先回去看望楚王的病情，回來以後再做商量。」

秦昭王的態度有所軟化，但仍然不願痛痛快快地放熊元歸國。春申君是足智多謀的人，他為熊元出主意說：「秦國之所以扣留太子，無非是想從楚國得到好處而已。如今太子尚沒有力量滿足秦國求利的欲望，在下甚為憂慮。如今的楚國朝中，陽文君的兩個兒子都在，如果楚王一旦有不測，太子又不在的話，他們一定會被立為繼承人，太子也就不可能即位奉祀宗廟了。以臣下之計，滯留不如亡歸，請太子與回國的使者一道，喬裝歸去，臣下留在這裡應對，大不了一死而已。」

於是熊元變更容貌服裝，扮作歸國使團的車馬馭手，一行人馬急急奔武關而去。春申君留在熊元的邸宅，假裝太子，稱病不出。估計太子已經遠去而無法追及以後，春申君才到秦宮求見秦昭王，呈明事情原委，說明熊元已經歸去，他表示說：「臣下（黃）歇大罪當死，請求賜死而無怨言。」秦昭王大怒，準備讓春申君自殺。應侯范雎勸諫秦昭王說：「黃歇身為人臣，為主公挺身而出，不惜一死，深得主僕之義，太子如果被立為楚王，必定會重用黃歇，與其聽其自殺，不如無罪釋放他回國，以此顯示秦國對於楚國的親情和厚道。」秦昭王勉強息怒，同意放春申君歸國。

春申君回到楚國繼續跟從太子熊元。三個月後，頃襄王去世，熊元如願繼承了王位，是為考烈王。正如范雎所預計的，黃歇被任命為令尹，也就是楚國的丞相，授予最高的爵位，封為春申君，執掌楚國的國政。

熊元即位以後，昌平君以及他的母親等人是否回到了楚國，史書上沒有記載。從二十五年後昌平君在嫪毐之亂中出現於秦國政壇中樞的事情來看，有兩種可能：一是他們後來回到了楚國，過了一段時間又回來了；二是他們一直沒有回楚國去，從此留在了秦國。從當時的種種情況來看，昌平君在秦國更有發展前途，事實上也正是如此。我們為什麼這樣說呢？有兩個理由。

戰國以來，秦國不斷地擴張發展，吸引更大地區的更多人才加入秦國的體制中來，是秦國的基本國策。由出土的《睡虎地秦簡》可以了解到，秦國法律明確規定，秦國女性與外國男性間所生的子女，其法律地位是秦國人。昌平君生在秦國，雖然他的父親是楚國人，但是，由於他的母親是秦國人，他在秦國的生活和活動，等同於秦人，不太會有差別和異樣感，這是他以及與他類似的人之所以願意留在秦國發展的理由之一。更何況，他的母親不是一般的秦人，而是秦國的王女，他是地道的秦國王室宗親。

昌平君之所以留在秦國並且能夠活躍於秦國政壇中心，還有另一個因素，就是因為他的楚國父系出身，使他天生與以華陽夫人為首的楚系外戚集團關係親密，有共同的歸屬感和利害關係。

我們已經談到過，華陽夫人是秦昭王的母親宣太后的姪孫女，他的祖父是宣太后的弟弟華陽君，多次出任秦國丞相的權臣。秦始皇的祖父安國君被立為太子以前娶華陽夫人為正妻，是出於宣太后的意願。安國君之所以能夠被立為太子，正是因為娶了華陽夫人的關係。這一切，都是以宣太后為首的楚系外戚集團的精心安排。宣太后去世以後，楚系外戚集團的中心轉移到華陽夫人身上，她不久將成為王后，安國君的繼承人的選取，也將取決於她。當時，秦始皇的父親子異正在趙國首都邯鄲做人質，呂不韋為他爭取安國君繼承人的資格，走的就是華陽夫人的門路。

華陽夫人出身於楚國的王族，她與昌平君的父親熊元應當是親屬。華陽夫人的丈夫是王太子安國君，昌平君的母親是安國君的姊妹，華陽夫人就是昌平君的舅母，昌平君是華陽夫人的姪子。換句話說，不管從父系還是從母系來看，昌平君都是華陽夫人的親屬，可謂是親而又親。完全可以想像，十年的秦國生活，楚太子熊元一家與秦太子安國君一家，在親緣和政治關係的雙重撮合下，當然是關係親密。熊元逃亡歸國，昌平君留在秦國，沒有子女的華陽夫人視他如同自己的兒子，也應當在情理當中。

古代的外戚姻親政治，有兩條基本的原則：其一是確保王位繼承人出自本家；其二是由本家推出輔政當權的親屬。這兩條基本原則，宛若人的兩條腿，車的兩個輪子，一個都缺不得。華陽太后接受呂不韋的斡旋，收子異為養子，確定他為王太子繼承人，是實現了第一條原則，事情成了一半。至於另一條原則的實現，事情另一半的成就，從以後的歷史上來看，應當就是華陽夫人任用昌平君，由他代表楚系外戚集團出頭露面，輔政執政了。那麼，昌平君是什麼時候開始出現在秦國政壇上的呢？

4 歷史學的探洞調查

昌平君何時開始進入秦國政壇，史書失載。請注意我的用語，「失載」。「失載」，失去記載，本來歷史上有其事，應當記載而沒有記載。之所以失載往往是有原因的，我們將來會一步步談到。面對失載，有的史家慎重其事，沉默不語，史書上沒有記載的，寧信其無。我持有另外一種看法，面對失載，寧信其有，沒有直接的史料，可以利用間接的史料做合理的推測，積極樹立可以作為參照物的標竿，留待將來證明或者證偽。

在考古學上，有一個常用的方法，叫做鑽探調查。面對情況不明的古墓，選定多個方位就地打洞取樣，由此推斷古墓的內藏。借助於這種方法的提示，我們不妨嘗試在歷史學中建立一種選年連事的方法，以此來對昌平君做歷史學的鑽探調查。

秦王政九年嫪毒之亂爆發時，昌平君突然馳騁於秦國政壇的中樞。這件事，就昌平君個人的經歷來說，無疑只是冰山露出了一角，久遠的根基都在水面之下。用實地考古來比況的話，這件事宛若地面上可見的封土，豐富的內藏都在地下。這時候，為了搞清地下情況的大概，考古學家以封土為中心，每隔一定距離打一個洞，從地下取出樣品，再由這些樣品來窺探地下的真相。

向考古學家學習，我們以秦王政九年為中心，由此往前逆推，選定幾個重要的時點，以這幾個時點作為探洞，深入考察在這幾個時點上，昌平君的情況如何。因為是探洞調查，所以我們的目的集中於窺探在這幾個時點上昌平君與當時秦國歷史上的重要人物之間，可能會有什麼關係，他的人生可能會出現什麼變動。

我們來試試看：

第一探洞，秦昭王三十五年、楚頃襄王二十七年（前二七二）。

這一年，楚太子熊元到秦國做人質，不久娶妻生下昌平君。昌平君的生年，可以這一年為底線，大致定在下一年，即秦昭王三十六年。當時，秦始皇的父親子異大概是十一歲，生活在咸陽，昌平君與子異之間的年齡差，大約在十歲左右。

第二探洞，秦昭王四十二年、楚頃襄王三十四年（前二六五）。

這一年，昌平君七歲，生活在咸陽。子異十七歲，離開咸陽到趙國首都邯鄲做質子。前面我們已經談到，昌平君的母親是秦昭王的女兒，昌平君是子異的表弟，他們都是秦國的王室宗親，是同一社交圈子裡的人物。他們家庭間的面識交往，在咸陽有七年之久的可能。

第三探洞，秦昭王四十五年、楚考烈王元年（前二六二）。

前一年，熊元亡歸楚國，今年即位。昌平君約十歲，留在了秦國。子異二十歲，在邯鄲做人質，結識了呂不韋，開始了投靠華陽夫人的計畫。

第四探洞，秦昭王五十年、楚考烈王六年（前二五七）。

子異與呂不韋由邯鄲脫逃，回到咸陽，穿著楚服見了華陽夫人，正式做了王太子繼承人。當時，子異二十五歲，昌平君約十五歲。由於子異已經成為華陽夫人的養子，與楚系外戚集團結成政治聯盟，他與昌平君之間有了直接往來的可能，他們之間的關係，可謂是親上加親，利害一致。此時的嬴政三歲，與母親一道留在邯鄲。

第五探洞，秦昭王五十六年、楚考烈王十二年（前二五一）。

嬴政與母親一道自邯鄲回到咸陽。當時，子異三十一歲，昌平君二十一歲，嬴政九歲。從這一年開始，昌平君與表姪嬴政有了直接交往的可能。

第六探洞，秦莊襄王元年、楚考烈王十四年（前二四九）。

子異即位，是為莊襄王。這一年，子異三十三歲，任命呂不韋為相國。同時，華陽夫人被尊為太后，楚系外戚集團再次掌控了秦國政權。二十三歲的昌平君，既是華陽太后的姪子，又是秦王的表弟，他在這個時候進入政壇，可謂水到渠成，可能性最大。

第七探洞，秦王政元年、楚考烈王十七年（前二四六）。

嬴政即位改元，年僅十四歲，委政於太后與大臣。此時的太后，一共有三位，生母帝太后趙姬，親祖母夏太后，養祖母華陽太后。三位太后當中，地位最為尊貴，權勢最為強大的，是華陽太后。此時的大臣，呂不韋被尊為仲父，繼續出任相國。昌平君二十六歲，是幼王的表叔，先帝的臣下，太后的至親，躋身委以國政的大臣之列，也是不難想像的事情。

第八探洞，秦王政九年、楚考烈王二十五年（前二三八）。

秦王嬴政二十二歲，行冠禮親政。嫪毐之亂爆發，三十四歲的輔政大臣昌平君與相國呂不韋和昌文君一道受命，領軍平定叛亂，成為擁立秦王嬴政親政的第一功臣。

5 昌平君的官職是什麼？

嫪毐之亂爆發時，昌平君和昌文君與呂不韋一道接受秦王下達的「攻毐令」，領兵鎮壓叛亂。這件事情，《史記‧秦始皇本紀》是這樣記載的：秦王知道了嫪毐發動叛亂的消息後，「令相國、昌平君、昌文君發卒攻毐」。

這道命令，是秦王命令的略寫，接受「攻毐令」的三位大臣，第一位是相國，就是呂不韋，第二位是昌平君，第三位是昌文君。昌平君和昌文君都是封號，他們在接受王命時，究竟擔當什麼官職，史書裡沒有記載。昌平君是秦始皇的表叔，輔政大臣之一，他在接受秦王詔令時排名第二，地位僅次於相國呂不韋。以秦國的官職而論，大臣中地位僅次於丞相的人，應當是副丞相的御史大夫。所以，從地位的排名上來考慮的話，我們可以做出一個合理的推想，嫪毐之亂爆發時，昌平君的官職，有可能是御史大夫。

我們的這個推想，沒有直接的證據，但是可以得到間接的旁證和支持。這個間接的旁證和支援，就是歷史學界研究秦國行政文書得到的大量成就。

根據中日兩國學者的研究，秦漢帝國的法律制度，非常嚴密而完整。詔令的下達，自有制度化的程序，最高政令的發布以各種詔書的形式下達。詔書的發令方，是王或者皇帝，詔書的接受方，第一位是丞相，其次是相當於副丞相的御史大夫。

秦始皇統一天下的當年，曾經下達了著名的「議帝號詔」，下達詔書命令大臣們討論秦王的名號，最終確立了「皇帝」的稱號。這道詔令的下達，就是經由丞相和御史大夫的程序的。《史記・秦始皇本紀》是這樣記載的，秦始皇二十六年：

秦並天下，令丞相、御史曰：「……寡人以眇眇之身，興兵誅暴亂，賴宗廟之靈，六王咸伏其辜，天下大定。今名號不更，無以稱成功，傳後世。其議帝號。」丞相綰、御史大夫劫、廷尉斯等皆曰：「昔者五帝地方千里……」王曰：「……號曰皇帝。他如議。」

這段文字，是秦王詔令的下達和臣下回答的摘錄。大意是說，秦統一天下以後，秦王詔令丞相、御史大夫：「……寡人以渺小的身軀，興兵討伐暴亂，有賴於祖宗的神靈，六國國王都俯首伏罪，天下大定。現在如果不變更稱號，則不能彰顯成功，流傳後世。希望議定帝號。」經過慎重議論以後，丞相王綰、御史大夫馮劫、廷尉李斯代表群臣回覆秦王，建議採用「泰皇」的稱號，最後由嬴政改定為「皇帝」。

秦王的詔書，下達的對象是「丞相」和「御史」。當時的丞相有兩位，是隗狀和王綰，具體是哪一位呢？由回答來看，直接受令接詔的正是王綰。當時的御史大夫是馮劫，他也是受令接詔的大臣。詔令由王下達丞相、御史大夫的程序，井然有序，清楚明瞭。

這種程序，不但有文獻證明，也得到出土文物的印證，通行於秦漢時代。比如在《漢書》和出土的張家山漢簡二年律令中，「制詔相國（丞相）、御史（大夫）」，就是詔令下達中常常見到的形式。以此推論，嫪毐之亂爆發時，秦王詔令的下達也應當走同樣的程序。按照這個程序，排名在相國呂不韋後面接受詔令的大臣，有可能就是御史大夫。

通過以上的追蹤調查，我們可以看出，由於昌平君的特殊身分，他一直居於秦國政壇的主流當中。他一方面是華陽太后的親屬，楚系外戚集團的重要人物；另一方面，他又是子異和嬴政的至親，與子異和嬴政都有多年的交往，不管是與華陽太后還是與嬴政父子，在政治利益上完全一致。從而，我們可以合理地推斷，昌平君在二十三歲時，伴隨子異即位開始登上政壇。二十六歲時，因為嬴政幼年即位而躋身於被委以國政的大臣之列。三十四歲時，他身為輔政大臣，以御史大夫的官職受命領軍平定叛亂，擁立嬴政順利親政，聲望和實力都到達高峰。

昌平君從出生到三十四歲的情況清楚以後，我們的追蹤調查，就可以回到本案的開頭，回到疑案的破解上來了。本節是一樁追查「誰是丞相？」的人事案件，案件緣起於呂不韋免相以後秦國的丞相不知道是誰。

呂不韋免相，是在秦王政十年。嫪毐之亂平定以後，在追究責任的調查中，呂不韋與帝太后、嫪毐的特殊關係暴露，受牽連被罷免相國之職，貶斥出京。國家不可一日無相，新丞相的任命，當然是必須馬上決定。這個時候，昌平君三十五歲，是先帝時代留下的輔政大臣，官職僅次於相國的御史大夫，他又是秦王的表叔，華陽太后的侄子，平定嫪毐之亂的第一功臣，由他來接任丞相，應當是順理成章的事情。

昌平君出任丞相的事情，《史記索隱》為我們提供了直接的證據。《索隱》在《史記・秦始皇本紀》中「攻毒令」條下說：

> 昌平君，楚之公子，立以為相，後徙於郢。

這條史料明確地告訴我們昌平君曾經被「立以為相」，就是出任秦國的丞相。至於昌平君是什麼時候被立為丞相的，《索隱》沒有交代。現在，我們根據上述調查的結果，大體可以合理地推定，昌平君出任秦國丞相，應當在秦王政十年，他接任被罷免的相國呂不韋，成為輔佐秦王嬴政的第二位丞相。

尋找秦始皇的表叔（中）

二　銅戈的祕密

1　發現銅戈

昌平君是一位活躍於秦楚兩國政壇的神祕人物，通過我們的追蹤調查，他前半生的身世，已經大致清楚了。

昌平君出生於秦國，父親是在秦國做人質的楚國王太子熊元，也就是後來的考烈王，母親可能是秦昭王的女兒。昌平君是莊襄王嬴異的表弟，秦王嬴政的表叔，而華陽夫人則是他的姑母。伴隨莊襄王的即位，昌平君登上了秦國政壇，秦王政即位的時候，他是接受委政的大臣之一。秦王政九年，嫪毒之亂爆發，昌平君官居御史大夫，受命領軍平定叛亂，成為擁立秦王嬴政親政的第一號功臣，聲望和權勢都達到高峰。秦王政十年，他接替被罷免的相國呂不韋，成為輔佐秦王嬴政的第二任丞相。

然而，對於這樣一位重要的歷史人物，直到今天，我們仍然不知道他的名字。歷史啊歷史，你究竟出於什麼原因，始終對我們保密，不願意把真相向我們披露？我們究竟要等到何年何月何日？

幸運的是，隨著時間的流逝，歷史也往往在不經意間流露出真實的消息。一九八二年，一批廢銅爛鐵從河北省薊縣運到天津，將要被回爐銷熔。天津市文管所的工作人員從這批廢品中揀選出一件殘破的銅戈，在這件銅戈的一面刻上發現有細如毫髮的三行銘文，放大鏡下，一共有十七個字：

十七年，丞相啟、狀
造，郃陽
嘉，丞兼，庫脽，工邪

根據專家們的鑑定，這是一件典型的秦國兵器。類似的有銘文的兵器，在全國各地多有發現。這件銅戈上的文字，當然引起了專家們的興趣，做出了相當確切的釋讀。今天，我們都來向專家們學習，一起來繼續解讀銅戈上的文字。

首先來看「十七年」三個字。這是標記產品生產年的數字。古代各國，大多以國王在位的年數紀年，銅戈上的「十七年」，是該銅戈製造時在位的王，也就是史書中不時見到的「今上」的第十七年，至於這位「今上」究竟是哪一位秦王，當時是人人都知道的常識，到了今天，就成了誰都不知道的祕密，成了有待破解的歷史疑案了——換句專業術語來說，就是有待考證的歷史學上的問題了。這樣說來，歷史學上的問題，多是時間給我們製造的麻煩；這三個字告訴我們，該銅戈鑄造於某位秦王的十七年，至於是哪位秦王，有待考證。

「丞相」，秦國政府的首席大臣，是監督該兵器製造的最高責任者。「啟」和「狀」，人名，某秦王十七年製造銅戈時，兩位出任丞相的人的名字。

「造」，製造。「郚陽」，縣名，該銅戈的製造地，當時屬於秦國首都內史地區，在今天的陝西省韓城縣南。

「嘉」，負責鑄造該兵器的工師的名字。

「丞兼」，丞，副工師；兼，副工師的名字。

「庫脾」，庫，保管該武器的倉庫；脾，該倉庫負責人的名字。

「工邪」，工，鑄造該銅戈的工匠；邪，工匠的名字。

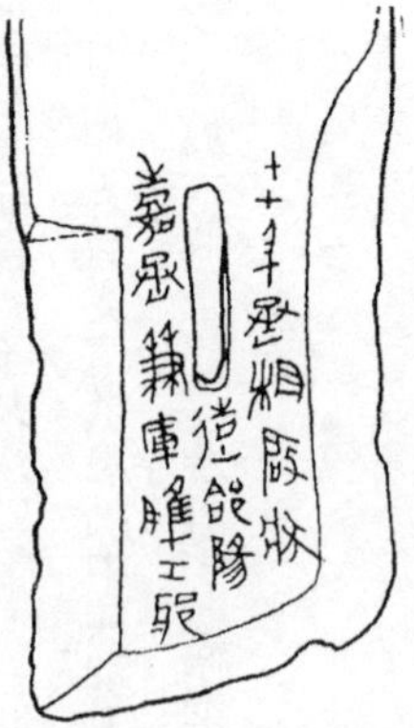

十七年丞相啟狀銅戈（局部）

俗話說，一葉知秋。以這件銅戈為例，我們可以大體看出秦國武器製造的流程與制度。每一件重要的兵器，從生產工人、倉庫保管、工廠的責任人，一直到中央政府的總監製者，都要實名在產品上記錄。這種制度，古代稱為「勒名工官」，既是產品品質監管制度，也是產品流通監管制度，可以從頭到尾追蹤每一件產品的行蹤，在各個環節確立責任，不可不謂是一種相當嚴格而先進的產品監管制度。

現代人自大狂妄，常常低估古人的智慧，眼前的這種古代制度，可能比我們今天的產品監管制度更加嚴格，大有值得學習的地方。不過，這已經是另一個話題了，我們還是回到文物考古的追查，歷史疑案的偵破中來，考察丞相啟和狀這兩位人物，他們究竟是誰？

2 你買哪一站票？

歷史學是時間的學問，歷史學上的問題和疑案，多數是時間製造出來的麻煩。在當時不是問題的事情，到了今天就成了難題。就像這件銅戈上的「十七年」，究竟是哪一位秦王的「十七年」？丞相啟和狀，當年都是天下第一等的大名人，總理大臣一類，家喻戶曉，只因為在時間裡浸泡久了，褪了顏色，變了形狀，就認不出來了。我常常在想，如果時間列車製造成功了，帶著疑問坐上去，到歷史中去走訪走訪，不就可以找到答案了嗎？

又仔細想了一想，事情怕不是那麼簡單。坐車要買票，售票處的電光板上顯示出大大小小的站名，從民國、清朝、明朝、宋唐，一直到漢秦周商，你買哪一站？這件銅戈，我們只知道是秦國的，當然買秦代這一大站了。不過，秦國的歷史將近六百年，國君有三十六代之多，秦代的大站之下，還有無數的中等車站和更小的小站，你在哪裡下？總不能站站都下來吧，你必須做出判斷和選擇。這個判斷和選擇，涉及歷史學和考古學中的一個基本學問，或者叫做基本功，稱作年代學，也叫斷代。

以這件銅戈為例，我們怎麼來斷代呢？

專家們將這件新發現的銅戈，與已經肯定是秦代文物的眾多銅戈相比較，根據它們在形狀、材質、文字諸種方面都相似的特點，推斷出這件銅戈也是秦代的。這種方法，考古學中叫做類型學，思路是類比和類推。大體上是以某一件已經確定年代的物品做標準，將其他沒有明確年代的類似物品拿來做比較，根據類型相近的程度推定年代的遠近。我們在歷史車站確定買大站秦代的車票，就是根據這個方法的結果。這個結果是考古的專家們根據多年的經驗做出來的，相當可信。

確定大站秦代以後，我們必須進一步確定中間站，這件銅戈究竟是六百年秦代歷史中的哪一段，三十六代秦國國君中的哪一代？

我們首先來看銅戈上的「丞相」兩個字。丞相，是官名，秦代官僚的頂尖，相當今天的總理。官職，不是天生就有的，不同的國家在不同的時代設置不同的官職。官職有沿革和歷史，這又是歷史學中的一門基礎學問，叫做官制研究。丞相這個官名，是秦國的官名，秦國政府最初設置丞相的官職，是在秦武王二年。秦武王是秦國的第三十代王，秦武王二年，相當於西元前三〇九年，這一年以前，秦國是沒有丞相的。由此我們可以斷定，這件銅戈，是秦武王二年以後的產品，啟和狀這兩位人物，是在秦武王二年以後出任丞相。

這個結果，用年代學的術語來說，就是確定了這件器物時間斷代的上限。我們生活的世界，是一個對稱的世界，正如你有了左手，還有右手，既然推定了上限，當然也就應該去推定下限了。秦國滅亡於西元前二〇六年，這一年，末代秦王嬴嬰率領百官投降了劉邦，秦國的歷史終結。毫無疑問，這件銅戈時間斷代的下限就是秦國滅亡的這一年。

有了這樣的結果以後，我們在歷史車站買票的時候，就可以考慮買一張從秦王嬴嬰到秦武王二年的票了。不過，從秦王嬴嬰投降的前二〇六年到秦武王二年的前三〇九年，一百零三年間共有七代秦王。七代秦王七個站，你買哪一站？還得動腦筋。歷史學家又來給你當顧問，他建議你說，不要急，拿張紙拿枝筆，先把這七個站排出來，看看有沒有什麼別的線索。於是，我們列出下面這張表來。

秦王在位時間表

世代	秦王	在位期間	在位年數
30	秦武王	前310—前307年	4年
31	秦昭王	前306—前251年	56年
32	孝文王	前251年	1年
33	莊襄王	前249—前247	3年
34	秦始皇	前246—前221年	37年
35	秦二世	前209—前207年	3年
36	秦王嬴嬰	前206	46天

有了這張表以後，你知道應該買哪一站的票了嗎？換句話說，你該知道銅戈是在哪一個秦王在位期間生產的，啟和狀是哪一位秦王的丞相了吧？有沒有人馬上回答得出來？如果沒有，我提示一下，請大家注意「在位年數」。四年、五十六年、一年、三年、三十七年、三年、四十六天……，在這些數字後面，就隱藏著銅戈斷代的祕密。

我們再回到銅戈上來，銅戈銘文的前三個字是「十七年」。前面已經說過，「十七年」這三個字的意思，是某位秦王在位紀年的第十七個年頭。也就是說，這位秦王在位的年數，應當在十七年以上。有了十七年這個數字以後，我們再來看表裡的「在位年數」一欄，找一找七位秦王中在位年數超過十七年的有幾位。結果很明確，只有兩位，一位是秦昭王，一位是秦始皇。

這個時候，我再問大家買票的事，大家大概就不會猶豫了，買秦昭王站或者是秦始皇站。也就是說，這件銅戈，只能是秦昭王時代或者是秦始皇時代的產品，啟和狀也只能是這兩位王的丞相。這樣一來，我們的搜索範圍就大大地縮小了，我們買票花的錢也就可以節約了。這個方法，規範的說法叫做逐次逼近，通俗的說法叫做收緊包圍網。

順著時間來繼續追查，秦昭王是秦始皇的曾祖父，在位五十六年。這件銅戈會不會是秦昭王十七年的產品，啟和狀會不會是秦昭王的兩位丞相呢？考察史書的記載，秦昭王十七年時，出任相國的人是穰侯魏冄（冉）。這位魏冄，是一位大名鼎鼎的歷史人物，他是秦昭王的母親宣太后的異父弟弟，秦昭王的舅舅，長期掌控秦國政權的楚系外戚集團的中心人物，司馬遷在《史記》中專門為他立了傳，對他在促使秦國強大的過程中的功績，大為稱讚。魏冉真是一位了不起的人物，功高震主，受到的非議也不少，他與昌平君極為類似，可以相互參照的地方很多，在本書的謎底中，我們會專門談到他。

在出土文物裡，有不少由魏冉領銜監造的銅戈，比如傳世的「十四年相邦冉戈」，中國歷史博物館所藏的「二十一年相邦冉戈」等。銘文的「十四年」和「二十一年」，就是秦昭王十四年和二十一年；「相邦」，就是相國，地位略尊貴於丞相；「冉」，就是相國魏冉的名字。在秦國歷史上，相國只有一人，丞相或者一人，或者由兩人承擔，分為左丞相和右丞相，沒有同時置相國又有左右丞相的事例。從而，啟和狀這兩位人物，不應當在魏冉為相國的時候出任丞相，他們不是秦昭王時代的人，這件銅戈也不是秦昭王時代的產品。

排除了秦昭王十七年的可能性後，這件銅戈的製造年就只能是秦王政十七年，「啟」和「狀」應當是秦王政十七年出任丞相的兩位人物。

3　破解「丞相狀」

有了這個線索以後，我們的搜查工作就可以進入收網階段了。

查閱史書，秦王嬴政即位以後，第一位出任丞相的人，是大名鼎鼎的呂不韋。他在嬴政的父親莊襄王時代一直擔任丞相，嬴政即位以後繼續留任。莊襄王在位三年，呂不韋做了三年丞相。莊襄王去世以後，呂不韋從秦王政元年開始，被尊為相國，又擔任丞相職務長達十年之久。秦王政十年，呂不韋受嫪毐之亂牽連被免去相國一職。呂不韋免相以後，誰接替他出任丞相，史書上沒有記載而出現了十六年的空白。

經過十六年的空白以後，到了秦始皇二十六年，秦統一天下，建立起中國歷史上第一個統一帝國。秦國丞相的名字才再一次出現在出土文物之上。這件文物叫做「始皇詔銅方升」，現藏於上海博物館，刻有銘文如下：

> 廿六年，皇帝盡併天下，諸侯黔首大安，立號為皇帝。乃詔丞相狀、綰法度量，則不壹，嫌疑者皆明之。

我們先來解釋前半句。廿六年，是秦始皇二十六年（西元前二二一），這一年，秦統一天下，秦王嬴政稱皇帝。諸侯，指楚、齊、燕、韓、趙、魏等各國。黔首，指老百姓。黔是黑色，首是頭部，人用黑色頭巾纏頭，稱為「黔首」。秦從這一年開始，正式稱民為「黔首」。前半句話是說，二十六年，皇帝統一天下，各國萬民終於獲得安定，立尊號為皇帝。

我們再來解釋後半句。詔，下達詔書。狀、綰，接受詔書的兩位丞相的名字。法度量，規範度量衡。則不壹，將不一致的統一起來。嫌疑者皆明之，有疑難的都使其明確。這句話是說，於是皇帝詔令丞相狀和丞相綰，規範度量衡，凡是不一致的都加以統一，凡是不清楚的都予以明確。

這個詔書，我們簡稱「二十六年度量衡詔」。這個詔書，刻在統一後使用的升、權、量等各種量器和衡器上，是規範秦帝國統一度量衡的重要文件。

這個詔書上的丞相狀，姓隗名狀；丞相綰，姓王名綰。他們的姓名，是見於史書的。秦始皇二十八年，始皇帝第二次巡遊天下，曾經在琅邪山（今山東膠南）刻石頌揚始皇帝統一天下的功績。在琅邪石刻上，隨行大臣們的名字都被刻上去了，隗狀和王綰這兩位丞相的名字也在其中，丞相隗狀排名在前，當是右丞相，丞相王綰排名在後，當是左丞相，同「始皇詔銅方升」的排名順序是一致的。

追蹤調查到這裡，我請問大家，「十七年丞相啟

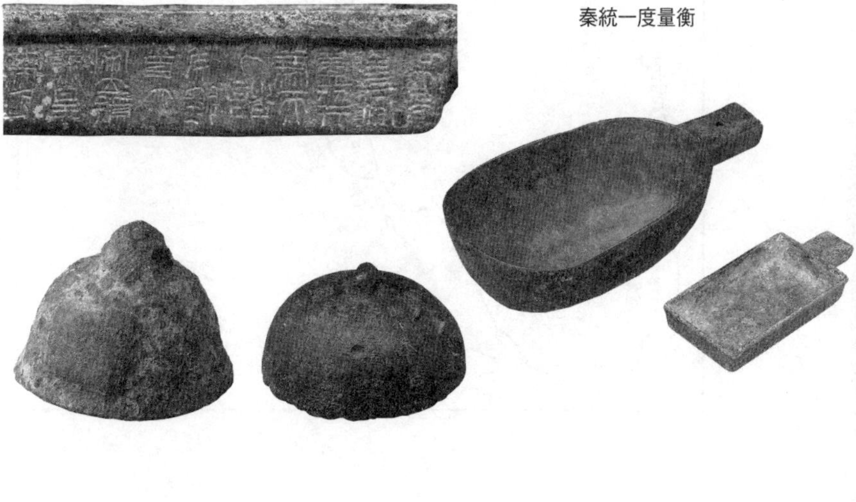

秦統一度量衡

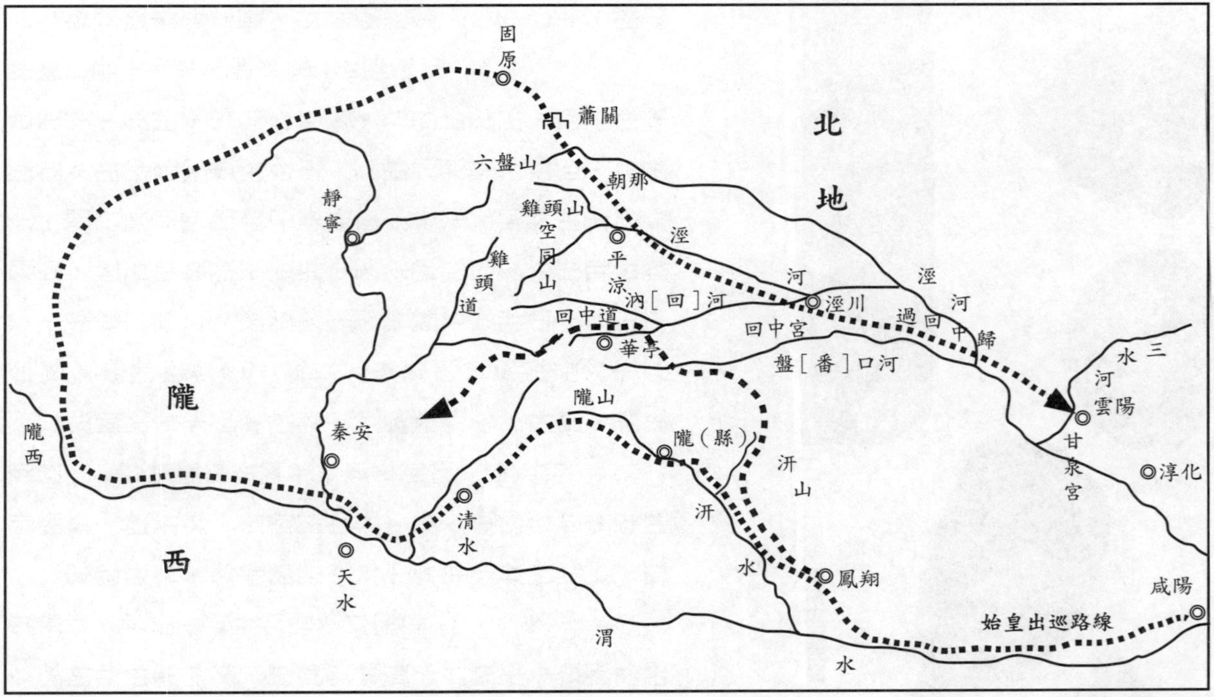
固原
蕭關
北
地
六盤山
朝那
靜寧
雞頭山
空同山
平涼
涇
河
雞頭道
汭[回]河
涇川
涇
河
回中道
回中宮
過回中歸
華亭
盤[番]口河
水三
河
雲陽
隴
隴西
秦安
隴山
隴(縣)
甘泉宮
淳化
汧山
清水
汧水
西
天水
鳳翔
咸陽
始皇出巡路線
渭
水

秦始皇出巡路線圖

狀戈」上面的「丞相狀」究竟是誰，應當是可以推想得到了吧？

毫無疑問，「十七年丞相啟狀戈」上面的「丞相狀」，就是二十六年「始皇詔銅方升」上面的「丞相狀」，他們應是同一個人，就是隗狀。隗狀在秦王政十七年時已經擔任著丞相，因為排名在丞相「啟」後，當是左丞相。到秦始皇二十六年時，他已經排名在前，擔任右丞相，直到二十八年還在任上。想來，他擔任丞相的時間，至少在十二年以上，算是一位老資格的總理大臣了。秦始皇統一天下的過程中總理大臣不明的歷史，由此而被填補了一半。

「丞相狀」是丞相隗狀的情況清楚以後，我們就可以將見於文獻和文物的，在秦始皇在位期間擔當過丞相（包括相國）的人排列如下。

通過這張表的排比，我們可以看出：在始皇帝

秦始皇時期丞相表

時間	丞相	資料來源
秦王政元年	相國呂不韋	《史記・秦始皇本紀》
秦王政十年	丞相昌平君	《史記索隱》
秦王政十七年	右丞相啟、左丞相隗狀	〈十七年丞相啟狀戈〉
秦王政二十六年	右丞相隗狀、左丞相王綰	〈二十六年始皇詔銅方升〉
秦始皇二十八年	右丞相隗狀、左丞相王綰	〈二十八年泰山刻石〉
秦始皇三十四年	右丞相馮去疾、左丞相李斯	《史記・秦始皇本紀》
秦始皇三十六年	右丞相馮去疾、左丞相李斯	《史記・秦始皇本紀》

在位的三十七年間，出任丞相者至少有七個人，他們分別是呂不韋、昌平君、□啟、隗狀、王綰、馮去疾和李斯。七位丞相當中，五位都是史書上有記載的，有名有姓。

第二任丞相昌平君，是我們根據《索隱》的史料補上去的。昌平君是楚考烈王熊元的兒子，他應當姓熊，不知道名。第三任丞相「丞相啟」是我們根據銅戈的銘文補上去的，不知道姓。昌平君在秦王政十年開始出任丞相，秦王政十七年啟在丞相任上，我們自然而然會聯想到，昌平君熊□與丞相□啟會不會是同一個人呢？

4 填補歷史的空白

歷史學是有關時間的學問，歷史學上的問題和疑案，多是時間製造出來的麻煩。下面，我們繼續來看前面那張表，請大家注意時間問題，注意秦始皇的這幾位丞相任期的長短：他們出任丞相一職，從什麼時候開始，到什麼時候結束。為了便於大家考察起見，我們將前面的表稍加改動，製成一張新表（見下頁）。

呂不韋從秦王政元年到十年，擔任丞相達十年之久。隗狀擔任丞相的時間，如果從秦王政十七年起算，到二十八年，至少有十一年以上，如果到三十三年的話，就在十六年以上。王綰擔任丞相的時間，如果從二十六年起算，到二十八年的話，最少在兩年以上，如果到三十三年的話，就在

秦始皇時代丞相任期表

順序	姓名	任期	時間
1	呂不韋	秦王政元年—十年	10年
2	昌平君熊□	秦王政十年—？	？
3	□啟	？—秦王政十七年—？	？
4	隗狀	？—秦王政十七年—二十八年—？ —三十三年？	11年以上 16年以上
5	王綰	？—秦王政二十六年—二十八年—？ —三十三年？	2年以上 7年以上
6	馮去疾	？—秦始皇三十四年—三十七年	3年以上
7	李斯	？—秦始皇三十四年—三十七年	3年以上

七年以上。馮去疾和李斯，在始皇帝在世時，至少擔任了三年丞相，二世即位第二年被趙高陷害誅殺，通算下來，至少也做了五年丞相。

由此看來，在秦始皇時代，丞相的任期都比較長，這說明了什麼呢？說明政治穩定，君臣關係和諧，吏治有連續性，這都是以前被我們忽視了，或者是視而不見的地方，原因出在歷代對秦和秦始皇的偏見。不過，這已經是另一個話題，將來有機會再說。話題還是回到昌平君與丞相啟的關聯上來。

昌平君於秦王政十年接替呂不韋出任丞相，他的任期到什麼時候，史書上沒有明確的記載。由秦始皇時代吏治穩定、丞相久任的通例來看，他的任期也應當比較長。至於長到什麼時候，《史記索隱》為我們提供了重要的線索。《索隱》說：「昌平君，楚之公子，立以為相，後徙於郢。」這條資料中的郢，又稱郢陳，是地名，在今天的河南省淮陽市。昌平君被遷徙到郢陳，《史記・秦始皇本紀》中有記載，是在秦王政二十一年。由此看來，昌平君長期在首都咸陽輔佐秦王，他擔任丞相的職務，應當一直到被遷徙到郢陳以前。也就是說，昌平君從秦王政十年出任丞相到秦王政二十一年被免相遷徙出京，一共做了十一年丞相。如果我們的這個推測不誤的話，秦王政十七年，昌平君正在丞相任上，所以，「十七年丞相啟狀戈」上的「丞相啟」，無疑就是昌平君了，他的姓名，應當叫做「熊啟」。

我曾經感嘆，歷史是消逝遠去的往事，是在時間中過去了的存在。我們之所以能夠知道歷史，是因為往事留下了資訊。往事的資訊，特別是久遠的古代的資訊，少而又少，亂而又亂，使我們難以窺探得到古史的真相。幸運的是，不時有不可思議的遺物，穿越時空出現在我們的眼前。這些遺物既屬於當今，可以把玩觸摸，又屬於過去，可以牽連回想，將最為真實可靠的資訊，傳達給我們。

十七年丞相啟狀銅戈銘文摹本

由於「十七年丞相啟狀戈」的出現和破解，昌平君這位秦國歷史上神祕人物，終於從歷史的黑洞中浮現出來了。我們再一次補充他的人生經歷，更加完整地列表。

有了這樣一張履歷表以後，昌平君這樣一位重要歷史人物的一生大概是清楚了。不過，疑案的追查到此並沒有結束，請大家關注表上的最後一項。

到了秦王政二十一年，昌平君已經四十六歲，他以秦王表叔、平叛功臣的身分出任丞相十一年之久，輔佐秦王統一天下，先後攻滅韓國（十七年）、趙國（十九年）和燕國（二十一年），可謂功高位重，權傾一時。然而，就在這個時候，他為什麼會被秦王嬴政免相出京，遷徙到秦楚交界的楚國舊都郢

昌平君履歷表

順序	世代	年齡	經歷
1	秦昭王三十六年	1歲	熊啟大約於是年生於咸陽。父楚國太子熊元，母為秦昭王女。
2	秦昭王四十四年	9歲	熊元亡歸楚國，熊啟與母親一道留在了秦國。
3	莊襄王元年	23歲	開始進入秦國政界。
4	秦王政元年	26歲	成為輔佐年幼秦王的大臣之一。
5	秦王政九年	34歲	擔任御史大夫。嫪毒之亂爆發時，與相國呂不韋、昌文君一道受命鎮壓叛亂。
6	秦王政十年	35歲	呂不韋免相，昌平君出任丞相。
7	秦王政十七年	42歲	監造「十七年丞相啟狀戈」。
8	秦王政二十一年	46歲	免相出京，遷徙到郢陳。

陳去了呢？到了郢陳以後的他，命運又將如何呢？
歷史密碼的破解一環扣著一環，舊疑案的解決又引出了新的疑案，我們不得不繼續跟蹤追擊。

尋找秦始皇的表叔（下）

三　丞相的反叛

1　挖出歷史來

秦王政二十一年，秦始皇的表叔，位高權重，出任丞相達十一年之久的昌平君熊啟，突然被遷徙到秦楚兩國邊界的郢陳。他為什麼被遷徙到郢陳，他與秦王嬴政之間，究竟發生了什麼事情？由於史書失載，又成為一樁歷史之謎。

昌平君被遷徙到郢陳的事情，見於《史記・秦始皇本紀》，一共只有六個字：「昌平君徙於郢。」簡略而不詳的紀事，文字上並沒有特別難解的地方。徙，遷徙。郢，地名。這裡的郢，指的是郢陳，故址在今天的河南省淮陽市。這條記載說，秦王政二十一年，昌平君被遷徙到了郢陳。

郢陳這個地方，從前是陳國的國都，楚國滅掉了陳國以後，曾經將首都遷到這裡，於是被稱為郢陳。昌平君被遷徙到這裡以前，郢陳已經被秦軍占領，改稱為陳縣，屬於秦國的領土，地處秦國和楚國的交界地區。那麼，昌平君為什麼會被遷徙到這樣一個地方來呢？

昌平君被遷徙以前，是秦國的丞相；他的遷徙路線，是從咸陽到郢陳。咸陽是秦國的首都，郢陳是秦國的邊地，由首都到邊地，從中央到地方，對於政治人物來說，如果不是為了特殊的事情一時性前往，常常意味著貶斥和失意。大家再看看史料中的「徙」字，古文中「徙」字的意義是遷徙，本身就是帶有貶斥意義的用法。如果是不帶貶斥意義的用語，就應當用「之」，將這條紀事寫作「昌平君之郢」。如此解讀下來，事情就步步深入

今日淮陽（秦時陳縣，李開元攝）

了。看來，昌平君被遷徙到郢陳，不是一般性的外出，而是受到了貶斥，他是被免相出京了。

免相出京的昌平君，為什麼受到貶斥，他為什麼會被貶斥到郢陳這個地方來？來到郢陳以後，又有些什麼作為和行動呢？史書都沒有記載。面對如此情況，歷史學家是否只有望洋興嘆，而史書上又再添一樁未解的歷史疑案了？

真是蒼天有眼，歷史不滅，兩千多年後，歷史的黑洞再一次有火山噴發。一九七五年，在湖北省雲夢縣睡虎地發掘了多座秦國的墓葬，其中有一座編號為十一號的墓，是秦王政時代一位地方官員的墓葬。從這座墓葬中出土了大量的秦代竹簡，被稱為《睡虎地秦墓竹簡》，竹簡中有一份關於墓主生平的履歷書，用編年紀事的形式寫成，被稱為〈編年記〉。在這份〈編年記〉中，昌平君的大名赫然出現，昌平君為什麼被遷徙到郢陳的歷史疑案，也由此隱隱透露出破解的線索來。

在〈編年記〉中，有兩條與昌平君遷徙的事情相關的記載：

一、廿年，韓王居□山。

二、廿一年，韓王死。昌平君居其處，有死□屬。

〈編年記〉竹簡

我們首先來對第一條紀事做字面的解釋。「廿年」，秦王政二十年（西元前二二七）。□，殘缺不可讀的字。「□山」這兩個字連讀，當為地名，韓王居處的地方。這段文字說，秦王政二十年，韓王居住於□山這個地方。那麼，這段文字中的韓王是誰呢？

根據《史記》的記載，秦王政十七年，秦軍攻陷了韓國首都新鄭，韓王韓安被俘虜，韓國滅亡。竹簡上的韓王，正是這位韓王韓安。秦滅韓以後，對於被俘的韓王究竟做何處理，他被俘後的命運如何，史書上都沒有記載。這枚竹簡，為我們填補了歷史的空白。看來，韓安被俘以後，秦國政府並沒有殺害他，而是將他遷徙到了「□山」這個地方居住。遺憾的是，由於缺字的關係，我們不知道「□山」在哪裡。

我們再來解讀第二條紀事。「廿一年」，秦王政二十一年（西元前二二六）。「有死□屬」的□，殘缺不可讀的字，著名歷史學家楊寬先生認為，這個缺字可能是「士」字。如果是這樣的話，這段文字就可以復原成「有死士屬」。「死士」，就是敢死之士，就是勇士。屬，跟隨。這段文字說，秦王政二十一年，韓王安死去了。昌平君到他死去的地方居處，有敢死之士跟隨。

韓王安死去的事情，史書上也沒有記載，竹簡的出土，又填補了一段歷史空白。韓王安死了以後，昌平君來到他死去的地方「居處」，並且有「死士」跟隨。昌平君的事情，有如此的牽連曲折，也是史書上沒有記載的，可以說大大地補充了歷史。

不過，事情都是兩面，新出土的竹簡，一方面填補了歷史的空白，也解答了歷史上留下的疑難；另一方面，出土的竹簡本身有不能釋讀的文字，同時，解讀出來的新的史實，又引發了新的問題，製造出新的謎團。韓王安的居處之地「□山」在哪裡？韓王安為什麼死去？昌平君為什麼會在韓王安死去的同時，隨即來到他死去的地方「居處」，那些跟隨昌平君的「死士」又是些什麼人？凡此種種，宛若連環套般的謎團，解開一環以後，又引來了更多的未解的環扣。

為了繼續求解，我們必須對竹簡中無法看清的地名「□山」做出合理的解釋，搞清楚「□山」究竟在哪裡。為什麼這樣說呢？

2 「□山」在哪裡？

竹簡上的「□山」是地名，是韓王安居處的地名，這已經是專家們的共識，是沒有問題的。問題在於「□山」的地理位置。是在舊韓國境內，還是在秦國本土，是在偏僻的高山，還是在都市的近旁？這個地理的問題，關係到秦國對於韓王安如何處置的問題，是千里流放，還是就近安置？這個地理問題，也關係到韓王安的死亡問題，他為什麼死亡，他死在哪裡？這個地理問題，也關係到昌平君的遷徙問題，他為什麼被遷徙到韓王安死去的地方，還有敢死之士跟隨？凡此種種，都與「□山」這個地名有關，不首先解決「□山」的位置所在，我們將無法繼續追查疑案。

遺憾的是，由於「□山」的「□」已經無法辨認，僅僅根據竹簡文字已經無法破解，我們必須另想辦法。為了確定「□山」究竟在哪裡，我們再來看看秦簡〈編年記〉的這兩條史料，這一次，請完全集中於地理的角度：

> 廿年，韓王居□山。
>
> 廿一年，韓王死。昌平君居其處，有死[士]屬。

韓王安被秦軍俘虜，是在秦王政十七年；被俘的地方，是在韓國的首都新鄭（今河南新鄭）。由竹簡的文字可以知道，三年以後，也就是二十年，他被秦國政府徙居到「□山」，次年死去；他死去的地方，也應當就在「□山」。同年，昌平君由首都咸陽徙居到韓王安死去的地方，這個地方也應當是「□山」。由此，我們可以清理出韓王安和昌平君這兩個人的兩條移動線索。韓王安由新鄭到「□山」，昌平君由咸陽到「□山」。「□山」，成了他們移動路線的交會點。韓王安來到這裡，死在這裡。他死之後，昌平君又來到這裡。這個「□山」究竟是一個什麼地方，它既安置了亡國的韓國國王，又接受了被貶斥的秦國丞相？

追蹤調查到了這裡，我想請大家做一個回憶，我們在整理昌平君的履歷書的時候，曾經提到，昌平君四十六歲的時候，免相出京，被遷徙到了楚國的舊都郢陳。我們本次講解，就是從這裡開始的。關於昌平君的這次遷徙，《史記・秦始皇本紀》是這樣記載的：

二十一年……昌平君徙於郢。

將這條紀事，與上面的秦簡〈編年記〉二十一年的紀事，也就是昌平君被遷徙到韓王安死處的記載兩相對照，毫無疑問，這兩條資料是同一事情的不同記載，昌平君的遷徙地郢，與韓王安的居處地和死去地的「□山」，都在同一個地區。前面已經講過，「昌平君徙於郢」這條史料中的郢，是指曾經做過楚國首都的郢陳，也就是秦國的陳縣，地址在今天的河南省淮陽市，而「□山」呢？應當是郢陳屬下的某一地名。

「□山」在郢陳的地理關係明確了以後，我們就可以填補秦簡《大事記》的記載如下：

廿年，韓王居（郢陳）□山。

廿一年，韓王死。昌平君居處其處（郢陳□山），有死[士]屬。

如此一來，我們就可以打開地圖，來具體地考察韓王安的遷徙路線新鄭—郢陳□山和昌平君的遷徙路線咸陽—郢陳□山的大體走向了。

郢陳，在今天的河南省淮陽市；新鄭，在今天的河南省新鄭市。這兩個地方相距不遠，直線距離大約一百公里，可以說是相鄰地區。新鄭地處豫西山地和豫東平原的分界處，是南北交通的要道。郢陳，是交通東西南北的樞紐，連通黃河水系與淮河水系的鴻溝，就流經這裡。戰國時代，新鄭—郢陳之間，是連接韓國和楚國的要道，這個時候，都已經被秦軍攻占，成為秦國的領土。韓王安由新鄭遷徙到郢陳，是由韓國舊都遷居到了楚國舊都，是被遷離了祖國舊地，但是，移動的距離很近，可以說是就近遷居。昌平君由咸陽遷徙到郢陳，是由秦國首都遷居到了楚國舊都，因為他是楚國人，所以說是遷回了祖國舊地，但是，昌平君徙於郢，移動的距離很遠，而且有敢死之士跟隨。這兩次遷徙，一近一遠，一是去國離鄉，一是離京歸國，歸結處都在郢陳，實在是有些耐人尋味，不同尋常。我們應當如何來理解這兩件不同尋常的遷徙呢？

請大家一起來聯想，韓王安是韓國的國王，昌平君是秦國的丞相，遷徙這樣兩位大人物的事情，只有一個人能夠決定。這個人是誰呢？當然是秦王嬴政。秦王嬴政為什麼會做出這兩項不同尋常的決定，這兩項不同尋常的決定又為什麼都會歸結到楚國舊都郢陳這個地方？看來，「口山」地理問題的解決，又引發了新的疑問出現，這些新的疑問，僅僅依靠對於文獻和出土史料的分別解讀，是無法完成的了，我們必須求助於新的解讀方法，或者說，我們必須導入新的破案工具。

那麼，這個新的破案工具是什麼呢？我們又將如何使用新的破案工具來破案呢？

3 混合洗牌

在導入這個新工具以前，我先請大家一起來關注一個英語單詞，Game。Game，是英語的常用詞，意義非常豐富，翻譯成中文，有遊戲、競技、賽局等等意義。古代史研究，古代疑案的破解，與玩Game很有相通的地方。世上的種種Game當中，撲克牌Game極為有趣，可謂變化無窮。

今天，我就借用撲克牌Game的玩法，將一件件史料寫在一張張紙牌上，洗牌後用種種不同的方式重新組合。目的嘛，只有一個，希望由同樣張數的紙牌，盡可能做出更多的組合來。換句話說，希望用同樣史料的不同組合，解讀出更多的史實來。這就是我今天想要導入的新工具，史料的Game組合。這種方法行不行呢？不妨來試一試。

由於新史料的出土，歷史學家對韓王安和昌平君這兩位歷史人物的了解，可以說是大大地推進了一步。韓王安是韓國的故王，韓國被秦國滅亡，他成了俘虜被遷徙到郢陳看管以後，他的動向牽動著韓國的故土故民，史料中有關韓王安的記載，必須放在秦國與韓國的關係中來解讀。昌平君是秦王嬴政的丞相，他與秦王嬴政關係密切，史料中有關他的記載，首先必須放在秦國的國內政局中來解讀。昌平君又是楚國的王子，史料中有關他的記載，還必須放在秦國和楚國的關係中來解讀。基於這種歷史背景，我在《史記・秦本紀》和睡虎地秦簡〈編年記〉有關韓王安和昌平君的紀事中，抽取秦王政二十年和二十一年的事情，將已經探明的地名補入，單獨製作成五張撲克牌，然後混合洗牌，重新編排如下。

史料如此重新洗牌排列以後，最初看似沒有關聯的孤立歷史事件，大致可以看出某種隱約的聯繫來了。一些湮滅了兩千多年的歷史事件，也可以由此復原出來。為了便於解讀，請按照指示出牌。

請你打出牌一和牌二，組合起來看。秦王政二十年，已經做了三年俘虜的韓王安被秦政府遷徙到郢陳□山這個地方居住。第二年，新鄭發生叛亂。這次叛亂，是由亡國後的韓國人民所發動的大規模反秦叛亂。這兩件事情之間，會不會有什麼聯繫呢？我們來看看。

秦滅六國，韓國是第一個被滅亡的國家。當時，韓國國小力弱，早已成為秦國的屬國。秦王政十七年，當強大的秦軍壓境時，韓國無力抵抗，秦軍不費吹灰之力滅掉了韓國。滅韓以後，秦國對韓王和韓國貴族做了寬大處置，韓國貴族都沒有受到

順序	年代	事件	出處
牌一	二十年	韓王安徙居（郢陳）□山。	秦簡〈編年記〉
牌二	二十一年	新鄭發生反秦叛亂。	《史記・秦始皇本紀》
牌三	二十一年	韓王安死（於郢陳□山）。	秦簡〈編年記〉
牌四	二十一年	昌平君徙居韓王安死處（郢陳□山），有敢死之士跟隨。	秦簡〈編年記〉
牌五	二十一年	昌平君被遷徙到郢陳（□山）。	《史記・秦始皇本紀》

誅殺遷徙，他們的生命都受到保護，財產都予以保留。這一點，從張良家的境況上就可以清楚地看出來。張良出身韓國貴族世家，他的祖父和父親一共輔佐過五位韓王，長期出任丞相。韓亡以後，他一家繼續居留於故鄉，家中有家奴三百人和大量財產，都是祖上留傳下來的，並沒有被秦軍沒收。

對於被俘的韓王安，秦軍沒有誅殺，看來也沒有流放，而是讓他繼續居留在新鄭附近，給予寬厚的待遇。秦國的這種做法，一方面以此懷柔韓國遺民，一方面也是對其他國家的君王示以姿態，減少抵抗的阻力。這種做法，用現代的事情來比喻的話，相當於統戰政策。

三年以後，秦政府將韓王安從新鄭遷徙到郢陳□山。秦政府為什麼要將韓王安遷徙到郢陳，史書上沒有記載。我們只能根據這件事前後的局勢做合理的推測。秦軍十七年滅韓，十八年攻破趙國首都邯鄲，秦滅六國的戰爭步伐加快了。二十年，中國歷史上一件有名的事件發生，這就是燕國太子姬丹派遣勇士荊軻刺殺秦王。荊軻刺秦王雖然以失敗告終，卻從心理上深刻地影響了秦王嬴政。他在此次事件中受到了重大的刺激，從此戒備諸侯各國的人，特別是對諸侯各國的王室貴族加深了仇恨，加重了報復。就在荊軻行刺失敗的當年，秦王命令秦軍對燕國實行報復性攻擊。次年，秦軍攻克燕國的首都薊城（今北京）。從以後的歷史來看，秦軍對燕國的貴族實行了相當嚴酷的誅殺。

在這種歷史背景之下，秦王嬴政修正了滅韓時實行的寬大政策，做出了將韓王安遷徙的決定。他命令將韓王安遷徙離開韓國本土，割斷他和韓國人之間的聯繫，防備可能出現的意外。同時，由於韓國畢竟不同於燕國，並沒有對秦國做殊死的抵抗，秦王也沒有將他遷徙到遠離中原的邊遠地區，而是將他就近遷徙到郢陳，在日漸嚴厲的處置中留下了溫和的餘地。

然而，事情的發展與秦王的預料相反。秦滅韓以後，韓國人民反抗秦國、復興祖國的願望並沒有消亡，他們一直沒有停止地下的抵抗。韓王安被遷徙的事情，反而成了韓國人反秦活動由地下到地上、由隱蔽到公開的導火線。就在韓王安被遷徙的次年，新鄭爆發了大規模的反秦叛亂。

以上，就是我們組合牌一和牌二，做出的新的歷史解讀。

4 打出後三張牌

看來，牌一和牌二的組合，表面文字簡單，事情後面的背景卻相當複雜，有了上面的解讀以後，再請你打出牌三。我們接著牌一和牌二的背景，順著牌序往下看。

牌三　二十一年，韓王安死（於郢陳□山）。（秦簡〈編年記〉）

韓國人在舊都新鄭起義，目的是復活韓國。復活韓國，必然要擁立韓王。韓王安被軟禁在不遠的郢陳，處在秦軍的看管下。新鄭反秦後，起義的韓國軍民一定會擁立韓王安作為復國的象徵和號召，他們一定會有奪還韓王安的計畫和行動。遺憾的是，由於史料的限制，我們已經無法知道這次起義的詳細過程，我們僅僅知道結果，起義被秦軍鎮壓，韓王安受牽連死去。推想過去，韓王安之死有兩種可能：一，他可能捲入了叛亂，死於抗秦的軍事活動中；二，更大的可能是，韓王安是秦政府的重要俘虜，是被嚴密看管起來的，當新鄭發生大規模的叛亂以後，為了斷絕叛亂者利用他復國的希望，秦王嬴政下令處死了他。

韓王安死於郢陳，是受到新鄭之亂的牽連，由此看來，新鄭之亂已經波及相鄰的郢陳地區了。恰恰就在這個時候，昌平君來到韓王安死去的地方，那麼，我們自然會想到，昌平君這個時候到郢陳來，與新鄭之亂和韓王安之死，會不會有關係呢？為了究明真相，請打出牌四和牌五。

牌四　二十一年昌平君徙居韓王安死處（郢陳□山），有敢死之士跟隨。（秦簡〈編年記〉）

牌五　二十一年昌平君被遷徙到郢陳（□山）。（《史記・秦始皇本紀》）

這兩張牌，記述的是同一件事情，詳略稍有不同，我們合起來做統一的解釋。先解釋當時郢陳這個地區的歷史情況。郢陳，曾經是楚國的首都，被秦軍攻陷後，一直是反秦的熱土，不僅楚國舊民反叛不斷，各國的反秦亡命人士也紛紛會聚到這裡。比如張良，他在韓國滅亡後，曾經來這裡活動。又如後來反秦稱王的游俠張耳和他的朋友陳餘，他們在魏國滅亡後，逃到這裡潛藏。秦末之亂，陳勝吳廣起義以後，他們所建立的張楚政權的首都就建在這裡。這些雖然都是稍後的事情，卻明確地反映了郢陳地區楚國舊民的反秦傳統，不但根深柢固，而且首尾一貫。所以，當新鄭叛亂波及郢陳以後，如何安撫該地區蠢蠢欲動的楚人，就成了秦國政府面臨的一大課題。

昌平君是秦國的丞相，又是楚國的公子，具有秦楚兩國王室貴戚的雙重背景，他不但在秦國政權有相當的權勢，對楚國的政局和楚國的軍民也有相當的影響力。在韓王安被處死、郢陳地區動盪不安的時候，秦王嬴政做出了讓昌平君前往的決定，命令他出京到郢陳鎮守，一方面主持處理新鄭之亂和韓王安的後事，一方面安撫郢陳地區不安易動的楚國人。

上述的解讀，主要是根據著名歷史學家田余慶先生的研究做出來的。田余慶先生的這個看法，從秦王嬴政積極處置新鄭之亂事件和安撫郢陳地區的楚國人的角度著眼，有相當的合理性。不過，田余慶先生得出上述看法的時候，昌平君的前半生尚不清楚。在昌平君的前半生有了眉目的今天，我感到有必要做進一步的補充。

前面已經談到，身為丞相的昌平君出京到郢陳一事，本身具有被免相貶斥的消極意義。牌四中說他來到郢陳□山時，有敢死之士跟隨。對這些敢死之士的身分，可以有兩種解釋。如果解釋跟隨的「隨（屬）」是依附跟隨，他們就是昌平君帶來的親近隨從；如果解釋跟隨的「隨（屬）」是受命跟隨，他們就是受秦王之命監視昌平君的人。不過，不管是哪種情況，都表明昌平君出京到郢陳來，在安撫楚國舊民的表面理由之外，可能還有更為深沉的背景，可能還有更為重大的原因隱藏在事件的背後。

那麼，這個更為深沉的背景，這個隱藏在事件背後的祕密究竟是什麼呢？我們繼續追蹤調查。

5 一箭雙鵰

為了破解這個謎語，我打出一張新的牌來，這張牌，就是《史記・秦始皇本紀》的另一條紀事：

> 牌六　二十一年王翦謝病老歸。（《史記・秦始皇本紀》）

這條紀事說，秦王政二十一年，秦軍大將王翦因病免職，告老還鄉。那麼，我們應當如何來看待這件事情，如何解讀這張牌呢？

前面已經談到，新鄭之亂、韓王安之死、昌平君被遷徙到郢陳這三件歷史事件，都發生在秦王政二十一年，這三件事情，環環關聯。大將王翦稱病告老還鄉，也發生在這一年。由此我們自然會聯想到，這件事情，會不會也是在關聯的環節上呢？不妨來追查一下。

關於這件事情，《史記・秦始皇本紀》的記載過於簡單，《史記・王翦列傳》有詳細的敘述。事情的大要如下：

王翦，內史頻陽（今陝西富平）人，與白起齊名的秦軍名將。秦王政時代，王翦多次出任秦軍大將，統領秦軍征討六國，立下了赫赫戰功。王翦一家三代為將，兒子王賁、孫子王離先後也都成為秦軍的名將，名重天下。老將王翦，可謂是秦國軍界眾望所歸的領軍人物。

秦王政二十年，燕國太子姬丹派遣荊軻刺殺秦王，事情失敗，嬴政命令秦軍進攻燕國，大破燕軍，統領秦軍的大將，就是王翦。王翦主持的這次軍事行動，一直持續到第二年，秦軍攻克了燕國首都薊城（今北京）。

在這場戰爭中，王翦的部下，少年將軍李信作戰勇敢，在眾多秦軍將領中脫穎而出。李信領軍深入窮追，擊殺燕國太子姬丹，將姬丹的首級呈送秦王嬴政。姬丹是策畫荊軻行刺的主謀，是嬴政志在必得的仇敵，李信的功績，大得嬴政的賞識。

進攻燕國的軍事行動結束以後，秦軍班師回國，一邊休整，一邊開始籌畫新的軍事計畫。當時，韓國已經被攻滅，趙國的首都邯鄲也已經被攻占，如今，燕國首都也被攻占，秦軍的下一個攻擊目標，鎖定在楚國。這個時候，圍繞著進攻楚國的軍事計畫，秦國朝廷出現了意見分歧。

秦王嬴政以為，已經衰弱的楚國不堪一擊，可以速戰輕取。嬴政做出這個判斷，自有他的根據。原來，就在王翦統領秦軍主力進攻燕國的同時，王翦的兒子王賁統領另外一支秦軍，對楚國做了試探性的攻擊，結果是勝利而歸，似乎顯示了滅楚並不困難。

在朝廷的會議上，秦王嬴政意氣風發，與諸位大臣將軍們開懷縱論，意欲一舉滅楚統一天下。嬴政特意問李信說：「寡人準備攻取楚國，以李將軍度量，需要動用多少軍隊？」李信年輕氣盛，正在凱旋的風頭上，當即表示：「只要二十萬。」嬴政又問王翦：「王將軍您看呢？」王翦慎重考慮後，回答說：「非六十萬人不可。」

六十萬軍隊，對於當時的秦國來說，相當於全國所能夠動員的野戰軍的總數。王翦要用六十萬人，表明王翦以為，攻滅楚國相當艱難，必須傾舉國之力，實行總動員，才有成功的可能。滿懷自信的嬴政當即嘲笑王翦說：「王將軍年紀大了，怎麼變得如此膽怯。」他誇獎李信說：「李將軍果然是壯勇，說得對。」

這個時候的嬴政，年方三十四歲，開始專權主斷，正是萬事得意的時候。朝廷會議徵求大臣們的意見時，他對進攻楚國的方略或許已經有了看法，對於人選也有了腹案。不管怎麼說，廷議的結果，嬴政任命李信為大將，統領二十萬秦軍進攻楚國。而王翦呢，則被免職貶斥出京，讓他退休回到故鄉頻陽去安度晚年。這件事情，是秦國歷史上的一件大事，秦國史官特地在二十一年的大事記中記錄了這件事情。

秦國君臣討論攻楚方案的這次會議，秦國政府的主要大臣和秦軍的主要將領都出席了。當時，昌平君是右丞相，不管是按制度還是依常理，他都是會議的參加者。奇怪的是，史書上有關他對這件事情持什麼態度，有什麼意見，完全沒有留下隻言片語的記載，非常不可思議。

我們已經反覆說到，史書上沒有記載的事，絕不等於沒有；不可思議的事情，一定有大可思議的理由。那麼，這個理由在哪裡呢？我們已經了解到，昌平君是楚考烈王的庶子，楚國是他的祖國，當時在位的楚王負芻是他的庶兄弟。以情理而論，在祖國即將滅亡的時候，在親族即將斷絕的時候，他不會沒有想法和意見，也不會沒有苦惱和痛苦。即使不考慮任何個人的情緒和感情，身為秦國丞相的楚國公子昌平君，在秦軍即將攻滅楚國的時候，他的處境一定是非常微妙的。

在這種歷史背景下，考慮到昌平君與王翦同時被貶斥出京，也考慮到他出京有敢死之士跟隨，再考慮他後來反秦復楚、被項燕立為楚王的事情，我們完全可以推想，在進攻楚國的問題上，昌平君與秦王嬴政意見不合，他可能是附和王翦，持慎重態度，甚至是另有微詞，結果是遭到與王翦同樣的命運，被免職出京，打發到郢陳去了。

如此看來，在昌平君被遷徙到郢陳這件事情上，秦王嬴政可謂是一箭雙鵰：一方面，他借新鄭反叛和韓王安之死的事件，利用昌平君的特殊身分，打發他前去處置；另一方面，也趁機將他從政權中樞排除出去——既為任命李信為大將領軍滅楚清除了障礙，也排斥了老臣們的掣肘，有利於建立起聽命於自己的年輕化的政府班子。

那麼，昌平君來到郢陳以後，他又做了些什麼事情呢，他未來的命運又將是什麼呢？

6 被隱瞞的歷史

昌平君來到郢陳，是在秦王政二十一年。二十二年，史書中沒有關於他的記載，二十三年，他再一次出現在史書中，《史記・秦始皇本紀》有記載如下：

> 荊將項燕立昌平君為荊王，反秦於淮南。

這條史料中的「荊」，就是楚，因為嬴政的父親字為子楚，秦國史官避諱，稱楚為荊。項燕，是項羽的祖父，楚軍的大將。淮南，當作淮北，淮河以北地區。這條紀事說，秦王政二十三年，楚將項燕擁立昌平君為楚王，在淮北地區反抗秦國。

由此看來，昌平君來到郢陳以後，反叛了秦國，在淮北地區被擁立為楚王。那麼，他究竟為什麼反秦，他在什麼時候與項燕接上頭，又是什麼時候離開郢陳來到淮北地區的呢？凡此種種，又是疑問重重。這些重重的疑問，史書竟然都沒有記載，不能不說是很有些奇怪。

奇怪的事情反覆出現，而且在同一本書裡反覆出現在同一個人身上，這就難免使我們產生一種懷疑，史書對於昌平君的事情是否態度誠實，是不是有難言的隱衷，是不是有意識地做了刪節和隱瞞？我們的這個懷疑，有沒有根據呢？我們的這個懷疑，是否可以得到其他史實的旁證和支持呢？

答案是肯定的。昌平君來到郢陳，是在秦王政二十一年，他被擁立為楚王，是在二十三年，這兩件事情之間的二十二年，史書空白。然而，就在這一年，秦國歷史上發生了一件大事，這就是李信統領二十萬秦軍進攻楚國，大敗而歸。這件事情，史書的記載明顯有隱瞞真相的嫌疑。我們來看史書是如何隱瞞這件事情的。

翻開《史記・秦始皇本紀》，秦王政二十二年，僅僅只有一條記載：

> 王賁攻魏，引河灌大梁，大梁城壞，其王請降，盡取其地。

這條記載說，秦王政二十二年，秦將王賁進攻魏國，引黃河水沖灌魏國的首都大梁城（今河南開封），大梁城毀壞，魏王請求投降，於是收取了魏國的所有國土。

同樣一件事情，出土的秦簡〈編年記〉也有記載如下：

> 攻魏梁。

僅僅三個字，說秦軍進攻魏國的首都大梁。

《史記・秦始皇本紀》的記載，司馬遷是根據秦國的史書《秦記》編寫的，來源於秦國史官的正式紀事。〈編年記〉的紀事，是秦國的小官吏喜從秦國政府的文書上抄錄下來的，也是官方紀錄。由此看來，《史記》和〈編年記〉都沒有記錄李信攻楚失敗這件事情。原因嘛，在於秦國的史官在《秦記》中隱瞞了這件事情，秦國政府也沒有將這件事通報各地方政府，所以司馬遷和喜都不了解情況，不知道真相。想來，秦國的史官，同歷代的史官一樣，對於當代的事情，持有一種維護當朝聲譽的立場，出於種種現實利害的考慮，往往是報喜不報憂。

攻滅魏國，以秦軍的勝利結束，當然要大書特書，快馬加鞭，大喇叭通報全國，引得舉國歡騰，龍顏大悅。另一方面，對於秦軍失敗的消息，則是嚴加保密，對外是大事化小，小事化了，能瞞就瞞，實在瞞不過去，就輕描淡寫地酌情處理，理由嘛，當然是為了不影響士氣，不要有損國家的光輝形象，多從正面引導云云。這種做法，是歷代集權政府的慣技，美其名曰保密，不好聽的說法就是封鎖消息。

不過，刻意隱瞞的歷史，不時也會露出馬腳。《史記・王翦列傳》敘述王翦被罷免回鄉以後，於是秦王任命李信為大將，蒙武為副將，統領二十萬秦軍分兩路進攻楚國（蒙武為副將攻楚，〈王翦列傳〉誤寫為蒙恬。根據〈六國年表〉及〈蒙恬列傳〉，攻楚為蒙武，當時，蒙恬還沒有為將）。李信軍進攻郢陳南部的平輿縣（今河南平輿北），蒙武軍進攻郢陳東南部的寢縣（今安徽臨泉）。在強大秦軍的攻擊下，楚軍大敗。然而，就在這個時候，李信軍出現了不可思議的行動，他沒有乘勝東進，按預定計畫攻取楚國的首都壽春（今安徽壽縣），而是回師西退，掉過頭去攻擊秦國領土內的郢陳，蒙武軍也撤退回來與李信軍會合。也就在這個時候，一支楚軍出現在李信軍的後面，三日三夜緊緊尾隨跟蹤，然後發動突然襲擊，一舉大破李信軍。李信軍的軍營壁壘被逐一攻破，部下七名主要將領被殺死，大敗而歸。

李信攻楚的失敗，是戰國以來秦國歷史上罕見的慘敗。關於這次戰爭的真實情況，秦國史官在《秦記》當中沒有留下正式的紀錄。〈王翦列傳〉中的上述敘事，是為了交代王翦隱退後又復出的原因時順便牽連出來的片段。正是由於秦國史官的刻意隱瞞，這段敘事不但語焉不詳，而且歧異零亂，千百年來就是一筆糊塗帳。

糊塗帳有糊塗帳的原因，這種原因往往在封鎖的消息當中，李信大敗的消息秦政府不希望公開，這已經說過了。事實上，秦政府不希望公開李信大敗的消息，後面還有一個更大的理由。

這個更大的理由是什麼呢？就是李信軍為什麼攻楚失敗？

請大家再一起來回憶一下李信統領二十萬秦軍攻擊楚國的行動。李信軍進攻楚國，以郢陳為前進基地，兵分兩路出動。李信進攻郢陳南部的平輿縣，蒙武進攻郢陳東南部的寢縣，兩支秦軍最初都取得了勝利。然而，就在這個時候，李信突然從前線退軍，掉過頭來去攻擊秦軍的後方基地郢陳。看來，這個時候，郢陳地區發生了意外的事情，迫使李信不得不回師反擊。那麼，這個時候，郢陳地區究竟發生了什麼不測事件呢？

為了解答這個疑問，我先請大家一起來考慮這樣一個問題，李信軍攻擊楚國的時候，昌平君在哪裡？

前面已經說過，昌平君是秦王政二十一年來到郢陳，二十三年到淮北地區的，二十二年，當李信軍攻擊楚國的時候他應當正在郢陳。那麼，我們再繼續追問，二十二年，昌平君在郢陳幹什麼呢？回答是，起兵反秦。

根據田余慶先生的研究，秦王政二十二年，正當李信和蒙武所統領的秦軍在郢陳的南部和東南部大敗楚軍，準備乘勝進攻楚國的首都壽春，一舉攻滅楚國的時候，身在郢陳的昌平君起兵反秦，攻占了郢陳，切斷了李信軍的後路，使攻楚的秦軍陷於前後受敵的苦境。於是，李信軍不得不停止攻楚，回師進攻郢陳，結果被楚軍前後夾擊，大敗而歸。

由此看來，對於李信軍進攻楚國這段歧異零亂的歷史，特別是他和蒙武在郢陳附近先勝後敗的蹊蹺過程，我們只要補入昌平君郢陳起兵反秦這樣一個細節，事情就真相大白，歷史就一清二楚了。

由此看來，在秦王政二十二年這一年的紀事中，秦國史書《秦記》至少隱瞞了兩件大事：一是昌平君在郢陳起兵反秦，一是李信軍由此大敗而歸。李信軍大敗的事情，在〈王翦列傳〉中露出了馬腳；昌平君郢陳起兵的事情，因為田余慶先生的研究而重見天日。歷史的發展，一環連著一環，昌平君郢陳起兵，導致李信軍攻楚失敗。李信軍的大敗，又引發出一樁新的歷史事件，王翦復出。

7 王翦復出

李信軍大敗，身在咸陽的秦王嬴政得到秦軍慘敗的報告，大為震怒，他親自前往頻陽，登門造訪被貶斥出京、還鄉養老的王翦。對於這件事情，《史記・王翦列傳》有詳細的記載。

兩人見面時，嬴政首先屈尊陳謝說：「寡人當初不用將軍的意見，如今果不其然，李信敗戰辱沒秦軍。眼下楚軍日益西進，逼近秦國，將軍雖然有病在身，也不至於袖手旁觀，置寡人於孤立無助的苦境吧。」王翦推辭說：「老臣疲病昏亂，如此重任，望大王另外選用良將。」此時的嬴政，已經是強勢的秦王，他打斷王翦的話，用毫無商量的語氣說：「話到此為止，不用再多說了！」

王翦是了解嬴政的人。他知道，嬴政為人，實用而冷酷，要用你的時候，不惜彎下腰低下頭，用好話請求你，這叫做俯身低首，卑辭相求；而在如此屈尊的後面，則是無上的倨傲，要你必須服從的獨斷意志，一旦你不識抬舉，抗拒他的意願，他會瞬間勃然作色，拂袖而去，毫不留情地處置你。

王翦深知，秦王不聽自己的意見任用李信，李信大敗而歸，秦王貶斥昌平君出京，昌平君反秦為楚，這兩件事情，使秦王的自尊受到極大的傷害。如今親自前來，表面上是屈尊求人，實際上是捐身逼人。秦王如此行動的後面，有無言的明白表露，我身為王上，已經登門陳謝請求，身為臣下的你，難道還敢不從？

也許這時，王翦切切實實地感到，此時的自己，宛若當年的大將白起，此時的秦王，宛若當年的秦昭王。軍功累累的白起，在進攻趙國的問題上與秦昭王意見不合，被貶斥回家。秦軍失敗，昭王請白起再次出任秦軍大將，白起因病拒絕。秦昭王惱羞成怒，罷免白起的一切官職爵位，迫使他自殺身亡。

想到這裡，王翦不敢再推辭，他退一步請求說：「如果大王非要用臣下的話，臣下還是原來的意見，非用六十萬軍隊不可。」嬴政當即回答道：「聽王將軍您的。」

於是嬴政任命王翦為秦軍大將，統領六十萬秦軍進攻楚國。

王翦被任命為大將以後，秦軍總動員，六十萬秦軍從各地徵發，陸續開赴前線。王翦離開首都咸陽，秦王嬴政親自送行，一直送到咸陽西郊的灞上，可謂期待殷切，恩寵榮耀之極。君臣分別之際，王翦出人意料地開口，向秦王嬴政提出了古怪的請求。

王翦請求秦王恩賞些田宅給自己。他的要求詳細具體，好像預先就精心準備了圖紙一般，東一處西一處，都是咸陽一帶的良田美宅，還有帶池塘的庭園，務必請秦王現在就一一恩准。身為一國之君的嬴政，一門心思在挽回敗局，攻滅楚國，完成統一天下的大事，他有些不屑地對王翦說：「王將軍，您還是專心出征吧，錢財的事情，請不必多考慮。」秦王的意思是說，勝利以後，一切應有盡有，哪裡還需要你來開口。

這個王翦，固執而不識相，他囉囉嗦嗦地一再請求說：「臣下為大王領軍作戰，多有功勞，卻至今得不到列侯的封賞，如今借大王一心使用臣下的機會，及時地為子孫兒女們請求些田宅，作為家業，也不算過分嘛。」嬴政禁不住大笑出聲，搖搖頭，真是沒有辦法，只有當即恩准了王翦的所有請求。

王翦這才千恩萬謝，高高興興出發。抵達函谷關後，王翦又派遣使者前往咸陽面見秦王，感謝恩賞，同時又有新的田宅請求。據說，抵達前線以前，王翦派出去請求田宅的使者，一共有五批之多。親信部下們實在有點看不下去了，勸諫王翦說：「將軍請田求宅的事情，怕也有點過分了吧。」王翦這才吐露真話說：「哪裡是你們想的那樣簡單。秦王表面粗獷大量，內心多疑而不信任人。如今掃空秦國將全部軍隊交給我，如果我不多為兒孫請求田宅以表明心跡的話，豈不是會讓秦王一心懷疑我嗎？」

王翦畢竟是在秦王身邊多年的老臣，對於秦王的心思和個性，揣摩得透徹，他對於秦王的猜忌，自有老到的應對。王翦的行事，更有超出個別事件的道理，這就是說，在集權專制國家，不管什麼人，一旦具備了顛覆現狀的可能條件，就必然要面臨被懷疑的境地。這種事情，古今中外皆然。

明白了王翦的用心，也就明白了嬴政的擔心。將全國軍隊交由一人指揮，可以說是任何君王都放心不下的事情，軍隊倒戈導致王位更替的事情，歷史上屢見不鮮。況且，對秦王嬴政來說，由於自己的失策，大將王翦和丞相昌平君同被罷免遷徙，由於自己用人不當，二十萬秦軍慘敗；如今，昌平君反叛，不得不請王翦重新出山，萬一稍有不測，不堪設想的後果不僅關係到自己王位的安危，更關係到秦國國運的興亡。當時的情況下，秦王嬴政的處境，不可不謂艱難險惡；他重新起用王翦，不可不謂是冒著絕大的政治風險做出的重大決斷。由於王翦老到周全的應對，嬴政對王翦個人的戒備，一時和緩下來。不過，形勢比人強，意外不可不防。

王翦復出以後，六十萬攻楚秦軍如何行動，在何處集結，首先攻擊何處，與哪部分楚軍交戰，史書都沒有具體的記載。《史記・秦始皇本紀》只有一句籠統的話說，王翦軍出動以後，「取陳以南至平輿」。陳就是郢陳；平輿，是郢陳南部的平輿縣。前一年李信軍統領二十萬秦軍攻楚，就是由郢陳出發，攻取平輿後突然退回來的。看來，王翦軍攻楚，走了與李信軍完全相同的路線，由郢陳出發，攻取平輿，再東進攻取楚國的首都壽春。

由於昌平君在郢陳起兵反秦，導致了李信軍大敗。李信軍敗後，郢陳及其附近地區被楚軍占領，楚軍以郢陳為基地，大舉西進，進攻秦國。王翦統領六十萬秦軍反擊攻楚，郢陳是他首先必須攻克的地區；昌平君所統領的叛軍，是他必須首先打擊的對象。奇怪的是，史書中對於王翦軍出動以後，郢陳地區秦楚兩軍的動向，昌平君與王翦這兩位舊日同僚之間的直接對陣，竟然都沒有記載。當時當地，秦楚兩國以郢陳為衝突焦點的歷史，不可避免的郢陳攻防戰，竟然又成為一樁失載的歷史疑案。

8 兩封發自戰場的遺書

實有的歷史，史書失載。失載的歷史，默默無語，不得不留待將來，留待歷史黑洞的火山噴發。幸運的是，歷史學家們的等待，終於有了結果，新的文物出土了。這個新的文物，出土於我們前面已經提到的湖北省雲夢縣睡虎地。

在睡虎地被發掘的多座墓葬中，有一座被編號為四號墓的秦墓，從這座墓中，出土了兩封秦軍士兵的家信。這兩封家信，是迄今為止我們所見到的中國歷史上最早的家信實物，非常寶貴。特別有意思的是，這兩封家信的寄出時間，正好是王翦軍出動後的秦王政二十四年，而發信的地點呢，恰恰在秦楚兩軍交戰的郢陳前線。這種千年難遇的巧合，自然使我們想到，失載的郢陳攻防戰的歷史，會不會從這兩封家信中透露出一些消息呢？讓我們從頭讀信，細細體味，用心搜尋。

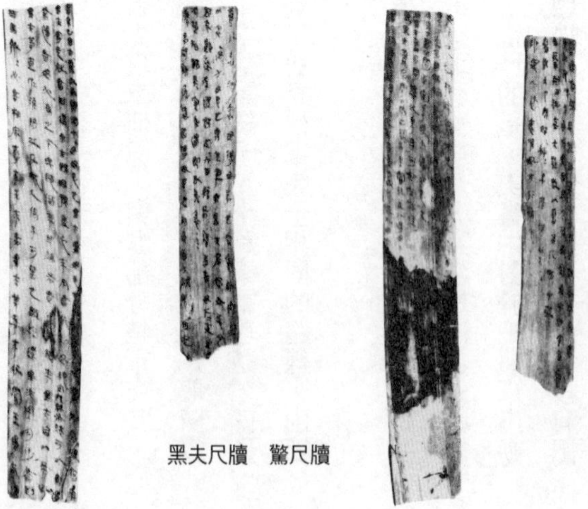

黑夫尺牘　驚尺牘

兩封家信的收信人，同是一位叫做「中」（衷）的人。兩封家信的發信人，一位叫做「黑夫」，一位叫做「驚」，是中的兩位兄弟。中是長兄，與母親住在一起，照料著整個家庭。大弟弟驚已經結婚，生有一位女兒。黑夫未婚，應是最小的弟弟。

我們先來看幼弟黑夫所寫的信。黑夫在信中首先問候大哥，再問候母親，別來無恙。他在信中說，不久前在淮陽前線與同樣從軍的哥哥驚相會，兩人都安然無恙，請母親和家人放心。然後，黑夫請求送些零用錢來，也請母親在家鄉買些絲布，做成夏衣，與錢一道送來。黑夫是精打細算的人，他在信上說，如果家鄉的絲布太貴的話，就只送錢來，自己在當地買絲布做夏衣。

黑夫親情濃厚，他在信的末尾問候家中的其他親人。他問候姑媽，問候姊妹，問候鄰里的親人，也代從軍的哥哥驚問候驚的妻子和家人，真是禮節周全。

驚是寫第二封信的人，他在問候了哥哥中和母親以後，也談到自己與黑夫一道同在淮陽軍中，兩人都安然無恙。與黑夫一樣，驚也請母親送錢和布來。不過，驚性子急，說話直，他寫明送錢五百到六百，要布兩丈五尺以上。他信上要得很急，甚至寫了不馬上送來，就會急死人的焦慮。驚大概結婚不久，一個女兒年紀也小，他對妻女牽腸掛肚。他問候妻子，請妻子一定要孝順父母，贍養老人。他最放心不下年幼的女兒，特意囑咐哥哥中，定要多加管教，務必不要讓她為取柴火一類事情，跑到離家稍遠的地方去。

驚也關心大哥中，他在信中說，聽說家鄉附近有的地方不太安穩，提醒哥哥不要到這些地方去。他也在信中提到戰況有進展，說自己所在的部隊已經進入「反城」，屯住於淮陽城中……

這兩封信，因為文字有殘缺，信中提到的人物很多，還不能完全讀通。不過，通過專家們的解讀，信中所涉及的家庭內部的事情，大體上是清楚了。我整理歷史，仔細讀了這兩封信，在感慨古代人情親情的同時，也生出一個小小的疑問，這個墓葬的主人「中」為什麼會把這兩封信放在自己墳墓中呢？

以古今的人情度量，放在墓葬裡的陪葬品，大多是死者珍愛的東西。死者看重這些物品，希望永遠不離開它們，所以才將它們陪葬，讓它們伴隨自己離開人世到另一個世界去遊歷。人性的這種特點，古今中外皆然，上至帝王將相，下至細民百姓，也都一樣。兩千年前一位普通的秦國人「中」，死前將兩個弟弟的兩封來信放在自己的墓葬裡，正是表明他在自己的人生中特別看重這兩封信。那麼，他為什麼特別看重這兩封信呢？是因為這兩封信是兩個弟弟從戰場上寄回來的。根據專家推測，他的兩個弟弟在發出這兩封信後不久，可能都戰死疆場了。於是，這兩封信就成為兩封異常珍貴的遺書。

如果上述推測不錯的話，這兩封遺書，對於一個古代秦國的普通家庭來說，分量可謂是重而又重；對於撐持整個家庭，愛護和關照兩位弟弟的大哥來說，可謂是人世上最貴重的東西了。哥哥中一直珍藏著弟弟黑夫和驚的信，當他臨死時，他要求將這兩封信放進自己的墓中，他希望兄弟三人，永遠在一起。

9 一場失載的戰爭

黑夫的信，寫於秦王政二十四年二月，驚的信稍晚，大概寫於同年三、四月間，可能因為天氣已經轉熱，所以他在寫給母親要錢置辦夏衣的信中，顯得非常心急火燎。這兩封信，都發自淮陽前線，信中的內容，不僅涉及一個古代家庭的錢財瑣事、兒女親情，也第一次從一個普通士兵家庭的角度，栩栩如生地講述了秦國統一天下的戰爭實況，一場史書所沒有記載的戰事，也因為這兩封信的出土而從歷史的黑洞中浮現出來。

黑夫在信中寫道：「黑夫等直佐淮陽，攻反城久。」這句話是說，黑夫等人在淮陽作戰，進攻「反城」已經很久了。淮陽，就是郢陳，因為地處淮河之北，所以又被稱作淮陽。

由信上的這句話，我們可以了解到，郢陳（淮陽）反叛，被叛軍占領，成為「反城」，黑夫所屬的秦軍，長久圍攻郢陳，直到黑夫寄信的時候，也就是秦王政二十四年二月，還沒有攻破。郢陳不久後被秦軍攻克，因為驚在第二封信中提到，自己已經「居反城」中，大概在三、四月間。

黑夫和驚所參加的這場進攻反城淮陽的戰事，史書沒有記載。這兩封信的出土，首先是填補了歷史的空白，將一場不見於史書記載的戰爭呈現出來。歷史一環連著一環，由於淮陽之戰的呈現，新的問題又被牽引出來。黑夫和驚所屬的秦軍是由誰統領的呢？他們所攻擊的占據郢陳的叛軍又是由誰統領的呢？

秦王政二十二年，昌平君在郢陳起兵反秦，攻楚的李信軍被迫撤回，在郢陳大敗，勝利的楚軍以郢陳為基地，大舉西進攻秦，迫使秦王嬴政親自到頻陽陳謝請求王翦復出。這個時候的郢陳地區，控制在以昌平君為首的楚軍手中。二十三年，王翦統領六十萬秦軍出動。王翦秦軍進攻楚國的路線，大體與李信軍相同，由郢陳南下東進，進攻楚國的首都壽春。從而，王翦軍出動的第一個目標就是攻打郢陳，平定以昌平君為首的反秦叛亂。

由此看來，黑夫和驚都是王翦軍的戰士，他們隨軍開赴郢陳，開始對「反城」郢陳的圍攻。戰事激烈而長久，直到二十四年三、四月，郢陳才被秦軍攻克。而長久堅守郢陳、抗拒秦軍的叛軍，應當就是昌平君所統領的楚軍。郢陳之戰攻防雙方的軍隊統屬，由此大體清楚。

由這兩封信所透露的郢陳之戰的事情看來，秦滅六國，統一天下的戰爭絕非摧枯拉朽，如同風掃落葉，而是非常激烈和殘酷。特別是秦滅楚國的戰爭，不但反覆曲折，而且與秦國國內的政局有深沉的牽連。複雜的歷史真相，遠遠超出我們僅僅閱讀傳世的史書所能夠了解到的情況。

郢陳攻防戰的歷史真情，因為兩封家信的出土被披露出來以後，在連續的歷史環節上，新的疑問又隨之而來。秦軍苦戰攻克郢陳後，長期堅守郢陳的楚軍下落如何呢？攻擊郢陳的秦軍主帥是王翦，堅守郢陳的楚軍主帥是昌平君，郢陳之戰結束後，他們又將如何行動？昌平君和王翦曾經是秦王嬴政的左右手，郢陳之戰結束以後，秦王嬴政又將如何對待這兩位讓人放心不下的將相大臣？

歷史宛如影片，經過歷史學家的修復倒片後，可以一遍又一遍地重放，我們繼續往下看。

10 昌平君之死

秦王政二十三年，王翦統領六十萬秦軍出動，他吸取李信軍失敗的教訓，謹慎作戰，步步為營，逐步推進。王翦首先逐一收復失地，安定郢陳西部的潁川以後，他以秦軍一部包圍郢陳。同時，他統領秦軍主力南下，進攻郢陳南部的平輿。圍攻郢陳的秦軍，苦戰久攻不下。進攻平輿的秦軍主力，大破楚軍，乘勝東進，深入楚國境內，攻克了楚國的首都壽春，俘虜了楚王負芻。

形勢發展到這個時候，秦王嬴政親自來到了郢陳。關於秦王嬴政的這次行動，《史記・秦始皇本紀》只有一句話六個字：「秦王游至郢陳。」至於他為什麼來，來後做了些什麼，以後的去向如何，都沒有交代。我們只能推測他在首都咸陽待不住了，實在是放心不下，他放心不下前線的軍事形勢，他放心不下手握軍權的大將王翦，他也放心不下反秦為楚的表叔昌平君，所以他要親自到郢陳來監軍，來督戰。

也就在這個時候，堅守郢陳的昌平君，得到楚國國內不利的消息，他撤出郢陳，東去退回到楚國境內。在得到楚王負芻被秦軍俘虜的確切消息之後，他被楚軍大將項燕擁立為楚王。這就是《史記・秦始皇本紀》的記載，秦王政二十三年，「荊將項燕立昌平君為荊王，反秦於淮南」。

淮南，當為淮北，淮河之北。看來，昌平君退出郢陳以後，來到了淮北地區。在國家不可一日無主的緊急情況下，他繼承了楚國的王位，在大將項燕的輔佐下，領導楚國軍民繼續抗擊秦軍，保衛祖國，成為最後一代楚王。他那波瀾壯闊的一生，也伴隨楚國的命運，接近尾聲。

秦王政二十四年，《史記・秦始皇本紀》有紀事如下：

王翦、蒙武攻荊，破荊軍，昌平君死，項燕遂自殺。

這條紀事說，秦王政二十四年，王翦和蒙武統領秦軍攻擊楚國，擊敗楚軍，昌平君死去，項燕於是自殺。

項燕兵敗自殺，是在淮北的蘄縣（今安徽蘄縣），也就是陳勝吳廣大澤鄉起義的地方。王翦攻克楚國首都壽春以後，主力移師北上。楚王熊啟（昌平君）與項燕退守淮北，在蘄縣與王翦軍決戰。結果，楚軍戰敗，楚王熊啟戰死，大將項燕自殺，楚國滅亡。戰國時代的歷史，即將結束，新的後戰國時代的歷史，又由此埋下了伏線。

十四年後的秦二世元年七月，楚國戍卒陳勝吳廣在蘄縣大澤鄉起兵反秦，楚國復國。其後不久，戰國六國紛紛復活，後戰國時代到來。陳勝吳廣在大澤鄉起義時，假稱楚國大將項燕和秦國公子扶蘇還在人世，起義是在他們的領導下發動的。

扶蘇是秦始皇的長子，秦帝國皇位的合法繼承人，項燕是項羽的祖父，抗秦殉國的楚軍大將。陳勝吳廣起義，在反秦復楚的大義名分之下奉這樣兩位人物作為精神領袖，實在是有些不可思議。

不過，只要我們聯想到活躍於秦楚之間的昌平君，不可思議的歷史中或許就會浮現出可以思議的線索。昌平君是楚考烈王的兒子，他被擁立為最後一位楚王，與項燕一起戰死於蘄縣，昌平君又是秦始皇的表叔，秦國的王室貴胄，他與扶蘇之間不會沒有關係。由此，我們可以進一步聯想到，昌平君會不會是將扶蘇和項燕連接起來的關鍵人物？昌平君究竟是扶蘇的什麼人呢？

搜尋嬴政的親人到這裡，秦始皇的密碼，可以說是又被解開了一環。然而，歷史的隱祕連接著隱祕，秦始皇的密碼，一環套著一環。看來，我們的搜尋，還得繼續下去。

第四案

在中國，幾乎無人不知秦始皇：可是，有誰知道，他的皇后是誰？難道赫赫有名的始皇帝，竟然沒有皇后？更為弔詭的是，不僅是始皇后，秦始皇後宮中所有的女人，都沒有留下姓名。究竟是什麼原因，讓歷史抹去了她們的身影？

秦始皇的後宮謎團（上）

一　秦二世與他的母親

1　世上有無始皇后？

秦始皇的一生，迷霧重重。在這當中，隱藏得最深的疑案之一，就是他的後宮是誰？

中國歷代王朝的皇帝，後宮都有記載，特別是皇后，那是母儀天下的第一夫人，在制度上有專門的規定，是必須大書特書，樹碑立傳的。秦始皇是中國歷史上第一位皇帝，他的皇后，也就是始皇后是誰，史書上卻完全沒有記載，兩千年來沒有人知道，這就不能不說是有點奇怪了。

奇怪的事情還沒有完。如果說秦始皇的皇后，史書上忘了記載，或者出於某種原因，沒有寫也就罷了，更奇怪的是，除了始皇后外，有關秦始皇所有後宮的消息，在史書中也幾乎都沒有記載，兩千年來也沒有人知道。這就不僅僅是奇怪的事情，而是一樁非正常的歷史之謎了，對於歷史偵探來說，也就成為一樁有待破解的歷史疑案了。

二〇〇七年三月，我得到秦始皇的祖母夏太后的墓葬被發掘的消息，專程再次前往西安，就與秦始皇有關的女性的遺跡做了考察。我去秦東陵，查訪了秦始皇的祖父孝文王與養祖母華陽太后、父親莊襄王與母親帝太后的墓葬。秦王與王后，都是夫婦合葬一地，陰陽相配，合於人情，合於制度。親祖母夏太后與高祖母宣太后的墓，也是規模宏大，不過，因為兩位太后都是側室而不是正妻，所以葬地選在別的地方。一切都井井有條，合於傳統，合於禮制。唯有秦始皇陵，孤零零一座大墓，沒有皇后之墓相伴。那種孤單獨立的景象，實實在在地將誰是始皇后的歷史疑案，捲入了考古實物當中。究竟有沒有始皇后墓？如果有，始皇后墓在哪裡？

越是深查，疑慮越深。面對疑慮，當事實不清、真相不明的時候，各種猜測遐想，就應運而生。

有人猜想說，秦始皇大概是沒有立皇后，之所以沒有立，是因為後宮太多，看花了眼，定不下來。不過，動動腦筋就可以知

商水陽城故址（李開元攝）

道，後宮多少，秦與歷代一樣，自有制度，自有規定，與立不立皇后之間並沒有直接的關係。立后是為了王位繼承的秩序，也是為了後宮的秩序，與是否花了眼倒是關係不大，這個說法太不專業，拿不上桌面。

也有人猜想說，秦始皇信方士追求長生不老，這種厚望的特殊要求延遲了他立后的進程云云。不過，查查史書就可以知道，秦始皇信方士追求長生不老，都是統一天下後瀕近晚年的事情，以秦國的傳統和制度而言，秦王正式立后當在親政後不久，大概都在二十多歲的青壯年時代，怎麼也等不到四、五十歲。待到年老體衰才來考慮立后的事情，不僅祖宗們不允許，臣下們也怕早就吵翻了天。這種猜想也說不通。

又有人猜想說，秦始皇的母親私生活不檢點，養面首，生有兩個私生子。這件事對秦始皇影響甚大，他驅逐母親出京，由怨恨母親發展到仇恨女人，成為一種心理障礙，使他遲遲未能立后。不錯，秦始皇的母親確是養了面首嫪毐，養了私生子，秦始皇也確是怨恨過他的母親，將她驅逐出京。不過，這件事情，直接關係到他的母親與養祖母華陽太后之間的政治鬥爭，當他事後聽了策士的勸告後，出於穩定政權和安定繼承關係的考慮，迅速迎回母親，恢復了秦王與太后的正常母子關係。秦始皇是第一流的政治人物，他的為人行事，首先是從政治的角度考慮的。

況且，在秦國歷史上，太后養面首生孩子的事情多的是。他的高祖母宣太后與來秦的外國義渠王生有兩個兒子。宣太后的兒子，秦始皇的曾祖父秦昭王不但知道這件事情，還與母親合謀，利用這樁私情，刺殺義渠王，將義渠王的國土併入秦國，解決了一樁多年威脅秦國西北邊境的心腹大患。秦昭王早早在宣太后的主持下娶妻立后，後宮不少，子女也多，不但沒有看到什麼心理上的障礙，看到的反而是實利人情濃厚、道德約束淡薄的邊風古情。可以說，在太后的私生活與秦王立不立后之間，實在是找不出可信的聯繫。這種猜想，好聽是好聽，也難以說通。

所以我們說，上述的這些猜想，都只是勉強的臆測，因為找不到破解的門道，只有接受現狀，再做一點粉飾性的塗抹而已，並不能連接到具體的史實，做有理有據的破解。那麼，破解的門道在哪裡呢？

2 唯一的線索

破案的關鍵，要有線索。歷史疑案的破解，需要找到能夠作為線索的史料。我將史書中所有有關秦始皇後宮的史料都篩選了一遍，結果只找到一條，現在提供給大家。這條史料見於《史記・秦始皇本紀》秦始皇三十七年條：

> 九月，葬始皇驪山。……二世曰：「先帝后宮非有子者，出焉不宜。」皆令從死，死者甚眾。

這條史料非常重要，必須做一個詳細的解釋。秦始皇三十七年，就是西元前二一〇年，這一年七月，秦始皇在第五次巡遊天下的旅途中生了病。車駕抵達沙丘宮平台（今河北廣宗西北大平台）時，秦始皇病情急遽惡化，突然不治身亡，享年五十歲。隨後的事情，就是大家都很熟悉的沙丘之謀。沙丘之謀的主謀是趙高，他是秦始皇的幼子胡亥的老師，秦始皇的貼身車馬班長——中車府令，他引誘胡亥，說動丞相李斯，三人結成政治同盟，偽造遺書，逼迫皇長子扶蘇自殺，擁立胡亥即位，建立起二世政權。

九月，二世新政府在咸陽舉行盛大的葬禮，將秦始皇安葬於驪山，就是現在的秦始皇陵。在安葬秦始皇的時候，二世皇帝下了這道處置秦始皇後宮的命令。這道命令說：「先帝的後宮當中沒有子女的人，不宜外放出宮。」根據這道命令，於是將她們全部殉葬從死，死者的數量相當多。

那麼，從這條史料當中，我們可以讀取到有關秦始皇後宮的哪些資訊呢？

①秦始皇後宮的數量不少，具體的數量不詳。不過，秦的後宮，自有嚴格的制度。根據繼承了秦國制度的漢朝初年的情況來看，秦始皇應有正夫人一人，稱號為皇后。側室多人，都稱夫人。夫人們的稱號分別有美人、良人、八子（比如秦始皇的高祖母宣太后，她是惠文王的側室，稱夫人，正式的稱號是八子）、七子、長使、少使等數種，她們地位的高低，比照政府官員的秩祿，也都有規定。所以我們可以說，真正有名分，可以被稱為秦始皇後宮的人，大約十來人。世上盛傳秦始皇的後宮列女在萬人以上，都是後世的傳聞和文學的誇張，是不能作為信史來看的。

②這些數量有限的後宮們，分成了兩大類，一類是生有子女的，另一類是沒有生子女的。

③凡是沒有子女的後宮，都按照二世皇帝的命令殉葬，被埋在臨潼的秦始皇陵裡面了。

④凡是有子女的後宮，免於殉死，在秦始皇死後，與他們的子女一道，還繼續活在人世上。

據我所知，上面這條史料是史書中有關秦始皇後宮的唯一的一條史料，我們從中能夠讀取的資訊大概也就是以上四點了。情況介紹到這裡，我想問大家一個問題：「現在，我們知道秦始皇的後宮有些什麼人，我們知道秦始皇的皇后是誰了嗎？」

「不知道。」

可以想像得到，大家肯定會如此異口同聲地回答。

「為什麼？」

「從這條史料看不出來。」

「那怎麼辦？」如果我繼續追問。

這一來，大家恐怕會為難，不便回答了。不過我想，有人也許會說：

「那就沒有辦法了。沒有證據，總不能瞎猜亂說嘛。」

說得對，的確是這樣的。歷史學有一個基本的共識，或者說是一種基本的訓練，叫做根據證據說話。能夠尊重證據，根據史實說話，才算是入了歷史學之門。

不過，入了門還得能出門。你入門經過學習以後還得出門，出門自立門戶，出門博采百家，出門活學活用，也可以出門做歷史偵探。我們今天的課題是破解疑案。現實中破解疑案的專家，當然是刑警偵探了，最有名的文學代言人，當然是福爾摩斯、波羅，還有黑貓警長了。作為破解歷史疑案的歷史偵探，我們也不妨出門向破案的偵探們取經，學習他們破案的方法。那麼，我們究竟應當向刑警偵探們學習些什麼，我們將如何活用他們的方法來破解我們的疑案呢？

3 不幸的兒女們

在偵探破案中，我們常常會看到這樣一種情況，刑警們追捕犯人，犯人逃脫，不知去向。這時候，刑警們並沒有絕望，他們回到警察局開會，調查和搜尋所有與犯人有關的人，製作出一張關係網表，依據這張表，經過仔細地分析，從中篩選出犯人可能前往投靠的關係人。然後，刑警們轉而跟蹤這個關係人。結果，犯人的身影出現在這個人身邊，刑警們果斷出擊，一舉抓獲了犯人。在偵探學上，這個方法叫做吊線跟蹤。

今天，我們把這種方法借用到歷史學當中，嘗試能不能用這種吊線跟蹤的方法破解秦始皇後宮的疑案。

前面我們已經講過，有關秦始皇後宮的史料只有一條，而解讀這條唯一史料的結果似乎是走入了絕路，追蹤的對象——秦始皇的後宮們的身影消失了。不過，如果我們轉換一下思路，學習刑警們的做法，將後宮們的關係網做一番整理的話，我們將不難發現，與後宮們關係最為密切的人，除了秦始皇外，就是她們的子女了。通過調查子女們的行蹤，尋找母親的下落，可以說是一種可行的方案。出於這種思路，我們暫時停止對秦始皇後宮去向的追蹤，轉過頭來考察秦始皇的子女們。

這樣一來，前景就豁然開闊了。秦始皇有近二十位子女，長子扶蘇，幼子胡亥，中間知道姓名的還有公子將閭和公子高，我們可以對他們逐一吊線跟蹤。為了便於追查，我們先列出一張線索人的名單來，請參見左表。

順序	人物
第一線索人	公子將閭兄弟
第二線索人	公子高
第三線索人	諸公子公主
第四線索人	幼子胡亥
第五線索人	長子扶蘇

按照這個名單，首先追查第一線索人公子將閭兄弟，看看能否找到有關他們母親的線索。公子將閭一共兄弟三人，他們出現在史書上，是在二世即位以後。當時，他們共同面臨著被誅殺的危險。

我們已經講過，秦始皇死後，即位的二世皇帝胡亥是幼子，他本來不應當繼承皇位，受老師趙高的引誘，得到丞相李斯的協助，偽造遺詔，逼死長兄扶蘇，篡奪了皇位。即位後的胡亥，內心不安，對比他年長的兄弟姊妹們，都心懷猜疑，擔心他們危及自己的地位。在趙高的慫恿下，二世決定將在世的公子公主們都處死，以消除他們對於皇位的潛在威脅。

史書上說，在這場清洗運動中，公子將閭兄弟三人被軟禁在宮內，最終被定以「不臣」之罪判處死刑。所謂「不臣」，就是失臣下之禮義，引申出去就是對主上的不敬，再引申就是妄圖謀反了。這種做法，我們今天叫做無限上綱上線。

公子將閭最是謹慎重禮的人，他實在是冤屈不服，他對傳達判決的使者申辯道：「朝廷的禮節，我從來不敢不服從；朝廷的序位，我從來不敢不遵守；接受皇上的命令應對回答的時候，我也從來不曾有過失辭欠禮，何以叫做不臣？我只求明瞭自己的罪名而死。」執行命令的使者無情，說自己是奉詔書行事，催促將閭立即服罪自裁。可憐公子將閭兄弟三人呼天不應，被迫含冤引劍自殺。

在史書有關公子將閭兄弟的簡短記載中，我們沒有發現有關他們母親的直接線索。根據公子將閭的為人，根據他重禮儀、守規矩、行為謹慎、言辭得體的形象，我們推斷他的母親也當是謹慎而對子女管教嚴格的人。此時的她，或許已經不在人世了？

其次，我們來考察第二線索人公子高。

在秦二世殺戮兄弟姊妹的恐怖之中，公子高曾經打算逃亡，但他擔心因為自己的逃亡而株連家族，走投無路之下，他上書二世請求讓自己為父親殉葬。二世十分高興，同意了公子高的請求，賜錢十萬築墓，讓他陪葬於始皇帝陵園內，於是就沒有株連公子高的家族。

史書上記載公子高上二世皇帝書說：「先帝無恙的時候，臣下入內則被賜予飲食，出外則使乘

商水扶蘇墓（李開元攝）

坐車馬；御府的衣物，中廄的寶馬，臣下都有受領。先帝仙逝，臣下應當從死而未能速行，這是身為人子而不孝，身為人臣而不忠。不孝不忠，無以立名於世，臣下請求從死，願意陪葬在驪山腳下。切切懇求，願主上恩幸，哀憐准許。」被送上斷頭台的皇子王孫，那種無辜無奈、日暮途窮的哀鳴，至今讀史尚迴盪在耳邊。

在對公子高的考察中，我們也沒有發現有關他母親的直接線索。從公子高的上書來看，他深受父親的喜愛，忠孝之心非常濃厚，以此推測，他的母親應當也是重大義的人。公子高有想法有決斷，曾經考慮逃亡，但是，為了保護家族，最後決定以身殉葬。想來，他的母親，或許還在人世，兒子走後的家族，由她來孤苦支撐？

跟蹤追查第一和第二線索人到這裡，對於他們母親的情況，除了一點似是而非的推測外，我們難以得到更多的資訊。看來，由公子將閭兄弟和公子高的線索去追蹤秦始皇後宮的線路，走不通。走不通的原因，是實有其人其事而可以取證的文獻史料不足。文獻史料，是從古代輾轉流傳至今的文字資訊，是我們破解古代疑案的重要證據。文獻史料不足，我們就束手無策，打退堂鼓了嗎？不，我們還有一個重要的證據來源，這就是考古發掘。考古發掘，是直接到古代遺留中尋找第一手資訊，最為可靠。於是，我們將視線投向考古，看能不能找到新的線索。

4 發掘公子公主墓

自從兵馬俑陪葬坑在一九七四年被發現以來，始皇帝陵園的發掘和研究有了很大的進展，秦始皇一生的種種疑案，由此獲得了文獻上得不到的種種寶貴線索。在始皇帝陵園，考古學者曾經發掘過一座甲字形陪葬大墓，規模等同王侯級別，地點靠近始皇帝陵封土。考古學者以為墓主當是皇室宗親，可能就是公子高的墓。

綠面俑（汪大剛攝）

在始皇帝陵封土東邊大概一里遠的地方，有一村落叫做上焦村，在村外的樹叢間，有十七座甲字形陪葬墓，坐東向西，南北縱列，面向始皇帝陵展開。其中有八座墓葬已經發掘，在陪藏品中，考古學者發現了秦少府工官製作的御物。少府是專門管理王室宮廷的機構，相當於皇室內務部。一般來說，少府製作的物品，屬於皇室用品。這些墓藏中出土的皇室用品，自然使人聯想到這些墓主與皇室宮廷之間，可能會有某種關聯。那麼，這種關聯會是什麼呢？

為了追查這種關聯，我根據考古發掘的報告書，將已經發掘的八座墓葬的資料整理出來，提供給大家如下頁表。

上焦村陪葬墓簡況

第七號墓	墓主為男性，年齡在三十歲左右，頭、身、四肢分離。
第十號墓	墓主為男性，年齡在三十歲左右，頭、身、手、足骨分離，倒置於槨室頭廂內。
第十一號墓	墓主為女性，年齡在三十歲左右，骨骼完整，仰身直肢，上下頜骨左右錯動。
第十二號墓	墓主為男性，年齡在三十歲左右，頭骨置於槨室頭廂蓋上，肋骨及其他骨骼置於頭廂內。
第十五號墓	墓主為男性，年齡在三十歲左右，頭、身、四肢分離，置於槨室頭廂蓋上，頭骨在槨室外亂土中，頭的右顳骨上插有銅鏃一支。
第十六號墓	墓主為男性，年齡在三十歲左右，上半身屍骨在槨室內，頭骨在槨室頭廂的蓋上，下肢骨在填土中。
第十七號墓	墓主為女性，年齡在二十歲左右，頭、身、下肢分離，左腳與脛骨分離，兩臂伸張作趴伏狀。
第十八號墓	有銅劍一把，未見人骨。

八座墓中，出土七具屍骨，五男二女中，六人身首四肢分離，顯然是被酷刑肢解而死，一人屍骨完整但上下頜骨錯位，顯然是被繩索縊死。這種非正常死亡的遺留現場，究竟向我們傳達了古代歷史的什麼訊息呢？

著名考古學家袁仲一先生是八座墓葬的發掘者之一。他由這十七座墓葬，聯想到秦二世誅殺諸位公子公主的事情，推斷這十七座墓葬可能是被秦二世所誅殺的公子公主們的墳墓。

根據史書的記載，二

世即位以後，命令趙高網羅罪名，將秦公子十二人戮死於咸陽，公主十人矺死於杜縣，財產一律沒收，親近多被株連。戮死，就是殺死後陳屍受辱。矺死，就是分裂肢體而殺之。諸位公子公主非正常死亡的慘狀，與十七座墓葬主人們的零亂遺體情況相當。

根據史書的記載，諸公子和公主被殺的時令，是在二世元年春天，秦曆當在一至三月的寒冷時候，發掘中發現有修墓人烤火的炭跡，文獻和實物互相得到了印證。

根據史書的記載，長子扶蘇接受偽造的遺詔，被賜劍自殺於上郡。第十八號墓只有銅劍一把，未見人骨，可能是他的衣冠塚。文獻和實物不僅有相互的印證，更令人感到神奇而有無窮的回味。

考古發掘，為秦二世屠殺兄弟姊妹的歷史慘案提供了實物的證據。這些實物的證據，似乎在向我們訴說，秦始皇的諸位公子公主，都死於骨肉相殘，他們都是在非正常死亡後單獨埋葬的。由此看來，他們死亡的時候，他們的母親，也就是秦始皇的有子女的後宮們，或許已經過世，或許還在人世間孤獨而悲哀地生活著。至於更詳細的情況，我們無法得到更多的線索。看來，追查第三線索人的這條路，也到此不通了。餘下的線索，只剩下第四線索人——秦始皇的幼子，二世皇帝胡亥和第五線索人——長子扶蘇了。我們先來考察胡亥。

5 廢長立幼的打算

秦二世胡亥是排名第四的線索人，我們在著手調查他以前，按照慣例，首先提供一份有關線索人的個人資料，請參見左表。

胡亥是秦始皇的幼子，生於秦王政十八年。胡亥第一次出現在史書中，是在秦始皇第五次巡遊天下的時候，當時，胡亥二十歲。

秦二世胡亥履歷表

姓名	胡亥
性別	男
生年	秦王政十八年
父親	秦始皇嬴政
母親	？
職業	皇帝
死亡	二世三年

秦始皇即位以後，曾經五次巡遊天下。第五次巡遊，從秦始皇三十七年（前二一〇）十月開始，一直持續到同年七月病死於旅途當中，整整持續了十個月（按：秦的曆法，以十月為歲首，就是每年第一個月是十月，九月是最後一個月，從十月到七月，在同一年度內，正是十個月）。值得注意的是，秦始皇在開始他人生的最後一次旅行時，做了一個對未來的歷史有重大影響的決定，就是帶幼子胡亥同行。那麼，我們為什麼說這個決定對於未來的歷史有重大的影響呢？一句話，這個決定直接牽涉到秦始皇究竟想選擇

誰做自己的繼承人的問題。

關於這件事情，史書上只有這麼一句簡單的記載：「三十七年十月癸丑，始皇出游。左丞相斯從，右丞相去疾守。少子胡亥愛慕請從，上許之。」這句話是說，秦始皇三十七年十月癸丑這一天，始皇帝開始出行巡遊天下。政府百官分成兩套班子，左丞相李斯帶領一套隨始皇帝同行，右丞相馮去疾帶領另一套留守咸陽。幼子胡亥愛戴父親，請求同行，始皇帝同意了。僅僅由這句話，我們似乎看不出這件事情與秦始皇選擇繼承人的事情之間有什麼關係。但是，如果我們將有關這個決定的兩個背景情況加進來考慮的話，問題就出來了。

第一個背景情況是，這時候的秦始皇已經五十歲了，從他日漸衰弱的身體狀況來看，也許已經是時日無多了，選立繼承人的決定，可以說是刻不容緩的大事。第二個背景情況是，就在一年多以前，秦始皇的長子，皇位第一繼承人扶蘇，因為與秦始皇政見不合，被貶斥出京，打發到上郡的蒙恬軍中出任監軍。從而，秦始皇最終將選定誰做繼承人的事情，成了一樁懸案。

我們前面已經講過，秦始皇有二十多個兒子，他們都是有皇位繼承權的可能接班人。始皇帝這次巡遊天下，長期離京在外，部分百官同行，帝國的重大政務都在旅途中處理，或者在車上，或者在行宮中。毫無疑問，秦始皇的巡遊，連帶著帝國政治中樞的移動，不僅是個人行為，更是重大的政治行動。在如此重大的政治行動中，秦始皇選取胡亥同行，意義就非同尋常了。

這種非同尋常的重大的意義是什麼呢？一，如果從父子之情來看的話，表明了秦始皇格外寵愛胡亥的親情；二，如果從皇位繼承的政情上來看的話，則是顯示了秦始皇有意立胡亥為太子的政治意圖。秦始皇有意立胡亥為繼承人的事情，是歷史上被忽略了的問題，實有其事而被視而不見。今天，我將這件事情作為問題提供給大家考慮，並且出示可能的證據。

秦始皇立胡亥為繼承人的考慮，在史書中是有明確的線索可以追尋的。這個明確的線索，有胡亥和蒙毅兩人可以作證。

胡亥即位以後，在趙高和李斯的慫恿下，決定殺害親近扶蘇的大將蒙恬和他的弟弟蒙毅。蒙毅長期侍從在秦始皇身邊，是秦始皇最為信任的親信大臣。他熟悉宮廷內幕，秦始皇晚年的心境，他是第一知情人。蒙毅死前，二世曾經派遣御史傳令指責他說：「先帝曾經打算立朕為太子，而你從中作難。如今丞相參劾你不忠，罪當誅滅宗族。朕不忍，賜你一死，也算恩遇有幸，你自己決斷吧。」

蒙毅痛感冤屈，自殺以前為自己申辯說：「如今指責臣下不能得先帝之意，然而，臣下年少就仕宦於先帝，多年蒙恩，幸得信任，直到先帝去世，未曾有所逆迕，可以說是知曉先帝之意了。又指責臣下不知太子之能，然而，先帝巡遊天下，獨有太子跟從，先帝親愛太子之情，遠較諸位公子深厚絕遠，臣下是盡知而無所懷疑。先帝舉用太子，不是一時之轉念而是多年之積慮，臣下何曾敢有過勸諫，何曾敢有過謀慮！臣下絕不敢巧飾言辭、強辯奪理以避死，只是擔心事情不實而羞累先帝之令名罷了。懇願使者能夠有所考慮，使臣下死得明白。」

在二世的指責和蒙毅的辯解當中，都提到了晚年的秦始皇曾經打算立胡亥為太子的事情。在蒙毅的話中，更是明確透露出，秦始皇廢長立幼的打算，不是一時的念頭，而是經過數年醞釀的積慮。

看來，秦始皇格外寵愛胡亥，有意立他為太子的事情，應當是可信的事實，那麼，秦始皇為什麼會格外寵愛胡亥呢？

6 秦始皇為什麼寵愛胡亥？

人性本複雜，人心多變化。歷來論及身居高位的權勢人物，往往專注於政治政略，對於人情人性，多有所忽略。如同始皇帝這樣的權勢人物，首先，他是有七情六欲的人。剝去層層外衣的人體，同你我一樣，都是由生帶來由死帶去的赤體；離開權勢利害的心情，同你我一樣，都是天地間常見的兒女親情。就始皇帝與胡亥的關係而言，首先是父子親情。

在家天下的父子繼承體制之下，政情由親情延展生出。帝王的隱私，就是國事的隱情；國家政情的隱祕，常常需要到帝王親情的隱私處去尋求。順著這種思路考察始皇帝之所以格外寵愛胡亥的理由，我們可以舉出三條來。

(1)幼子可愛的人情

胡亥是始皇帝最小的兒子，他三十一歲生下胡亥之後，大概就沒有生育了，可能身體出了毛病，生殖系統有慢性的炎症或者是機能性障礙。俗話說，么兒幼子最可愛，年少天真無嫌猜。愛幼的人情，不但平民百姓如此，權勢在手的人，更是如此。身在高位，逼宮搶班的危險，使人不得不有所提防，首當其衝的提防對象，就是最近的繼承人。父子繼承的體制下，長大成人的親骨肉，越是能力強，越是力量大，越是有逼迫的危險，也越是容易成為猜忌的對象。

與此相反，幼子繼承的可能性最小，利害上沒有逼迫的可能，年幼天真，與父親的關係多是難得的真情，不僅沒有嫌猜，常常滋生格外的愛憐。格外的愛憐，生於平民之家，不過是人間的親情；生於君王之家，往往衍生成王位繼承的政情。歷史上，老父愛幼子，廢長立幼的事比比皆是，舉不勝舉，漢高祖劉邦（廢長子劉盈立幼子如意失敗）、漢武帝劉徹（殺長子劉據立幼子劉弗陵）、曹操（一度想廢長子曹丕立幼子曹植，後來放棄）、袁紹（不立長子袁譚立幼子袁尚）、劉表（不立長子劉琦立幼子劉琮）……簡直可以寫一部廢長立幼的專門史。

(2)胡亥頑皮直率的天性

胡亥之所以格外受到父親的寵愛，也出於他可愛的性格。胡亥其人，本來是沒有政治抱負也沒有政治野心的青年，魯莽而頑皮。《新序》中，留下了這樣一個戰國故事。胡亥還在做王子的時候，始皇帝設酒宴招待群臣，胡亥與諸位兄長一道得到酒食的賞賜，臨席完畢，諸位公子紛紛退席。古人席地而坐，就像現在日本人坐在榻榻米上一樣，入席脫鞋，出來穿上，脫了的鞋都放在門外。胡亥最後一個出來，大概是喝了點酒，又受了宴會高興勁兒的薰染，很有些興奮，看見滿地擺放著各種各樣的鞋子，一時發了猴性，將看起來招眼的鞋，都一一踩上一腳。諸位兄長無不嘆息云云。

《新序》是西漢末年的學者劉向所編輯整理的古代故事集，而這種古代故事是司馬遷編撰《史記》的史料之一。這個故事，《史記》中沒有，可能是現有古籍中有關胡亥少年時代的唯一記載。胡亥的諸位兄長，從扶蘇、公子高到公子將閭兄弟，都是比較規矩的人，或許與始皇帝對子女的嚴厲有關，也許與他們母親的管教有關。胡亥與諸位兄長不同，敢鬧事，不時搞點惡作劇。他的這種性格，用貶斥的話來說，是不懂規矩的惡少；用平和的話來說，是調皮搗蛋的頑童。也許，正是因為他個性比較直率莽撞，年紀又最小，才得到了始皇帝格外的喜愛？

(3)胡亥沒有政治野心

前面我們講過，始皇帝突然死於巡遊途中，趙高策畫沙丘之謀，勸誘胡亥銷毀始皇帝的遺詔，取代扶蘇，搶班奪權。這件事情，一開始被胡亥一口回絕。胡亥說：「父皇的安排是當然的事情。明君知悉臣下，明父知悉兒子。父皇去世，不言封賞諸子，我作為兒子沒有多話的餘地。」可謂乾脆利落，毫無戀念政治權力的思緒。

胡亥沒有政治野心的特點，在他做了皇帝以後仍然沒有改變。他即位以後，多次顯露出生命苦短、及時行樂的心理傾向，他曾經感嘆說過：「人生在世，宛若乘坐六馬快車馳過缺隙，轉瞬即逝。」他說這句話的時候，方才二十歲。一個二十歲的青年，為什麼產生如此超前的人生遲暮感，實在是一個發人深思的事情。我曾經在《秦崩：從秦始皇到劉邦》中解釋這件事情說，多年來，胡亥目睹父親一生汲汲於政務，宛若堯王禹帝般勞苦，而當天下偉業大成時，卻面臨病痛的折磨，苦於生命的短暫，到處尋藥求仙，苦苦期求得不到解脫，終於違願逆情，突然撒手葬身於黑暗冷澈的地下。正是這種貼近父親一生真相而早早地生出生命苦短的強烈感受，影響了胡亥的人生觀。

胡亥的人生觀，是追求人生的享受，滿足自然生命的快樂，與政治權力和政治功業完全無緣。也許正是出於這種人生觀，相對於父親輝煌偉大的政績而言，胡亥更多地關注的是父親的生命和健康。他的這種關注，出於他的真情本性，直率而不加掩飾。想來，胡亥的這些特點，對於陷身政治漩渦中心的始皇帝來說，是一種難得的撫慰，或許最能使始皇帝感受到父子間的真情，從而對胡亥生出格外的憐愛來？

7 指鹿為馬的人性解讀

胡亥對始皇帝的愛戴和信賴，近於盲目，也成了他生存的依賴。始皇帝死後，胡亥將對始皇帝的愛戴和信賴，移情轉移到了老師趙高身上，最終釀成了身死國亡的悲劇。胡亥人性中的這樁隱情，隱藏在一個有名的故事當中，這個故事，就是指鹿為馬。

指鹿為馬的故事，見於《史記・秦始皇本紀》。故事大概如下：二世皇帝時，丞相趙高想篡位，怕群臣不服，設法預先測試一下。他把一隻鹿獻給二世說：「這是馬。」二世忍不住笑了說：「丞相搞錯了吧？把鹿說成了馬。」他當即問左右的臣下們，臣下們或者沉默，或者說是馬，也有說是鹿的。事後，趙高網羅罪名，將說是鹿的人一一處治。從此以後，群臣都畏懼趙高。

指鹿為馬，已經成為漢語的常用成語，比喻顛倒黑白，混淆是非。這個故事，也廣為流傳到海外，日語中說傻瓜為「馬鹿」，辭源就在這裡。中文以指鹿為馬比喻顛倒黑白，著眼點在於趙高，是基於趙高的行為生出的意義。日語以「馬鹿」比喻傻瓜，著眼點在二世，是基於二世的行為生出的意義。這件事情，作為故事來聽，非常有趣，傻瓜加騙子，一個願打，一個願挨。作為歷史來看，非常離奇，難以令人相信真會發生這樣的事情。那麼，這個歷史故事究竟可信不可信呢？

我的回答是，這個歷史故事，是一個有特殊背景的歷史故事。這個特殊的背景，就是胡亥與趙高之間的特殊關係。胡亥與趙高之間究竟有什麼特殊關係呢？在解答這個問題之前，我想先請大家注意這樣一個問題，趙高為什麼敢在二世面前如此顛倒黑白，二世又為什麼在趙高面前如同瞎了眼的傻瓜？

胡亥這個人，不善言辭，不喜歡交往，做事無城府而有些莽撞。他一生有一個最大的特點，就是對信任的人依賴極深，幾乎到了盲信的地步。秦始皇在世時，他對秦始皇就是這樣，這就是秦始皇之所以格外寵愛他的原因之一。胡亥的這個特點，在始皇帝去世以後，非常明顯地轉移到他與老師趙高的關係上來。

趙高是始皇帝親自為胡亥選定的老師。始皇帝之所以選中他，首先是出於對他的信任，再就是看重他出類拔萃的才能。趙高早年以優異的成績進入秦宮擔任尚書卒史，相當於秦王的祕書，長期在秦王嬴政身邊從事機要工作，後來被嬴政提拔為中車府令兼行璽符令事，就是秦王的御前車馬班長兼管秦王的璽印，可謂是得到嬴政絕對信任的心腹內臣。趙高曾經犯有大罪，蒙毅治以死罪，削其宦籍，秦王嬴政憐惜其才，赦免其罪，官復原職，可見嬴政對趙高的器重。

趙高做了胡亥的老師以後，深得胡亥的信任。始皇帝去世以後，胡亥將對始皇帝的愛戴和信任移情於老師趙高，他以後人生中所有的行動，都是在趙高的指導下進行的，可以說是事事聽從趙高。對於這一點，我們可以舉出七件事例來說明。

①沙丘之謀，二十歲的胡亥之所以上了賊船，偽造遺詔，逼迫長兄扶蘇自殺，是聽了趙高的勸誘。

②即位以後，他之所以誅殺兄弟姊妹，斷絕了人間的親情，也是出於趙高的主意。

③他曾經有意釋放蒙毅，重新起用，在趙高的反對下，他放棄了自己的想法。

④他苦惱生命短暫，想享受人生，知心話只對趙高傾訴，將趙老師視為唯一的密友。

⑤他身居宮中，不見群臣，由趙高充當群臣與自己的聯絡人，將趙老師視為唯一的代理人。

⑥當趙高干政日甚，李斯和老臣們上書請求罷免趙高時，胡亥完全不能接受，他在給李斯的覆信中，極力為趙高辯護說：「你們說趙高有擅權生變的危險，這句話從何談起！趙高是仕宦於宮中多年的舊臣，心志不以安穩而鬆懈，不以危難而變易，行為廉潔，處事幹練，憑藉自身的努力，以忠誠上進升遷，以信義稱職守位。朕甚為看重他，而丞相甚為懷疑他，究竟為何如此？」

在表示了自己對趙高的信任以後，胡亥用幾乎近於哀求的語調請求李斯等大臣不要對趙高多疑，他說：「朕年少時痛失先人，人事上識知甚少，行事上不習治理，丞相年老，來日不多，不知何日撒手人世，朕不屬依趙君，還有誰人可以托靠？趙君為人，精廉強力，下知世事人情，上能尊君適朕，丞相不要多疑。」他把趙高視為始皇帝死後的唯一依靠，幾乎賦予了兒子對父親的信賴。

正是出於這種信賴，當李斯等老臣堅持清除趙高、勸諫休養息民時，二世選擇了站在趙高一邊，他將消息通報給趙高，下令將以李斯為首的老臣們逮捕下獄，交由趙高審理處置。趙高羅織罪名，將李斯屈打成招，趙高將結果報告二世時，二世高興地說：「如果沒有趙老師，我幾乎被丞相出賣了。」

⑦陳勝吳廣起兵，天下大亂，鉅鹿之戰，秦軍主力被項羽消滅，劉邦軍逼近關中。趙高見大勢已去，發動政變，命令弟弟郎中令趙成（宮廷警衛大臣）和女婿咸陽令閻樂（首都咸陽市長）領軍攻入望夷宮中，逼迫二世自殺。臨死之前，二世與閻樂之間有一段對話，最可以看出二世與趙高的關係。

二世說：「能否見丞相一面？」閻樂回答說：「不可以。」

二世說：「希望得到一郡之地為王。」閻樂仍然回答不可以。

二世又說：「請求得到一萬戶的封地為侯。」又被拒絕。

二世尚存一線希望說：「願意與妻子一道做庶人百姓，待遇比況諸位公子。」

閻樂無意再聽下去，說道：「臣下接受丞相的命令，為天下誅除足下。無論足下如何多說，臣下也不敢答應。」於是閻樂指揮部下逼近二世，迫使二世自殺。

俗話說，死前吐真言。二世一生，看重的是個人生命；死前，他最強烈的願望就是活下去。二世一生，信任的是老師趙高，死前，他的第一個願望，就是見趙高一面。他知道發動政變、逼迫自己自殺的人就是趙高，竟然無怨無恨，只求見一面，他對趙高的依賴，至死也沒有改變。

我每讀史書到這裡，總感到驚奇。胡亥與趙高的關係，上朝是君臣，下朝是師生，私下裡是親友，情結上宛若父子。胡亥對趙高的信賴，幾乎是不可動搖的事情。在這種絕對的信賴中，胡亥已經變成了盲目的傻子，不但失去了政治上的判斷力，甚至失去了常識上的判斷力。如果我們明瞭這種歷史和心理的背景，指鹿為馬的故事大概就可以得到理解了，胡亥為什麼會得到始皇帝格外寵愛的原因，也可以得到進一步的了解。

不過，始皇帝之所以格外寵愛胡亥，可能還有一個原因，這個原因是什麼呢？我認為，可能與他的母親有關。

8　胡亥的母親是誰？

不管是從歷史上看，還是從現實中看，如同始皇帝這樣的權勢高位者寵愛幼子，常常還有一個重大的理由，就是在眾多的妻妾中，幼子的母親往往是年輕貌美，最得老夫歡心。妻是新人美，嬌妻幼子好，愛屋及烏的人情，古往今來如此。關於胡亥的母親，史書上完全沒有隻言片語提到，這是非常奇怪的一件事情，不得不要多說幾句。

在古代中國，特別是秦漢體制的政治格局中，王后或者皇后往往比較低調，對政治干預較少。待到夫君過世，兒子做了皇上，自己做了太后以後，不但備受尊崇，高調出頭，往往權高位重，積極干政。特別是在兒子年幼即位的時候，太后常常成了施政的中心，太后的親屬們也形成一大政治集團，這就是我們不時耳聞的母后干政和外戚擅權。母后干政和外戚擅權，是世襲王政體制下的制度性產物。

秦國歷史上，始皇帝的高祖母宣太后、養祖母華陽太后、母親帝太后都曾經擅權一時。二世皇帝的母親，在胡亥即位以前沒沒無聞，這可以理解，然而，二世即位以後，也沒有聽說過有關她的任何活動，她的名字也完全不見於任何記載，這就不但奇怪，而且異常了。

我常常說，古史的記載，只有萬分之零點零零一，九千九百九十九點九九九都沒有記載，都是空白。在如此巨大的空白中，我們往往需要做合理的推想，盡可能地樹立一些識別性的標竿，既提示可能的方向和背景，也留待新的研究和發現來證實、填補、修正和證偽。對於胡亥的母親，我們不妨由此做一點合理的推想。

我們前面講過，胡亥絕對信賴趙高，他收到以李斯為首的老臣請求清除趙高的上書後，曾經回信請求老臣們不要懷疑和加害老師趙高。胡亥在回信中把趙高視為始皇帝死後自己唯一的依靠，賦予了兒子對父親的信賴。這封信見於《史記・李斯列傳》，原話是這樣的：「朕少失先人，無所識知，不習治民，而君又老，恐與天下絕矣。朕非屬趙君，當誰任哉？」

在這裡，胡亥提到自己「少失先人」。胡亥所說的「少失先人」，首先應當理解為父親始皇帝的過世；不過，胡亥「少失先人」，也可能包括他的母親更早就已經過世。如果他的母親還健在的話，應當成為太后，母系一族，也應當為他提供支援和援助，不至於除了老師趙高外，幾乎是舉目無親，流露出如此巨大的孤獨感。也許，正是因為胡亥的母親在始皇帝去世以前就已經早早過世，所以，始皇帝愛屋及烏，將對早逝嬌妻的愛憐轉移到胡亥身上。也正是因為如此，歷史上沒有留下她參與政治的紀錄。

愛屋及烏的秦始皇，特意為胡亥選定了老師趙高。秦始皇之所以選定趙高，當然是看重他出類拔萃的能力，趙高是第一流的書法家和法律專家，也是車技高強的武士和幹練的能吏。另一方面，趙高是趙國人，出身於趙國的王族，他的趙國出身，可能也是秦始皇選他做胡亥老師的原因之一。為什麼這樣說呢？

戰國時代，各國語言文化差異較大，同一國家出生的人之間，交流更為方便。比如始皇帝的母親是趙國人，呂不韋為他找的面首嫪毐也是趙國人。秦始皇選用趙國出身的趙高作為胡亥的老師，或許是因為胡亥從小熟悉趙國的語言文化，選用趙國出身的趙高更為方便？

胡亥生於秦王政十八年，當時，他的祖母帝太后趙姬還在（十九年去世），趙姬是趙國人，這可能是胡亥與趙國關係密切的因素之一。不過，在胡亥與趙姬之間還有一位人物，這就是胡亥的母親。**胡亥的母親，或許出身於趙國？她的趙國出身，正可以將趙姬、胡亥、趙高等趙國元素連接起來，**為撲朔迷離的歷史提供一種可能的解釋。

追蹤疑案到了這裡，我們對於秦始皇為什麼格外寵愛胡亥，為什麼考慮選取他為繼承人的問題，有了大致的了解，對於誰是胡亥母親的問題，雖然也可以說是樹立起了幾個識別性的標竿，然而，詳細的真相，仍然深藏在歷史的汪洋大海中，無法找到可以引導我們繼續深入下去的線索。對於破解誰是秦始皇的皇后、秦始皇的後宮究竟是些什麼人的疑案，我們剩下的最後線索，就是長子扶蘇了，我們將繼續追查下去。

秦始皇的後宮謎團（下）

二　扶蘇與他的母親

1　秦始皇為什麼不立太子？

在秦始皇的多位兒子當中，長子扶蘇，能力最強，聲望最高，也最為秦始皇所看重，是帝國裡裡外外、上上下下看好的接班人。然而，令人不可思議的是，秦始皇始終沒有正式冊立他為太子，由此導致幼子胡亥篡位，種下了亡秦的禍根。這件事，成為秦始皇迷霧重重的生涯中，又一樁難解的祕密。

秦國的王位繼承制度，很早就已經確立。在位的秦王，正式冊立王太子，王太子的繼承人，也預先確立。秦王去世，太子繼承，太子繼承人成為王太子，一切按部就班，井然有序，在制度上保證了秦國政權的長期穩定。以我們講過的秦始皇曾祖父秦昭王為例，他還在位時，秦始皇的祖父安國君嬴柱就被冊立為太子，同時，秦始皇的父親嬴異被確立為王太子繼承人。秦昭王去世，安國君嬴柱即位，嬴柱去世，嬴異即位，嬴異去世，嬴政即位。儘管有種種不測和意外，比如安國君即位三天就死去，嬴異在位也只有三年時間，但都沒有出現繼承人的紛爭。由此我們可以說，秦始皇沒有立太子一事，不但在政治上留下巨大的隱患，也是一樁不合秦國制度的事情，不能不說是異常。

異常的事情，往往有之所以異常的原因。這個異常的原因，需要到當時當地的環境和人物中尋找線索。要找這個線索，首先得從扶蘇入手，因為他是距離皇太子位置最近的人。請大家不要忘了，扶蘇是皇長子，他的母親也可能是距離始皇后最近的人，我們期待著一箭雙鵰。

按照我們的慣例，著手調查某人之前，我首先為大家提供有關該人的個人資料。左邊的這份關於扶蘇的資料，請大家過目。

扶蘇履歷表

姓名	扶蘇
性別	男
父親	秦始皇嬴政
母親	？
身分	皇長子
職業	上郡北部軍監軍
死亡	秦始皇三十七年

扶蘇第一次在史書上出現，是在秦始皇三十五年（前二一二）。這一年，始皇帝四十八歲，扶蘇大概不到三十歲。扶蘇的出現，與一樁著名的歷史事件相關，這就是所謂的坑儒事件。請大家注意我的用語，「所謂的坑儒」。「所謂的」，就是被說成是這樣子的。我之所以用「所謂的」這個詞，是想要指出所謂的坑儒事件，與歷史事實之間是不一樣的。為什麼這樣說呢？

2 「坑儒」事件的始末

晚年的秦始皇，因為懼怕死亡，他的主要心思，都放在追求長生不老上。在古代中國，修煉長生不老之術，提煉仙丹仙藥的人，被稱為方士。他們是古代的氣功師，也是古代的化學家，在思想流派上與道家息息相關。

秦始皇二十八年，秦始皇第二次巡遊天下，抵達琅邪台（今山東膠南）。琅邪台的碧波藍天，奇山妙境，使第一次見到大海的秦始皇大為興奮。他在琅邪台整整住了三個月，快活得不想離開。他在琅邪刻石記功，修築別館，移民三萬戶來這裡定居，減免他們的賦稅，相當於將琅邪台作為自己的湯沐地，新建了一座供自己休養的城市。

在琅邪台，秦始皇第一次見到了方士徐福。徐福告訴秦始皇說，茫茫大海中有三座神山，一座叫

琅邪台秦始皇與徐福雕塑（李開元攝）

做蓬萊，一座叫做方丈，一座叫做瀛洲，神山上有仙人居住，仙人們採食著不老的仙藥，過著天長地久、無憂無慮、無病無苦的極樂生活。秦始皇大為心動，接受徐福的建議，遣派童男童女數千人，隨同徐福一道入海求仙。秦代方士的興盛，由此開了頭。

從此以後，迎合秦始皇的喜好，大量的方士被召集到咸陽來，在秦始皇的身邊進進出出，數量有三百人以上。侯生和盧生是有名的方士，他們受秦始皇禮遇厚賞，四處為秦始皇尋求不老仙藥。

仙藥哪裡找得到？找不到仙藥的理由卻找得到。找不到仙藥的盧生等人對秦始皇說：「我們為陛下尋找靈芝、仙藥和仙人，經常遇不到碰不上，看來是有惡鬼在從中阻攔。為了避開惡鬼，請陛下外出時祕密行蹤。行蹤祕密以後，惡鬼消失，真人才能到來。神靈的真人，入水不濕身，入火不感熱，高居於雲氣之上，與天地共長久；要求仙藥，首先就要與真人相通。如今陛下治理天下，未能恬淡隱逸，自然不能通於真人。所以，希望陛下不要將停留的宮室居所讓人知道，只有這樣，真人才會出現，不死之藥才有可能得到。」

秦始皇求藥心切，真信進去了。他宣布說，我仰慕真人，從此以後，我就自稱「真人」，不再稱「朕」了。「朕」是皇帝專用的自稱，是秦始皇統一天下以後制定的法定稱謂。「真人」，是道家方士對仙人的稱謂。秦始皇廢「朕」稱「真人」的事情，打個比喻說，正如在任的克林頓放棄總統的稱號，自稱搖滾樂手一般，執迷而近於荒唐。在秦始皇晚年的心境裡，生命比權力更緊要，神仙比皇帝更迷人，他的行蹤，從此成為絕密，有敢洩漏者，以死罪論處。

秦始皇是嚴厲認真的人，他按你盧生的話辦了，你盧生的話可信不可信，真人來不來得了，仙藥找不找得到，就得拿話來說，要你兌現了。秦是法制國家，重視實踐實效，對待奇物方士，「不得兼方，不驗，輒死」。該法規定，凡有方術特技，不得模稜兩可，經檢驗不靈驗者，以死罪論處。盧生等一幫方士們，實在是有些玩兒不轉了，於是串通起來，一起大逃亡。秦始皇大怒，將此案交由御史台追究刑事責任。在追查審訊的過程中，在咸陽的各種方士奇技者、部分言論文學者都被牽連進去，最後的結果，判定其中四百六十餘人有罪，被活埋於咸陽東郊。

這件事情，就是歷史上有名的「坑儒」事件的來龍去脈。

坑儒谷

3 黃牌警告

坑儒這件事，最早見於《史記》。兩千年來，我們相信這件事情，把這件事情看成暴君秦始皇的標誌性罪行之一。在調查秦始皇疑案的過程中，沒有發現秦始皇反儒的確切證據。在追查扶蘇的案件時深入到坑儒事件當中，經過仔細的查閱尋訪，嚴密的追蹤考察以後，歷史偵探獲得充分的證據斷定，坑儒是一樁偽造的歷史，一樁一而再，再而三的三重偽造的歷史。

簡單說來，秦始皇坑方士這件事情，本身就是編造的故事，是西漢初年的方士們編造的，為的是將自己打扮成暴政的受害者，便於自我吹噓，遊說權貴以博取祿利。西漢中期，司馬遷編撰《史記》的時候，為了警告慫恿漢武帝求仙求藥的方士，不小心將這個不可信的故事寫進了書中。到了東漢初年，儒家的經師們為儒學的國教化製造輿論，為了將儒家的經典抬舉為聖經，將儒生們塑造為殉教的聖徒，他們將秦始皇坑方士的故事改造成秦始皇坑儒的故事，在得到官方的認可後，從此作為「歷史」一直流傳下來。這樁歷史疑案，隱密曲折，已經超出了本案的追查範圍，我把它的來龍去脈，以附錄的形式放在書末，有興趣的讀者可以另外翻閱。

不過，在坑方士這個可疑的歷史故事中，我們可以了解到一個比較可信的史實，扶蘇對秦始皇信方士、追求長生不老的做法有不同的看法，也可能對秦始皇過於急切的施政表示擔心，曾經站出來勸諫秦始皇。這個時候的秦始皇，大概是因為服用了方士們進獻的仙藥，又修煉神奇的方術的緣故，性格變得暴躁，他當即大怒，發落扶蘇出京，到上郡（今陝西榆林南部一帶）蒙恬所統領的北部軍中出任監軍。

始皇帝貶斥扶蘇出京，毫無疑問是對扶蘇的懲罰和警告，相當於亮了黃牌。不過，黃牌不是紅牌，貶斥出京並不等於廢黜。這件事情，只是一個信號，顯示了始皇帝在繼承人問題上出現了猶豫和搖擺，表示他還想繼續觀望和考察。我們為什麼這樣說呢？至少可以舉出兩個理由。

第一，上郡地區的重要性。上郡在陝西省北部，包括現在的延安、榆林以北地區，緊鄰秦帝國的首都內史地區，是秦帝國北部軍的總部所在地。秦帝國的北部軍，是大將蒙恬所統領的三十萬精銳部隊。這支軍隊，在蒙恬的統領下，擊敗匈奴，占領河套地區，修築連接長城，在秦帝國的北部構築起堅固的防線。北部軍的任務，首先是防禦匈奴，警戒匈奴的騎兵軍團南下入侵。同時，北部軍的總部設在上郡，上郡是首都的北部防區，所以，北部軍又是拱衛首都的周邊部隊，相當於今天的北京軍區。北部軍統帥蒙恬兼任首都地區的最高軍政長官——內史，完全掌控著首都和北部的軍政大權，其地位之重要，非同尋常。始皇帝將扶蘇派到這裡來做監軍，不能不說是怒中有愛，貶斥中有重用。

第二，扶蘇到上郡以後形成的局勢。扶蘇善於取信於人，也善於與人相處，他到上郡出任監軍以後，與大將蒙恬共事，關係融洽，合作得非常和諧。蒙恬的弟弟蒙毅受寵於始皇帝，多年以來，一直在始皇帝的身邊擔當樞要重職，我推測可能是出任郎中令，相當於宮廷內衛大臣。扶蘇是皇長

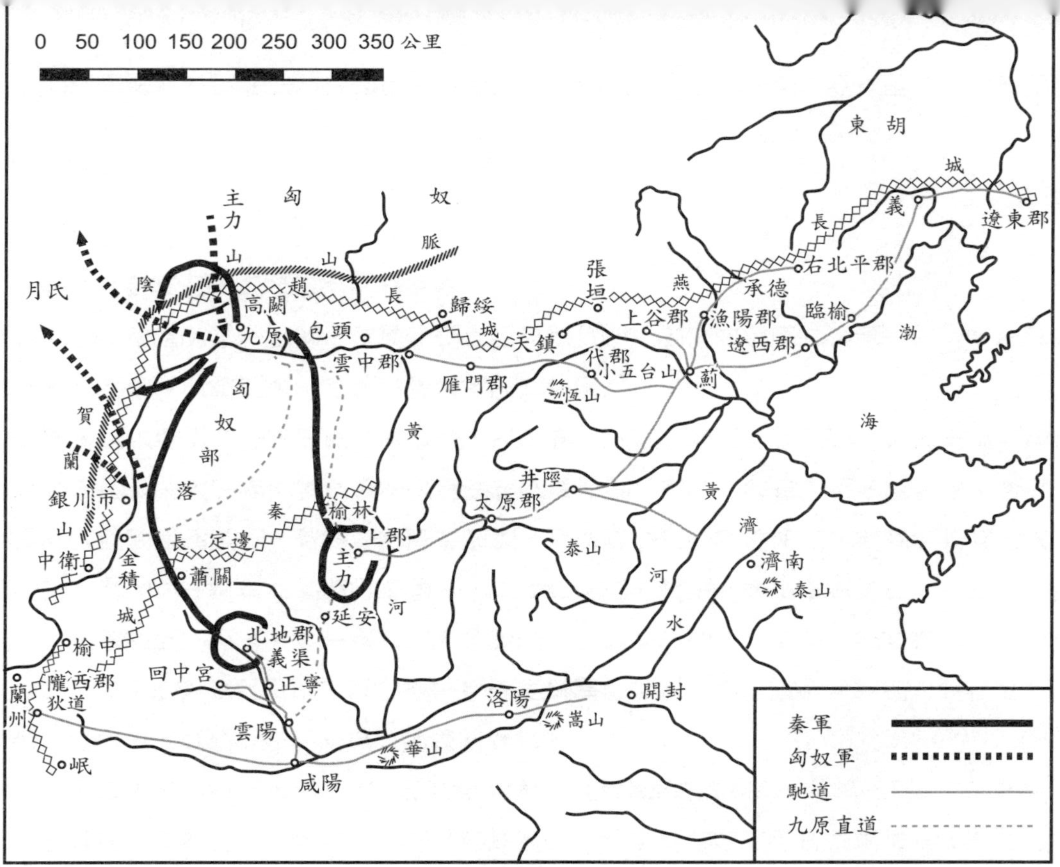
0 50 100 150 200 250 300 350 公里
匈奴
主力
陰山
月氏
賀蘭山
銀川市
中衛
金積
高闕
九原
包頭
雲中郡
匈奴部落
秦長城
定邊
榆林
上郡
主力
蕭關
延安
北地郡
義渠
回中宮
正寧
雲陽
咸陽
榆中
隴西郡
蘭州
狄道
岷
趙長城
歸綏
天鎮
張垣
燕
上谷郡
代郡
小五台山
雁門郡
恒山
薊
漁陽郡
承德
右北平郡
臨榆
遼西郡
東胡
長城
義
遼東郡
渤
海
黃河
井陘
太原郡
泰山
黃河
濟水
濟南
泰山
洛陽
嵩山
華山
開封
秦軍
匈奴軍
馳道
九原直道

蒙恬北逐匈奴經過圖

子，眾望所歸的皇位繼承人；蒙恬是帝國北部軍統帥，兼任首都地區的軍政長官；蒙毅是內廷中樞政要，始皇帝最親信的侍從大臣。扶蘇與蒙恬共事，內有蒙毅的支持，皇長子與蒙氏兄弟在政治上攜手聯盟，事實上成為始皇帝之下最大的政治勢力。

我在整理這一段歷史的時候，感到晚年的秦始皇雖然暴躁，卻不糊塗。從他一生的為人行事來看，他是一個決斷敢行的人，為了最大目標的實現，不惜承擔巨大的風險。他性格鮮明，處理事情果斷而急切，怒氣之下常常有過激的舉動，一旦省悟又馬上更正，毫不優柔寡斷，也不拖泥帶水。唯有在繼承人問題的處理上，秦始皇的所作所為，處處顯示出矛盾和徬徨。他貶斥扶蘇出京，當然是明確的政治態度，表示他有意對繼承人問題做重新考慮，表示了警告性的懲罰意圖。然而，出京不遠到上郡，讓扶蘇就近掌控了秦帝國最重大的軍權，又是一種溫存的布局，事實上為扶蘇造成一種實力繼承的態勢。看得出來，始皇帝猶豫於兩可之間。

晚年的始皇帝偏愛幼子胡亥，曾經考慮立胡亥為太子，他猶豫於兩可之間——立長子還是立幼子？始皇帝將如何做出自己最後的決定呢？

4 召回扶蘇

三十七年，秦始皇開始第五次巡遊天下。這次巡遊，始皇帝帶上幼子胡亥同行。在當時的形勢下，始皇帝的這項舉動，無疑有明顯的政治意圖，這個政治意圖，就是向百官和天下顯示可能立胡亥為繼承人。這可以說是公開的意圖。

始皇帝這次巡遊，還有另一個意圖，這個意圖是比較隱蔽的。那麼，這個隱蔽的意圖是什麼呢？我們知道，始皇帝第五次巡遊天下，從三十七年十月開始，持續了整整十個月之久。在這十個月裡，秦帝國的大臣們分成兩套班子，以右丞相馮去疾為首的一幫大臣留守首都咸陽，以左丞相李斯為首的另一幫大臣隨同出行，政府的種種政務，主要在行旅途中處理。這種安排的結果，就是將帝國的政治中樞轉移到車馬行宮中，在這種安排之下，始皇帝將胡亥帶在身邊，也是有意要在巡遊途中對他做實實在在的考察，考察他是否能夠勝任未來皇帝的重任。那麼，這次考察的結果如何呢？一句話，不合格。這個不合格的結論，是始皇帝經過十個月的考察後，在生命的最後一刻做出來的。這個不合格的結論在哪裡呢？就在始皇帝臨終留下的遺詔當中。下面，我們就來考察臨終的始皇帝與這份遺詔。

三十七年七月，巡遊天下的始皇帝在之罘（今山東煙臺）乘船射殺了大魚以後，沿海西行，踏上了歸返咸陽的回程。車駕一行抵達平原津（今山東平原境內），始皇帝突然染病。卜卦的結果，有北方的山鬼作祟。始皇帝緊急派遣心腹大臣蒙毅前往代縣（今河北蔚縣）一帶，代替自己去祭祀名山大神，祈求消災除病。

車駕渡過黃河抵達沙丘平台（今河北廣宗境內）時，始皇帝病情急遽惡化，不得不停駐下來。

始皇帝預感不祥，緊急在病榻前口授遺詔，安排後事。這就是歷史上有名的始皇帝遺詔，又是一樁聚訟紛紜的歷史疑案。這件事，《史記・秦始皇本紀》是這樣記載的：

至平原津而病。始皇惡言死，群臣莫敢言死事。上病益甚，乃為璽書賜公子扶蘇曰：「與喪會咸陽而葬。」

這就是古代史記載的問題，關係帝國命運的如此大事，寥寥數語，而且語焉不詳。這封後來被稱為遺詔的「賜公子扶蘇璽書」，竟然只有七個字「與喪會咸陽而葬」。從上面這段紀事的字面上，我們只知道始皇帝身前厭惡談死，也沒有人敢在他面前談有關死的事情。他一直懷著不死的期望，不懈地與死神搏鬥，他對身後的事情，長期沒有明確的交代。不過，在生命的最後時刻，他終於認輸，向死神低頭，不得不承認自己的死期來臨。他從不死的幻想中省悟過來，決定安排自己的後事。他將後事託付給長子扶蘇，詔令扶蘇從上郡回到咸陽，主持喪葬等一切事宜。

始皇帝口授遺詔時，幼子胡亥是唯一在身邊的兒子，也是他有意立為繼承人的愛子。然而，事到臨頭，在最後的決定關頭，他並沒有將後事交代給近在身邊的胡亥，而是交代給了遠在上郡的扶蘇。對於這件捨近求遠的事情，我們只能做這樣的解釋：經過十個月的親自考察，始皇帝最終認為胡亥不適合做自己的繼承人，他從扶蘇搖擺到胡亥的心，又從胡亥擺回到了扶蘇。

始皇帝口授遺詔時，在場有三位重要人物：胡亥、李斯和趙高。胡亥本來是沒有政治能力也沒有政治野心的年輕人，他坦然接受父親的決定，沒有多餘的遐想。但是，胡亥的老師趙高卻另有想法。當時，趙高的官職是中車府令兼行璽符令事，始皇帝的遺詔筆錄下來以後，要由他加蓋皇帝璽印，封口送出。他扣留了遺詔，說動胡亥和丞相李斯，銷毀了遺詔的原本，另外偽造了一份新的遺詔，詔令長子扶蘇自殺，立幼子胡亥為繼承人。這件事，史稱「沙丘之謀」。

沙丘之謀的關鍵，是遺詔問題。始皇帝臨終之前真的留有遺詔嗎？這個遺詔究竟寫了些什麼內容？這個遺詔真的先被趙高扣留，後來被掉包了嗎？

這個有關始皇帝遺詔的問題，千百年來，不斷地被提起，也不斷地被質疑。實際上，不僅限於始皇帝的遺詔，在整個中國歷史上，遺詔就是一個不斷地出現而又始終說不清的複雜問題。為什麼這樣說呢？所謂遺詔，因為是先帝的臨終之言，留言人已經死去，死無對證；接受遺詔的人，往往只有先帝臨終前圍繞在病榻邊的寥寥數人，他們都是深深捲入政治漩渦中心的樞要人物，當然會根據自己的利益處置先帝遺留的種種問題，也包括所謂的遺詔問題。那麼，這些人將如何處理遺詔問題呢？

從歷代的事例來看，所謂遺詔問題，大體有三種情況：一，本無遺詔，後來出現的所謂遺詔，是由處理臨終事宜的人，根據自己的意願製作出來的。據我們現在所知，明代的遺詔大多是如此。二，本有遺詔，遺詔的內容也符合處理臨終事宜的人的利益，於是遺詔被宣揚，被執行。漢武帝死前託付幼子與霍光等人的事情，應當屬於這一類。三，本有遺詔，但是，其內容不合於處理臨終事宜的人的利益，於是遺詔被銷毀隱瞞，再偽造出一個新的來。那麼，始皇帝的遺詔問題，究竟應當屬哪一類呢？我們不妨根據上述三種情況來做一個判斷。

看來，秦始皇的遺詔問題屬於第三類。《史記》的處理是比較合於史事和情理的。突然死亡的始皇帝臨終前匆匆留言，將後事託付與長子扶蘇，由於筆錄下來的遺言已經被銷毀，所以只留下一句意向性的證言：「與喪會咸陽而葬。」

與，參與。喪，喪禮。會，會合。扶蘇是長子，他參與喪事就是主持喪葬儀式。秦始皇死在鉅鹿郡沙丘，遺體將運回咸陽，扶蘇在上郡，所以召回他到咸陽，與靈柩會合，為父親送終。

這句意向性的證言究竟是誰留下的，我們已經無法知道了。不過，始皇帝賜書扶蘇的重大政治意義，當事人之一的趙高曾經做過一個比較明確的解釋，這個解釋見於《史記・李斯列傳》，文中敘述趙高扣留了始皇帝的遺詔以後，直接來見胡亥說：「上崩，無詔封王諸子而獨賜長子書。長子至，即立為皇帝，而子無尺寸之地，為之柰（奈）何？」

這句話說：「皇上過世，沒有詔書封賜諸位王子，只有一封書信單獨賜予長子扶蘇，長子扶蘇到了咸陽以後，當即立為皇帝，而公子您則連尺寸的封土都沒有，如此一來您怎麼辦？」趙高所說的「賜長子書」就是被銷毀的遺詔，內容儘管不清，扶蘇將由此即位成為皇帝的事情卻是明白無誤的。

5 一招險棋

通觀古往今來有關遺詔的種種事情，可以用一句話來加以總結：所謂的遺詔問題，都是活人借死人的口說話，體現的都是活人的利益。死人說得好，活人接著說；死人沒有說，活人代他說；死人說得不好，活人修改重新說。

歷史上遺詔的真偽，因為活人利益的介入，大多難以鑑別，我們也不必在這個問題上花費過多的精力。不過，也正是因為活人利益的介入，先帝死後將會出現什麼樣的遺詔，卻是可以預測得到的，它一定符合臨終前圍繞在病榻周圍的人的利益。換句話說，在歷史學看來，遺詔的真偽固然重要，更重要的是在歷史上真正發揮了作用的遺詔。在秦末的歷史上，在歷史上真正發揮了作用的遺詔，是趙高等人製作的遺詔，這份遺詔導致了長子扶蘇自殺，幼子胡亥即位，最終釀下了秦帝國突然崩潰的禍根。

那麼，趙高等人究竟製造了什麼樣的遺詔，長子扶蘇為什麼會因此而自殺呢？這又牽涉到秦末歷史上種種難解的謎團。

趙高和李斯等人製造的遺詔，《史記・李斯列傳》有比較詳細的記載。這段記載說，胡亥、趙高、李斯等人經過商量以後，詐稱丞相李斯接受了始皇帝的遺詔，立胡亥為太子繼承皇帝大位，另外製作了一份賜予長子扶蘇的信。這封信的主要內容如下：「朕巡遊天下，禱祀名山眾神，以求延年益壽。令扶蘇與將軍蒙恬領軍數十萬屯駐邊疆，十餘年間，不能進取向前，士卒損耗甚大，尺寸之功皆無。不僅如此，反而多次上書誹謗朕之所作所為，因為不能回歸京城成為太子，日夜怨望不已。扶蘇身為人子不孝，賜劍自裁。將軍蒙恬在外輔佐扶蘇，知其心思謀怨而不能匡正，為人臣不忠，賜死。屬下軍隊，交由副將王離統領。」

這份書信用封泥封緘並加蓋皇帝璽印後，由李斯手下的親信舍人和胡亥手下的門客共同持送上郡。從當時的形勢看，李斯、趙高等人製造遺詔，送這封書信到上郡去，實在是一招險棋。

之所以這樣說，有兩個理由。第一個理由是實力上的。扶蘇與蒙恬在上郡，統領著帝國北部軍三十萬精銳部隊，控制著首都咸陽的北部周邊防區。他們如果懷疑遺詔的真偽，拒絕接受的話，胡亥、趙高和李斯是沒有實力可以同扶蘇和蒙恬對抗的。

第二個理由是時間上的。如果扶蘇和蒙恬懷疑遺詔的真偽，請求再次覆核的話，胡亥、趙高和李斯將無法繼續隱瞞秦始皇已經過世的消息。

關於第二點，我要特別提到蒙恬的弟弟蒙毅。蒙毅是秦始皇最信任的內衛大臣。史書上說：秦始皇「親近蒙毅，位至上卿，出則參乘，入則御前」。秦始皇外出時，蒙毅同車侍候，秦始皇在朝內處理政務時，蒙毅在御前侍候，他是從來不離秦始皇左右的心腹。秦始皇第五次巡遊天下，蒙毅是一直跟隨在身邊的。不過，秦始皇在平原津染病，占卜打卦，以為是有惡鬼作祟，臨時派遣蒙毅到代縣一帶，代替自己向山川之神祈禱。因此，秦始皇在沙丘平台突然死去時，蒙毅恰巧不在身邊，這就給趙高留下了千載難逢的機會。

請大家一起來聯想一下當時的形勢，蒙毅臨時外出祈禱，一旦祈禱完畢將回來向秦始皇覆命。以路途距離而論，從沙丘到代郡近，從沙丘到上郡遠。如果身在上郡的扶蘇和蒙恬對遺詔產生懷疑，請求覆核皇帝書信的話，使者一來一去之間，蒙毅就可能祈禱完畢歸來。蒙毅一旦歸來，秦始皇已經死去的事情就將無法隱瞞。也就是說，時間每拖延一天，偽造遺詔的事情被暴露的危險就增大一點。

那麼，扶蘇和蒙恬接到遺詔後做何反應，蒙毅能否及時歸來呢？而趙高等人又能否確保始皇帝已經死去的消息不被洩漏呢？

6 不可理喻的自殺

始皇帝突然死去，在場的只有胡亥、李斯、趙高和在始皇帝身邊服務的數名宦者。胡亥、趙高和李斯結盟定約，送走了送信的使者以後，嚴密封鎖始皇帝已經去世的消息，將始皇帝的屍體置於通風良好的轀輬車中，由始皇帝的近幸宦者駕馭，定時奉獻飲食，讓百官如同往常一樣請示奏事。飲食的攝取，政事的處理，都由隱藏在車中的宦者祕密代行，一切完全如同始皇帝在世時一樣。

始皇帝死時，正值夏天，天氣炎熱，遺體極易腐爛發臭。以常情而論，胡亥等人應當急速護送始皇帝遺體從沙丘直接往西去，回到首都咸陽，入土埋葬，也便於安排奪權即位的後事。奇怪的是，他們並沒有這樣做，而是做出了一項出人意料的決定，宣稱始皇帝繼續巡遊，北上視察帝國北部邊防。

始皇帝死在沙丘，沙丘在秦的鉅鹿郡南部，地方在今天的河北省廣宗縣。繼續巡幸的車馬由沙丘出發，往西北方向進入恆山郡（今河北石家莊一帶），由井陘關進入太原郡（今山西太原西南一帶），再由太原郡北上，經過雁門郡（今山西大同西部一帶）進入雲中郡（今內蒙呼和浩特西南一帶），一直往九原郡（今內蒙古包頭一帶）方向西去。

這就是說，胡亥等人大夏天車載始皇帝的屍體，不遠千里，北上繞道環行。途中，當遺體腐爛發臭時，他們命令在轀輬車上裝載百餘斤乾鹹魚，用來擾亂屍體的臭味，避免讓人生疑。看來，胡亥等人不僅煞費苦心隱瞞始皇帝的死訊，而且不想馬上回到咸陽去，他們敢冒如此巨大的政治和道德上的風險，採取這項不可思議的行動，究竟是出於什麼目的呢？

原來，扶蘇與蒙恬統領三十萬北部軍防衛帝國的北疆，九原、雲中、雁門以東一直到遼東，都是北部軍的防區。北部軍司令部設在上郡，李斯的舍人和胡亥的門客攜帶偽造的皇帝詔書已經前往上郡；為了配合詔書的發送，胡亥等人有意製造始皇帝繼續出巡北疆的假象，一方面鎮撫北部軍將士，一方面威懾在上郡的扶蘇和蒙恬，使他們相信詔書沒有任何疑問，皇帝正在前來的途中。

趙高、李斯送走攜帶皇帝書信的使者以後，他們清楚地知道這是一步險棋，在得到上郡方面確實的消息以前，他們不敢回到咸陽，他們擔心詔書被懷疑。而事情的發展，一開始也正如趙高和李斯所擔心的，詔書的真偽被懷疑，被大將蒙恬懷疑。

胡亥和李斯的使者抵達上郡，宣讀了始皇帝的詔令。扶蘇接旨受命，開封讀始皇帝賜書，他當即悲痛落淚，進入內舍準備自殺。這時候，蒙恬站出來勸阻扶蘇說：「陛下在外巡遊，沒有冊立太子，派遣臣下統領三十萬大軍鎮守邊疆，委任公子為監軍，這些都是關係到天下安危、國本穩定的重大決定。眼下有使者攜書前來，要公子和在下馬上自殺，何以知道是真是假？希望公子上書請求覆核，覆核無誤後再遵旨自殺，也為時不晚。」

蒙恬受始皇帝信任重托，是多年統兵在外的大將，憑他對當前政治局勢的了解，對皇帝賜書的真偽有相當的懷疑。當年，魏國公子信陵君竊符救趙，殺大將晉鄙奪軍權，正是使用使者詐稱王命的手段，這是無人不知的事情，可謂是前車之鑑；如今皇帝高齡多病在外，突然有詔書使者來，要皇長子和大將自殺交出兵權，實在蹊蹺。蒙恬的判斷和勸告，合情合理而又明智。然而，我們永遠難以理解的是，扶蘇竟然沒有因蒙恬的勸告而有所省悟，他當即自殺了，留下了一句「父而賜子死，尚安復請」的話。

成敗決定於一念之差，悔恨鑄成於瞬間之誤。對於身處高位、左右國政的人來說，瞬間的選擇，往往決定了歷史的動向。扶蘇自殺事件，是一件深刻影響歷史進程的事件。如果扶蘇不自殺，不管是再請覆核，還是抗命拖延，秦帝國的命運將完全改觀，歷史將轉向另一個方向。

扶蘇自殺的事件，實在是一件讓人難以理解的事件。他在這件事情當中的行動，根本不像一位政治人物在面臨重大政治危機時的正常行動。對於扶蘇不聽蒙恬勸諫自殺的事情，後來有人說他是出於仁孝，也有人批評他過於懦弱，我最初推想他的性格可能過於剛烈自負，遇事不能曲折委婉，認為他不是能夠在政治上周旋馳騁的人物。現在，當我對秦始皇的歷史做了更深入的考察後，覺得事情也許並非如此簡單，在個人性格品德的因素之外，可能還另有不為人知的隱祕，另有更為深沉的歷史背景，隱現在不可理喻的史實後面。這樁歷史的隱祕究竟是什麼呢？

點滴的消息，終於在一年以後透露出來了。

7 扶蘇的復活

扶蘇死後不到一年，陳勝吳廣在大澤鄉發動起義，天下大亂，秦帝國在不到三年時間裡，就崩潰滅亡了。不可思議的是，在陳勝吳廣起義時，扶蘇再一次復活了。

陳勝吳廣起義，不但是導致秦帝國崩潰的大事件，也是中國歷史上第一次大規模的民眾暴動，意義非同尋常。陳勝吳廣在大澤鄉起兵時，有一句響亮的口號：「王侯將相寧有種乎？」這句話，千古傳誦，被歷代史家認為是新的平民社會取代遠古以來貴族社會的標誌，現代的史觀派史家更以這句話作為規範秦末之亂的性質為階級鬥爭的有力依據。

然而，不知道是什麼原因，古往今來的史家們有意無意地忽略了一件重要的史實，陳勝吳廣大澤鄉起兵時，另有一項意義重大的標誌性行動：「詐稱公子扶蘇、項燕」，就是假稱秦國公子扶蘇，楚國大將項燕還在人世，宣稱起義是在他們兩人的領導之下發動的。

這件事，《史記・陳涉世家》是這樣記載的。大澤鄉起兵時，陳涉號令眾戍卒說：「『且壯士不死即已，死即舉大名耳，王侯將相寧有種乎！』徒屬皆曰：『敬受命。』乃詐稱公子扶蘇、項燕，從民欲也。」這段紀事非常清楚，陳勝吳廣起兵時既有「王侯將相寧有種乎」的口號，也順從民望而「詐稱公子扶蘇、項燕」，可以算是同時並舉的另一句口號。

扶蘇是秦始皇的長子，秦帝國皇位的合法繼承人，在皇位爭奪中失敗自殺。項燕呢？他也是一位歷史上赫赫有名的人物。項燕是項羽的祖父，戰國末年楚國的大將。秦始皇二十三年，秦始皇為了統一天下，派遣六十萬大軍進攻楚國。項燕統領楚國軍隊保家衛國，殊死抗擊秦軍，最後兵敗自殺，楚國也由此滅亡。陳勝吳廣起義，是在楚國地區由楚國人民所發動的反秦起義，在他們的口號中同時出現秦國皇長子扶蘇和楚國大將項燕的名字，這就難免使我們感到有些奇怪了。為什麼這樣說呢？有兩個理由。

①以身分地位而論，不管是扶蘇還是項燕，都是第一等的貴族，陳勝吳廣以他們作為起兵的號召，可以說與平民意識和農民革命的性質正好相反，與上述對於「王侯將相寧有種乎」的解釋也完全不合。在當時的歷史和語言環境中，「王侯將相寧有種乎」的意義是哀王孫，痛惜遠古以來的貴

族被暴秦滅絕，如今已經難以找到他們的子孫後代。關於這個問題，我們將來有機會再來細說。

②陳勝吳廣起義的目的，是誅滅秦國，復興楚國。項燕是統領楚軍抗秦的大將，當年就戰敗自殺在大澤鄉所在的蘄縣地區，復楚的起義軍以他的名義號召楚人，是天經地義的事情。然而，扶蘇是秦始皇的長子，是秦帝國皇位的合法繼承人，反秦的起義軍將他的名字與項燕並列以為號召，如果沒有特殊的理由，怕就解釋不通了。也就是說，扶蘇和項燕兩人秦楚兩國的出身，與陳勝吳廣起兵反秦復楚的目的之間，表面上看是不協調的。

破解歷史疑案，首先需要搞清歷史事實。對於史實間的關係，還需要做合理的解釋。那麼，我們如何來解釋扶蘇和項燕同時出現在起義軍口號中的疑問呢？

8 藤田教授的推測

我在《秦崩：從秦始皇到劉邦》中曾經做過這樣的解釋。我說，凡舉事，須有名目。舉大事國事，須有大義名分。陳勝，雖說是出身下層貧民，但從他為舉事所策畫的大義名分來看，他不但對當時的政治局勢有密切的關注，而且有相當的政治頭腦。始皇帝以暴力滅亡六國，統一天下，秦政長期失於苛暴。始皇帝死，百姓曾經有所期待，盼望主張溫和路線的公子扶蘇即位，暴政得到緩和。殊不知扶蘇不明不白自殺，少子胡亥即位，暴政不但沒有緩和，反而是變本加厲，有過之而無不及。高壓困苦之下，借助於對仁者的懷念，對暴君做隱喻的抗爭，正是民意國情所在。以扶蘇的名義舉事，反暴政而不反秦政，不僅順應舉國民情，而且利於對秦政府和秦軍的動搖瓦解。

以上所講，儘管是一種道理，總是有些不盡如人意。面對矛盾的史實，難免不生疑問，在被陳勝吳廣起義同時並舉、詐稱為領袖的兩位人物身後，會不會有某種隱祕的聯繫呢？

同樣的問題，也被研究同一段歷史的外國史家所關注。不久前，我讀到日本著名歷史學家藤田勝久先生的新著《項羽與劉邦的時代：秦漢帝國興亡史》（東京：講談社，二〇〇六），眼睛豁然一亮。藤田先生也注意到這個問題，他在該書第三章敘述陳勝吳廣起義時，對扶蘇和項燕同時出現在起義軍口號中的矛盾史實做了一個大膽的推測。藤田先生以為，扶蘇之所以在這裡與項燕一道出**現，或許是因為他的母系的關係。扶蘇的母親可能是出身於楚國的王女，因為母親的關係，扶蘇與楚國就有了血緣上的關聯，扶蘇冤死於二世皇帝之手，楚人同情扶蘇，復興楚國的起義軍以扶蘇的**名義為號召，就可以得到合理的解釋了。

進而，藤田先生以為，扶蘇與項燕的名字之所以同時並舉，其間有一個連接兩者的關鍵人物，這個人就是昌平君。昌平君是長期活躍在秦國政權中樞的楚國公子，他可能是護送扶蘇的母親——楚國的王女到秦國來的使者，後來一直留在秦國，成為秦王嬴政的親信重臣。然而，就在秦王嬴政派遣大軍進攻楚國，楚國即將滅亡的緊急關頭，他出於愛戀祖國的情感，背叛秦國，與楚軍大將項燕一道聯手反秦，受項燕的擁戴，成為最後一代楚王。在昌平君和項燕的領導下，楚軍在大澤鄉所在的蘄縣與王翦所統領的秦軍決戰，結果楚軍戰敗，楚王昌平君死去，大將項燕自殺，時間、地點、事情都在一起。

藤田先生的推測，是基於戰國以來秦楚兩國非常密切而複雜的關係做出來的，有相當的合理性。特別是藤田先生找到昌平君這個人物，由此將扶蘇、項燕和隱藏在其背後的楚夫人連接起來，這就不僅解通了陳勝吳廣起義將扶蘇和項燕同時並舉，將他們作為號召楚國民眾的精神領袖的疑難，同時也為破解扶蘇自殺之謎打開了一條新的通道，更為破解秦始皇的後宮之謎，解明始皇后是誰的疑案提供了開啟的鑰匙。

9 誰是王后？

藤田勝久教授推測扶蘇的母親可能是楚夫人，也就是出身於楚國王室的夫人，我深表贊同。藤田教授進而推測聯結楚夫人、扶蘇和項燕的關鍵人物是昌平君，我大受啟發。進而，關於昌平君與楚夫人之間的具體關聯，藤田先生推測說，在嫪毐之亂爆發前，秦王嬴政迎娶楚夫人，昌平君由楚國護送楚夫人來秦，所以有後來緊急受命平叛之事。想來，在藤田先生做這個推測的時候，對昌平君生在秦國，長期活躍在秦國政壇中樞的身世尚不清楚，所以用楚公子出使秦國的假設，來解釋他突然出現在嫪毐之亂中這件異常的事情。

這種解釋有一個難以克服的弱點，一位臨時出使秦國的楚國使者，怎麼會突然受命統領秦軍平定秦國政權中樞的叛亂，秦國的大臣將軍們到哪裡去了？他如何能夠指揮得動秦國的軍隊？這種不合常情常理的事情，怕是很難得到合理的說明。所以，關於昌平君與楚夫人的具體關聯，我們需要到別的地方去尋找。

首先，我們來看秦王嬴政什麼時候迎娶王后。這件事情，史書上沒有記載。不過，我們可以援引秦國王室的成例來做推測。以嬴政的曾曾祖父秦惠王為例，秦惠王十九歲即位，二十二歲行冠禮成人親政，二十三歲迎娶魏夫人立為王后成大婚。秦惠王先行冠禮，再迎娶王后行婚禮，應當是秦王室的制度，或者是成例。秦王政九年，嬴政二十二歲，行冠禮，正是沿用這個王室成例。準此，嬴政迎娶王后成大婚，當在嬴政二十三歲時，也就是秦王政十年。嫪毐之亂發生在秦王政九年，當時昌平君已經在秦國，應當與護送楚夫人到秦國無關。

以秦國成例而言，秦王的婚姻，多由太后決定。太后如何為自己的兒子選定王后呢？一般而言，太后為子王選定的王后，往往是自己出生國的娘家。秦武王的母親惠文后是魏國夫人，她為武王迎娶的是魏夫人。秦昭王的母親宣太后是楚國夫人，她為秦昭王迎娶的夫人是楚夫人。孝文王（安國君）的母親是唐八子，出身不明。不過，安國君之所以能夠成為王太子，是出於以祖母宣太后為首的楚系外戚集團的意願，宣太后為他選定的正妻華陽夫人，也是楚夫人。

嬴政即位之時，太后一共有三位，養祖母華陽太后、親祖母夏太后和生母帝太后，未來嬴政的婚姻，當取決於她們三人。秦王政七年，嬴政二十歲時，夏太后過世。秦王政九年，嬴政二十二歲，帝太后因為與嫪毐的不正當關係，被驅逐出京，遷徙到雍城，從此喪失了對秦國政局和嬴政的影響力。到了秦王政十年，嬴政二十三歲，依照秦國的定制將要行大婚選定王后；這時候，唯一能夠左右這件事情的人是誰呢？無疑就是健在的華陽太后了。華陽太后是楚國人，他為孫子嬴政選定的王后，應當就是楚系的夫人。據此，我們可以補充史書失載的內容，寫下：「秦王政十年，迎楚夫人。」

至於這位楚夫人究竟是誰，由於史料過於欠缺，我們只能推測她是一位出身於楚國王族的女子。她是華陽夫人所看中的孫媳婦，不但與華陽夫人關係密切，當然也與昌平君關係密切，他們都是同一親族關係網裡的人物。

如果事情確是這樣的話，秦始皇的正夫人是楚夫人，長子扶蘇可能是楚系夫人的兒子，身上流著一半楚國王族的血液，他與楚系外戚集團關係密切。由楚系外戚的這條線索，昌平君與扶蘇和項燕，就可以連接起來了；陳勝吳廣起義，假稱扶蘇和項燕為領導人的事情，也可以得到合理的解釋。聯想到昌平君在秦王政時代的起伏沉浮乃至最後反秦為楚的悲壯歷程，以及勢必引起的秦國宮廷楚系外戚勢力的衰落，那麼秦始皇生前的多種疑案，比如他為什麼遲遲不立扶蘇為太子，扶蘇為什麼自殺等等疑問，都可以由此得到破解的入口了。當然，更深刻、更廣闊的時代歷史背景還需要進一步挖掘。

謎底

《史記》是中國歷史上偉大的史書，然而，關於秦始皇的出生，他的宮廷，司馬遷要麼自相矛盾，要麼乾脆沒有記載。為什麼會這樣？歷史是怎樣寫出來的？《史記》中沒有記載的歷史，隱藏著怎樣的驚天大祕密？

穿透歷史的迷霧

一 司馬遷誤信的故事

1 新的嫌疑人

在圍繞著秦始皇一生的重重迷霧當中，我們調查了四件疑案：生父之謎、弟弟和假父之謎、表叔之謎和後宮之謎。對於這四件疑案，我們通過不懈的追蹤，嚴密的考察，一一做了破解，得出了相對可靠的結論。

疑案追查到這裡，是不是已經大功告成，可以告慰先祖，可以鳴金收兵了？不知道大家怎麼想，我的回答是，此時收兵還為時過早，難免有草草收場的嫌疑。

我之所以這樣說，是因為上述四件疑案的發生，都起源於《史記》。或者是出於《史記》對同一事件的不同記載，或者是出於《史記》記載的含糊，或者是出於《史記》的失載，或者是出於《史記》的誤載，說到根子上，還是那句話，都是司馬遷惹的禍。

《史記》是歷史著作，《史記》中偶爾出錯，我們完全能夠理解，但是，《史記》連續出錯，冤假錯案不斷，這就不能不使我們產生懷疑了，懷疑《史記》的真實性和可靠性。司馬遷是《史記》的作者，儘管他從來沒有領過稿費，卻肯定享有著作所有權。現在，《史記》出了問題，出了冤假錯案，司馬遷當然有不可推卸的責任，我們自然會懷疑：司馬遷是否就是這些冤假錯案的製造者？

我們不妨來做一番超時空的想像。

請回到我們已經澄清了的第一案——生父之謎。完全可以想像得到，如果今天呂不韋、子異和趙姬在場的話，他們在感謝歷史偵探破解疑案的努力，感謝歷史法庭為他們推翻了冤案以後，一定會強烈要求追究司馬遷的責任，帶司馬遷出庭作證，要他解釋為什麼會在自己的著作當中寫下誣陷不實之詞。

歷史法庭理性而公正地審理歷史疑案。歷史法庭認為，受害者們要求追究冤假錯案的要求是正當的，因為這個問題不搞清楚的話，被害者的名譽恢復和事實澄清都是不完全的。歷史法庭認為，隨著案情偵破的進展，新的犯罪嫌疑人浮現出來了，如果偵探們抓不住這個新的犯罪嫌疑人，疑案的偵破就是半途而廢。

接受歷史法庭的告誡，開始著手調查誰是冤假錯案的製造者。毫無疑問，司馬遷當然是首當其衝的嫌疑人。

追究司馬遷的責任，首先要追查《史記》中的種種問題，究竟是怎樣出現的？如果問題是出於司馬遷自己的編造和隱瞞，責任當然在司馬遷，我們就可以給他定偽造和隱瞞歷史的罪名，並且要求他出頭解釋，為什麼要做這樣的事情？如果問題是出於司馬遷的道聽塗說，他只是將從別人那兒聽來的傳聞，不加分辨地寫進書中，或者是出於疏忽，沒有將應當寫進史書的事情寫進去的話，他就不應當承擔偽造和隱瞞歷史的罪名，但是，必須承擔傳播謠言和怠忽職守的責任，他必須出庭解釋，他從哪兒聽來的謠言，為什麼把它寫進《史記》？他究竟看到了些什麼資料，又是如何選取這些資料的？看來，歷史偵探還得忙碌，還得根據司馬遷所提供的線索，去追查製造歷史疑案的真正犯人。

不查不知道，一查嚇一跳。冤假錯案的問題，徹底地追查起來可能相當麻煩，看似簡單的歷史學疑案，認真追究起來可能相當複雜；這種複雜性，是歷史累積的加厚和變形的結果。長話短說，一句話，我們將司馬遷作為新的嫌疑人來追究的事情，牽連到歷史學中的基本問題：歷史著作是怎樣編撰出來，又是如何流傳開來的？歷史在編撰的過程中，歷史著作在流傳的過程中，又是如何變形的？

歷史編撰和歷史流傳的過程，宛若一種變形的鏡像，我們必須先將這個變形鏡的變形原理搞清楚，然後才能根據變形的誤差審查變了形的歷史，據此修正誤差，逼近真實的歷史，也才能判定作為嫌疑人的歷史學家——司馬遷，究竟應當承擔多大的責任。

2 《史記》是歷史學的第三世界

毛主席他老人家曾經教導我們說，地球上有三個世界，第一世界是美國和蘇聯兩個超級大國，第二世界是歐洲和日本等發達國家，第三世界是包括中國在內的亞非拉發展中國家。這是政治家眼中的國際政治世界，已經隨著時代的變遷而成為歷史。當代傑出的哲學家波普曾經宣稱，宇宙有三個世界，第一是物質世界，第二是精神世界，第三是知識世界。這是哲學家眼中的哲學世界，正在隨著資訊這種奇特物質的興起而成為現實。

作為歷史學家，多年來我一直在思考歷史學的世界劃分。受偉人先賢的啟發，我深感「3」是一個有趣的好數字，歷史學也與「3」有緣。在這次疑案的追查中，我終於認識到，歷史學世界是一個「3＋N」的世界。「3」是歷史學的三個基礎世界，我分別稱它們為第一歷史、第二歷史和第三歷史，N是歷史學的多個延伸世界，作為三個基礎世界的延伸，歷史學的N可以有第四、第五甚至更多的世界。

在時間中過去了的往事，曾經真實發生過，這是歷史學的第一世界，或者叫做第一歷史。以我們所追查過的疑案內容而言，兩千多年以前，在關中華北地區，有叫呂不韋、子異、趙姬、嬴政、華陽太后、昌平君、茅焦等一些人，他們曾經交往相處，相愛相恨，有過種種活動。這些在時間中過去了的往事，已經消失；這些曾經活著的人們，已經死去，都不可能再次出現了，後人也是不可能再親眼看到了。

不過，有關這個第一歷史的一些資訊，卻通過口述傳承、文字記錄和遺物留存的形式保留下來了。這些東西，我們叫做史料。能夠反映往事的史料，我們叫做歷史學的第二世界，或者叫做第二歷史。以本書的內容而言，呂不韋和華陽太后、子異和趙姬——也就是後來的莊襄王和帝太后、嬴政——也就是後來的秦始皇，他們的墳墓都還在，我們可以去憑弔，可以去勘察，甚至可以去發掘。有關他們當時情況的一些文字資料，我們近來也發現了不少，比如出土的秦代竹簡，我們可以去閱讀整理，可以去研究解釋，甚至可以去觸摸感受。這些都是最可靠的史料。

根據史料所編撰的歷史著作，是歷史學中的第三世界，或者叫做第三歷史。《史記》，就是這樣一本屬於第三世界的歷史學著作；司馬遷，就是一位屬於第三世界的歷史學家。《史記》是一部通史，從傳說時代的遠古一直寫到司馬遷所生活的西漢武帝時代。對於司馬遷來說，他出生以前的所有歷史，都是沒有親歷過的，只能根據流傳下來的史料來編撰。即使是司馬遷所生活的武帝時代的歷史，因為個人的經歷視野有限，絕大部分仍然只能依據史料來編撰。所以我們說，《史記》不是史料，而是根據史料編撰的歷史著作。如果無分析無批判地將《史記》作為史料來看的話，就是還沒有入歷史學之門的門外漢了。

有了以上的三個世界，或者說三個歷史以後，歷史學的基礎就算是奠定了。

進而，如果有人讀了《史記》，根據《史記》的敘述寫了一本歷史書，比如書名為《史記的人物和故事》，這本書就是歷史學基礎世界之外的延伸，屬於N類的第四世界了。也就是說，根據已有的歷史著作再編撰所寫成的歷史書，屬於歷史學的第四世界，也就是第四歷史了。如果有人再根據這本書編成一部歷史電視劇，這部電視劇就屬於第五世界，成了第五歷史了。同樣的延伸，還可以不斷地繼續下去，這就是我所說的「3＋N的歷史世界」。

「3＋N的歷史世界」發展到這裡，我們可以很清楚地看出，我們常常提到的歷史真相和真實的歷史，實際上指的是第一歷史。隨著歷史世界由1到N的步步延伸，我們與歷史真相的距離越來越遠；第二世界的史料距離歷史真相最近，到了史書的第三世界，已經有了一定的距離，一旦進入N的世界，距離逐漸變遠，變形隨之加大，信用也不斷地降低。

與此相反相成，隨著歷史世界由1到N的步步延伸，衍生出來的歷史故事，編導出來的歷史影視劇，則可能會越來越豐富，越來越有趣，被更多的人喜聞樂見，得到更為廣泛的流傳。

3　獻有孕之女故事的全本

歷史學是3＋N的多重世界的模式劃定以後，我們就得到了一個可以用來衡量歷史真假和價值的尺度。下面，我們不妨將這個尺度放到我們的講座中來，看看司馬遷是根據什麼樣的史料，又是如何來編撰《史記》的不同篇章的。也許，有了這個尺度的幫助以後，我們可能會發現《史記》的不同篇章中為什麼會出現相互矛盾的記敘，進而可以找出製造冤假錯案的真正犯人來。

司馬遷編撰《史記・秦始皇本紀》，主要根據秦國的史書。其中主要是秦國政府正式的歷史紀錄，叫做《秦紀》，是相當可靠的史料。司馬遷也使用了有關秦國國君的一些類似家譜族譜的記載，這些資料多有紀年，比較實在，也是比較可靠的史料。與此同時，司馬遷也在戰國以來流傳的歷史故事當中選用了一些資料補充進去，使《史記・秦始皇本紀》更為生動豐滿。

司馬遷編撰《史記・呂不韋列傳》，主要是依據戰國以來流傳的歷史故事，這些歷史故事的基本形式，可以從諸子百家中的故事，也可以從《戰國策》、《國語》、《戰國縱橫家書》等書的內容上看出個大概來。這一類資料是戰國游士們講的故事，雖然生動有趣，卻因為加油添醋，比附誇張，作為史料來說信用度較低。這一類資料還有一個大問題，就是因為沒有紀年，常常是張冠李戴，將這個時代這個人的事情，套在那個時代那個人身上，不時鬧些令人哭笑不得的笑話出來。所以說，從史料的來源上看，相對於《史記・秦始皇本紀》來說，《史記・呂不韋列傳》的信用度較低。

呂不韋獻有孕的趙姬給子異的故事，僅僅見於《史記・呂不韋列傳》，在《史記》以前的所有傳世文獻和出土文獻中，都沒有這個記載。不過，在查找這個故事來源的過程當中，歷史學家們卻發現了一個有趣的事實，與這個故事類似的故事，也出現在《史記》的其他篇章當中，這就是春申君獻有孕之女給楚考烈王的故事，見於《史記・春申君列傳》。相對於呂不韋這個故事的簡略，春申君的故事非常詳細，曲折動人，堪稱獻有孕之女故事的全本。為了便於對照分析，我們不妨敘述如下：

楚國的考烈王沒有兒子，丞相春申君非常憂慮。他四處尋找適合於生孩子的婦人進薦給考烈王，送進宮中的婦人不少，卻沒有一個生下兒子來。趙國人李園有個妹妹，天資絕色，能歌善舞（請注意，又是趙國，又是能歌善舞的舞姬），想獻給考烈王，聽說考烈王生不出兒子，擔心進宮以後，無子失寵，於是李園另外起了主意。

李園設法到春申君府上做了舍人，就是家臣門客一類的人物。

有一天，李園向春申君告假回家，故意回來晚了，被春申君問起原因，李園回答說：「齊王派遣使者來下聘，想娶我的妹妹，我與使者飲酒商談，所以回來晚了。」

李園的話，一下子引起了春申君的興趣，問道：「你已經接受了彩禮了嗎？」

李園回答說：「還沒有。」

春申君說：「我可以見見你的妹妹嗎？」

李園正中下懷，回答說：「行。」

故事下一步的發展，大家都可以想像得到，春申君見了李園妹，大為情動心動，於是李園將妹妹獻給了春申君。李園妹得到春申君的寵愛，懷了孕。李園知道了，於是與妹妹商量，定出一個進宮的計畫來。

李園的妹妹察言觀色，找到合適的機會對春申君說：「王上看重君侯，君侯的寵信，即使是王上的親兄弟也比不上。如今君侯做丞相已經有二十多年，而王上至今沒有兒子。如此狀況繼續下去，一旦王上百年以後，王上的兄弟將繼承王位。新王即位以後，自然看重自己身邊的人，君侯的寵信怕是不能長久了。不僅如此，君侯多年主持國事，當權久，對王上的兄弟們失禮不周的地方也多，一旦新王即位，災禍將會降臨身上，那時候，君侯還想要維持丞相的地位，保持已有的封地，恐怕更是無從談起了。如今我已經懷孕，還沒有別人知道。我侍候君侯時間不長，如果借重君侯尊寵的地位，將我進獻給楚王，楚王必定會臨幸我。仰賴上天，如果能夠生下兒子，您的親骨肉繼承了王位，楚國就都是您的了。您想想看，以這種結果比較身臨不測之罪的前景，究竟哪一個好，哪一個不好？」

春申君聽進去了，大以為然。於是專門為李園妹安排單獨的住所，首先避嫌隔離（也就是「謹舍」或「謹室」），然後推薦給考烈王。考烈王召李園妹入宮，於是生下兒子，立為太子，李園妹被立為王后。至於李園，他以王后之兄、太子舅父的外戚關係，受到考烈王的寵信，擅權用事。

4 女性深入歷史現場

春中君獻李園妹的故事，是一個戰國時代以來廣為流傳的歷史故事。不但見於《史記》，也見於今本《戰國策・楚策》，兩者內容相同，詞句幾乎完全一樣，無疑是同一故事的不同版本。

這個故事，是一個很有生命力的活故事，在司馬遷以後的時代，還在繼續發展。在西漢末年大學者劉向所編撰的《列女傳》中，在東漢時代編撰成書的《越絕書》中，這個故事發展得更為完美，本來缺鼻子少眼睛的人物，都成長得眉眼齊全，相貌周正了。李園妹也有了正式名字，叫做李環，她不但「能鼓音」，會吹拉彈唱，還能「讀詩書，通一經」，被打扮成了符合儒家理想標準的新女性。

春中君獻李園妹的故事，作為文學故事來讀的話，生動有趣，作為文學作品的演變來考察的話，非常有意思（對於這些，我有另外的研究，留到那時候再來細談）。同一故事，如果作為歷史來考察的話，那就是破綻百出，荒唐無稽了。這種荒唐無稽，可以用一句話來概括，這是一個一群傻子大聚會的故事。為什麼這樣說呢？

首先，獻有孕之女能夠成功的前提，就是有孕之女的接受者，一定是一個傻子，一個天下數一數二的大傻子。在這個故事裡，接受者是楚考烈王，他不但自己生不出兒子，還興高采烈地娶了一位已經有身孕的女子，將生下的兒子立為太子，將兒子的母親立為王后。如果說考烈王自己被簡單地矇騙，那只是傻帽兒一個。他是國王，他有侍從，他有御醫，他們都負有保護楚王、保證楚國王室血統純正的責任，他們也都被簡單地矇騙了，那就是傻帽兒一群了。

傻帽兒一個，我們可以用騙不了的充分理由予以駁斥；一群人都成了傻帽兒，怕就別有另外的理由了。騙不了的重大理由，講呂不韋的時候已經說了，不但法律和制度不容，醫生和親近也不許，請大家重新回味一下第一案的大概，這裡就不重複了，至於人情上另外的理由，我們後面再來說。

其次，這個故事的主謀，是李園和他的妹妹。李園通過春申君獻妹妹給楚王的事情，是可以理解的合於情理的事情。春申君橫插一槓子，自己先嘗了新鮮，這件事情也不是沒有可能。至於李園妹自知懷孕以後，主動請求春申君將自己獻給楚王，這就完全脫離常識，不可信了。

古往今來，歷史在變化，人物在更替，不變的是人性，相通的是人情，這是今古之間能夠理解溝通的基礎。偵查當今疑案的刑警偵探，必須深入案發現場；破解過去疑案的歷史偵探，必須深入歷史現場。深入歷史現場，一是用腳，深入到歷史事件發生的空間現場，也就是到古代遺址去腳踏實地，去走去看去考察；二是用腦，深入歷史事件發生的時間現場，也就是穿越時空做歷史學的聯想，去設身處地地體驗當時的事件情景和人物心情。

現在，我們首先請諸位女性讀者設身處地想一想，如果你是李園妹，你知道自己懷了孕。你哥來了，給你如此這般地出了個主意，勸你去當獻身的有孕之女，你會按你哥的主意去做，你會對孩子他爸來這樣一番話嗎？為了近便起見，你不用設想孩子他爸是楚國的丞相，你只就近設想他是某某公司的執行總經理，剛剛娶了你。你對老公說，我已經懷了孕，為了你的未來前途，請你將我介紹給董事長，萬一生下兒子來，將來的公司就是你的了。如此這般的話，你敢不敢說？如此這般的事，你幹還是不幹？

如果你沒有揙你那傻子哥兩個大嘴巴子，一腳將他踢出門去，而是真的去幹了的話，那你不但是傻，還是大傻，比你哥還傻。你不想一想，你剛剛進門一個月，涼炕頭還沒有睡熱就說這種話，你老公注定馬上起疑心，你嫁我原來是圖的他，你敢借我騙他，你不會不敢借你哥騙我，從你哥將你介紹給我開始，原來都是演的戲，你肚子裡的娃保不準是哪裡來的野種。你也不想一想，董事長有老婆有情人，多年生不出兒子的原因，或者是他沒有生育能力，或者是命中的機遇不巧，X的基因引不出Y來。你肚子裡是男是女還不知道，你就踩著丈夫的頭翻過了山，想到董事長家去當老闆娘。事情究竟有多荒唐，還用多說嗎？

5 男性深入歷史現場

女性讀者深入現場以後，我再請男性讀者也深入現場。你可以設想自己就是春申君。你是董事長信任的總經理，董事長年事已高，沒有兒子，那是董事長的家事，董事長的兄弟們將來接管公司，可能炒你魷魚的陰影，確實使你不安。如此情況下為了將來打算，你會聽你老婆的主意，將懷了孕的她獻給董事長，夢想一旦生下你的兒子，將來做了董事長，公司就是你的了？

還是那句話，如果你沒有搧你那傻子老婆兩個大嘴巴子，一腳將她踢出門去，而是真的去幹了的話，那你不但是傻，還是大傻，比你老婆還傻。老婆究竟是真傻還是裝傻的事不多說了。你可以想一想，如果你的老婆真的上了董事長的床，如果你的老婆，那時候應當稱作前妻了，真的在董事長家生下了你的兒子來，如果你的兒子真的成了董事長的繼承人，這時候的你，就成了所有的當事人都想要封口的共同敵人。想要封口的人，甚至包括你自己，你不得不一輩子閉住自己的嘴。

你可以想一想，董事長和他的親族們，不知情則已，知道了就要拿你是問，拿你開刀，你不但自己得保密，也望前妻千萬不能漏出一點風聲。可以想一想，你的前妻做了董事長夫人，她怕事情暴露，危及自己和兒子的地位和生命，一定要你永遠閉口。在更遠的將來，如果你的兒子真的獲得了繼承權，做了董事長，為了維護他繼承公司的正當性，他和你最好的選擇都是永遠保密。一旦真情暴露，在你和公司之間，你的兒子只能選擇一個。毫無疑問，權衡利害的結果，最好的選擇就是請你從地球上永遠消失。

事實上，春申君獻李園妹給考烈王的結局，與總經理獻老婆給董事長的結局是相同的，這個結局就是殺人滅口。

故事結尾說，李園妹做了王后，兒子做了太子，李園也受寵當權以後，擔心春申君洩漏祕密，擔心春申君驕橫，於是偷偷招募武士，準備殺春申君滅口，楚國國內有人知道了內情。

就在春申君做丞相的第二十五個年頭，考烈王病重。一位叫做朱英的知情人來見春申君，警告說：「世上有不望而來的福氣，又有不望而來的災禍。如今君侯身處不望而來的世道，服事不望而來的君主，難道不會沒有不望而來的人嗎？」朱英的話裡五次提到「不望而來」，他所說的「不望而來」，就是「意想不到」，超出預計之外的意思。朱英的話含蓄婉轉，意思是說楚王病重，政情將有變化，不可不早做打算，提防別有用心的人。

春申君問道：「什麼叫做不望而來的福氣？」

朱英回答說：「君侯做丞相二十多年，名義上是相國，實際上相當於楚王。如今楚王病重，將不久於人世。太子年幼，君侯將要輔佐幼王，執政當國。那時候，君侯固然可以做商代的伊尹和周代的周公，輔政到幼王長大成人，然後將政權交還；不過，君侯也可以南面稱孤，自己來做楚王。這就是我所說的不望而來的福氣。」

春申君又問道：「什麼叫做不望而來的災禍呢？」

朱英回答說：「國舅李園，因為不能當政掌權而怨望君侯。他雖然不執掌兵權，卻早就在私養武士，楚王一旦去世，李園必定先入宮中奪取權力，殺害君侯以滅口。這就是我所謂的不望而來的災禍。」

春申君再問道：「什麼叫做不望而來的人呢？」

朱英回答說：「請君侯任命臣下我為郎中，安排在宮中，一旦楚王死，李園搶先進宮，臣下就為君侯殺死李園。這就是不望而來的人。」

春申君不以為然，說道：「足下免了吧。李園是軟弱的人，我又善待他，不至於如此。」

朱英知道春申君不用自己的主意，恐怕將來災禍及身，於是就隱身逃亡了。

十七天以後，考烈王死去，李園果然搶先進入宮中，在宮門內埋伏武士。春申君進入宮門，武士們刺殺春申君，將他的頭砍下來扔到宮門外。李園於是奪取政權，布置屬吏，將春申君一家誅滅了。

這個不幸的結局，倒是合情合理。不管任何時代任何人，假如誰有獻有孕之女奪嗣的念頭，誰就等著被殺人滅口的結局吧。

6 獻女故事的前提崩潰

我用男性、女性深入歷史現場來衡量獻有孕之女故事真偽的方式，曾經受到友人的質疑，認為過於低俗，可能降低歷史推理講座的檔次。我經過再三考慮以後，還是決定保留。之所以決定保留，是因為我希望由此強調常情常理在衡量歷史真偽中的重要作用。經過在歷史世界中的多年遊歷，我深感歷史在演變，人物在更替，不變的是人性，相通的是人情。不變的人性，相通的人情，是今天的我們之所以能夠理解過去的古人，現在之所以能夠知曉過去的認知基礎。用我們今天的常識和常情不能理喻的往事，一定不會是原樣真實的；違情失理的地方，一定有它特殊的因由，這些特殊的因由，常常是歷史的真相所在。

春申君獻有孕之女的故事，雖然是一個傻子大聚會的編造故事，但是，在這個故事當中，也有真實的東西。比如說，這個故事的人物和結局是真實的，李園後來當政的事情，也由馬王堆漢墓出土的《戰國縱橫家書》得到了證明（詳下）。

我們可以說，春申君獻有孕之女的故事，是一個真假參半、有虛有實的歷史故事。將它作為歷史來看，將它作為史料來用的時候，首先要對它去偽存真，判定哪些部分是真的，哪些部分是假的，用歷史學的行話來說，就是首先要做史料批判。

從史料批判的觀點來看，在春申君獻李園妹的故事中，被攙進去的假的部分，正是故事最離奇動人，最吸引聽眾的地方。這就是春申君獻給楚考烈王的李園妹是懷了孕的，生下來的兒子的真正父親不是考烈王而是春申君。為什麼這樣說呢？

首先，獻有孕之女奪嗣的事情，既不合情理，也沒有實現的可能性，不可能是發生過的歷史事實，只能是編造的歷史故事。

其次，這個故事的歷史背景，與我們所知道的歷史事實不合。

這個故事的第一句話，是「楚考烈王無子」。這句話，不僅是故事的開場白，也是整個故事得以展開的前提。因為考烈王無子，才引起了春申君的憂心和為考烈王尋找適合於生子的女人的行動，進而引出李園和李園的妹妹這兩位人物，故事由此順次發展下去。如果沒有這個前提，楚考烈王有兒子的話，這個故事就編不下去了。

正如我們在前面已經詳細地講解過的，楚考烈王無子的話是不合於歷史事實的。考烈王不但有子，而且多子。他的多位兒子當中至少有四位是有名有姓有事蹟，並且先後做過楚王。這四位兒子分別是：第四十二代楚幽王熊悍、第四十三代楚哀王熊猶、第四十四代楚王負芻、末代楚王熊啟，也就是昌平君。

考烈王的這四個兒子中，熊悍和熊猶同母，都是王后李園妹所生，熊悍是嫡長子，熊猶是他的弟弟。負芻和熊啟都是庶出。負芻的母親是誰，不清楚，史書上稱他是熊猶的庶兄，出生在春申君獻李園妹的故事以前。熊啟的母親是秦國的王女，他出生於考烈王即位前以太子身分在秦國做人質的時候，較春申君獻李園妹的事情早了約三十餘年。

考烈王至少有四個兒子的歷史事實清楚以後，春申君獻有孕之女這個故事的前提就崩潰了。這個故事是人為編造出來的，也就不言自明了。

7 請動護寶槌

這些年來，古董收藏興起，文物鑑定成了大家關心的話題。在國外類似節目的啟發下，北京電視台也有了文物鑑定的專門節目，叫做「天下收藏」，由演員王剛主持，揮動護寶槌去偽存真。在這個節目當中，經過專家們辨明的假貨，都在王剛的護寶槌下粉身碎骨，真貨都由專家估出不菲的高價，贈送價值萬元的金章，可謂是黑白分明，真假兩清。我隱約記得節目中有這樣一種情景，王剛有時拿起護寶槌，想打假又怕打了真，想保留真又擔心放走了假，舉起又放下，放下又舉起，搞得大家心累心跳，只想你王剛早點說話啊，究竟是真還是假？

結果呢，這件器物有真有假，有黑有白，是一件攙了假的真品。比如說是一件康熙官窯的瓷碗，胎身是真的，上面的字是後來寫上去的。又比如說是一件西周銅器，銅器的身子是西周的真品，蓋子是戰國時代配上去的。相對於西周時代來說，後來配上去的蓋子是假的；不過，這個假貨相對於戰國時代來說，卻是真的。在這種情況下，護寶槌砸下去，就毀了真東西；不請動護寶槌，又等於承認了假東西。所以，王剛舉起又放下，放下又舉起，大家也不得不跟著心累心跳。

文物和文獻，都是歷史的遺留。文物當中的真假，與文獻當中的真假，情況都是相通而類似的，都需要用考古的方法，做出去偽存真的鑑定。在春申君獻有孕之女的故事中，考烈王無子，李園妹生下的兒子不是考烈王的兒子的事情是假，相當於西周銅器上後來配上去的戰國蓋子。我們如果將這個蓋子暫時拿開，留下的銅器就是一件真的西周銅器了。如果我們借用文物鑑定的方法，將春申君獻有孕之女這個故事中後來添加的編造部分排除，剩下的部分就應當是器物的真身，反映了真實的歷史了。長話短說，我們對這個歷史故事進行文獻考古以後，對其中的真貨，也就是這個故事所反映的真實歷史可以簽字蓋章，開具鑑定書如下：

①楚考烈王熊元與春申君黃歇的關係非常密切。熊元還是太子的時候，春申君就是他的親信，他們一起在國內外經歷了種種艱難曲折，患難與共，信任無間。春申君幫助考烈王即位以後，長期擔任相當於楚國丞相的令尹，是考烈王時代楚國的第一號權臣。

②李園曾經是春申君的家臣，他通過春申君的介紹，將妹妹送進宮中。

③李園妹進宮以後，得到了考烈王的寵愛，為考烈王生下了兒子熊悍（後來被立為楚幽王），被立為王后。李園也因此被考烈王任用，開始在楚國政壇出頭。

④考烈王二十五年，也就是前二三八年，考烈王病重（當時，李園妹第二次懷孕，腹中的孩子就是次子熊猶（哀王））。為了確保對於未來的楚幽王，也就是嫡長子熊悍的輔政權，李園兄妹準備清除春申君。春申君得到密告後將信將疑，猶豫不決，結果被李園埋伏的武士殺害，李園取代春申君，成為執掌楚國國政的第一權臣。

以上結果，就是我們通過春申君獻有孕之女的故事所能解讀到的確切的歷史事實。這個歷史事實，相當於我們前面所說的西周銅器的真身。

銅器真身的鑑定完成以後，我們再回到假蓋子上來。我們前面已經說過，相對於西周時代來說，這個後來配上去的蓋子是假的；不過，這個蓋子相對於戰國時代來說，卻是真的。也就是說，對於攙雜進真貨裡面的假貨，只要我們能夠將假貨攙入的時間和情況搞清楚，我們就可以由此得到一部關於假貨的真歷史。這部假貨的真歷史，雖然是隱祕曲折，往往能夠為我們揭示出一些聞所未聞的真相，可以幫助我們破解某些歷史祕密。

8 誰是假貨的受益人？

春申君獻有孕之女的故事，究竟是什麼時候，由什麼人編造的？這些人為什麼要編造這樣一個荒誕無稽的故事呢？

凡是造假，都有造假的動機。造假的動機，因人因事因時而不同，但造假出於造假者的利益，預期會給造假者帶來好處，卻是共同的。也就是說，造假者費心用力製造假貨，一定是出於某種有利於自己的目的。從而，只要我們找到假貨的受益者，假貨製造者的蹤跡也就可以尋覓得到了。那麼，假貨的受益者究竟是誰呢？

審查春申君獻有孕之女的故事，春申君是最大受害者，他為此全家覆滅；從而，這個故事，不可能是擁護和同情春申君的人編造的。

從事後的結果來看，這個故事的受益者似乎是李園兄妹，他們殺死了春申君，獲得了執掌楚國政權的重大利益。然而，深入分析這個故事，李園兄妹同樣是受害者。大家想想看，李園兄妹利用春申君做跳板，欺騙了考烈王，將假兒子立為太子，假兒子的母親也因此被立為王后。考烈王死時，李園兄妹又過河拆橋，殺死春申君，擁立假兒子即位，獨占了楚國政權。毫無疑問，在這個故事當中，李園是十惡不赦的惡男，李園妹是十惡不赦的毒女，都是應當被譴責，被誅滅的。非常明顯，這個故事對他們的形象是非常不利的，可以說，他們也是這個故事的受害者，而不是這個故事的編造者。

然而，李園兄妹是這個故事的受害者，仍然不過是表面文章，如果我們將眼光再深入一些觀察下去的話，將不難發現，這個故事的最大受害者是李園妹的兒子們，也就是楚幽王和楚哀王。這個離奇動人故事的真正目的，是要散布這樣一條消息：楚幽王熊悍和楚哀王熊猶，都不是考烈王的兒子，他們的血統都是有問題的，不應當繼承王位，而是應當被考烈王的真兒子取代。

分析故事到這裡，讓我們暫時離開故事編造的事情，再一次回到考烈王死後的歷史真實中來。西元前二三八年，楚考烈王去世以後，李園兄妹殺死春申君，扶持太子熊悍繼承了王位，是為楚幽王。楚幽王年幼，政權由母太后和舅父李園攝理。李園取代春申君，成為執掌楚國國政的第一權臣。李園主持楚國國政的事情，傳世的史書上沒有具體的記載，卻得到了出土文獻的確鑿證明。馬王堆漢墓出土的《戰國縱橫家書》中有〈李園謂辛梧章〉，文中說：「秦使辛梧據梁，合秦、梁而攻楚，李園憂之……」這段文字說，（楚幽王三年）秦國派遣將軍辛梧到魏國去，聯合魏國一道進攻楚國，執掌楚國政權的李園甚為憂慮。……後來他通過外交活動，勸說秦將辛梧，化解了這次危機，顯示了主持國政的能力和業績。

西元前二二八年，楚幽王熊悍去世，熊悍的同母弟，也就是李園妹的小兒子熊猶即位，是為楚哀王。熊猶是考烈王的遺腹子，年幼不過十歲，政權的維繫，仍然由太后和舅父李園掌握。兩個月後，楚國發生政變，楚哀王被殺，考烈王的庶子負芻被擁立為楚王。這件事，《史記・楚世家》是這樣記載的：

（楚幽王）十年，幽王卒，同母弟猶代立，是為哀王。哀王立二月餘，哀王庶兄負芻之徒襲殺哀王而立負芻為王。

這是說，楚幽王十年，幽王過世，他的同母弟弟熊猶接替他做了楚王，是為楚哀王。哀王被立兩個多月後，「負芻之徒」殺死哀王而擁立負芻為楚王。所謂「負芻之徒」，就是支持考烈王的庶子負芻的政治勢力，他們發動了政變，建立起以負芻為王的新政權。由於這次政變，以李園兄妹為核心的、當政十年之久的李氏外戚集團被消滅。

楚國的這一段歷史清楚以後，我們再回到春申君獻有孕之女的故事上來。將兩者對照結合起來看的話，故事的真正受益者是誰，他為什麼要編造這個故事的理由和動機，大致也就可以看出來了。

春申君獻有孕之女故事的真正受益者，應該是西元前二二八年發動政變，奪取了楚國政權的第四十四代楚王負芻和「負芻之徒」，也就是以考烈王的庶子負芻為首的新的政治集團。這個故事，為他們消滅政治對手，也就是以李園兄妹為核心的長期掌控楚國政權的外戚集團提供了最好的口實。這個口實就是，由於李園兄妹利用春申君欺騙了考烈王，楚幽王和楚哀王都不是考烈王的兒子，因而應當被考烈王真正的兒子取而代之。

政治權謀說，凡是要奪取政權，總是要製造輿論。製造奪權的輿論，首要在於宣稱舊政權的不義、不道和非正統，以此作為新政權正義、有道和正統的鋪墊。連接故事編造的歷史和故事中的歷史做合情合理的推斷，春申君獻有孕之女這個故事的離奇內容，很可能是楚王負芻之徒編造出來的；這個故事的成形和出現，應當在西元前二二八年至前二二七年，也就是楚王負芻即位前後。

9 移花接木的線索

春申君獻有孕之女這個故事的真假虛實、來龍去脈大體清楚以後，我們自然會繼續追問這樣一個問題，這個故事又是如何移花接木地扯到呂不韋身上，別有用心地編造出秦始皇不是莊襄王的兒子的故事呢？

《史記·春申君列傳》所載的春申君獻有孕之女故事，是用這樣的話收場的：春申君被李園埋伏的武士殺死，家族被誅滅以後，「李園女弟初幸春申君有身而入之王所生子者遂立，是為楚幽王。是歲也，秦始皇帝立九年矣。嫪毒亦為亂於秦，覺，夷其三族，而呂不韋廢。」

這句收場白是說，春申君獻給楚考烈王的有孕之女，也就是李園妹所生下的兒子，被立為王，即是楚幽王。這一年，是秦始皇即位的第九年。嫪毒在這一年叛亂，被發現，誅滅三族，呂不韋也因此被廢相。

《史記·春申君列傳》本來是講楚國的事情，講完春申君、李園、楚幽王的事情後，突然筆鋒一轉，扯到秦始皇、嫪毒、呂不韋身上去了，很有些不自然。不但不自然，而且這種不自然的寫法，很容易使人產生一種聯想，春申君、李園和楚幽王的事情，與秦始皇、嫪毒和呂不韋的事情之間，是否有什麼關聯？

司馬遷是嚴謹的歷史學家，他是不編故事的。但是，他是喜歡聽故事的，他在編撰《史記》的時候，為了豐富紀事的內容，選取了一些既有的歷史故事作為史實寫進書中。他在選取這些歷史故事時，首先面臨著如何判斷真偽，如何取捨留存的問題。同時，他在選取這些歷史故事的時候，還面臨著一個重大的難題，就是戰國時代的歷史故事大多是當時游士們的口頭講述，外交辭令之間插入的話引子，沒有紀年，時間混亂，他必須為它們確定年代後，才能寫入史書。

打個比喻說，這些戰國故事，都是些飄浮在空中的樹葉，天上地下，隨風起舞；作為文學作品來讀，生動有趣，不過，作為史料來使用的時候，就虛無縹緲了。歷史學家首先得豎一根時間的樹幹，再將這些無根的樹葉採集下來，經過選擇，然後黏貼到樹幹的適當位置上去。這個做法，是歷史學最基本的工作，叫做「以年繫事」，就是用年代將事情拴起來。

春申君獻李園妹的故事，是從戰國游士們講的楚國故事中選取的，本身沒有確切的年代。楚國的史書，同戰國各國的史書一樣，由於秦始皇焚書的原因，都被燒毀了，楚國歷史的確切年代，也失去了可靠的文獻依據。在這種情況下，司馬遷是用什麼樣的時間樹幹將這個故事拴住，確定它的年代的呢？

秦始皇焚燒各國的史書，卻沒有焚燒秦國的史書。秦國的史書，到司馬遷的時候儘管已經殘缺，但確切的年代是有的，司馬遷是仔細閱讀了的。在秦以外的各國史書被燒毀，秦以外的各國歷史年代不清的情況下，司馬遷想出了一個補救的辦法。這個辦法就是拆東牆補西牆，從秦國的史書中選取一些年代準確的事情，放到其他國家的歷史中做時間的標竿。換句話說，就是用秦國的歷史做樹幹來黏貼其他國家歷史的樹葉。春申君之死這件事情，在楚國的歷史上沒有確切的紀年，司馬遷判斷大體相當於秦王政九年左右，與秦國發生嫪毐之亂、呂不韋也因此被廢相的事件在時間上大體相當。太史公如此黏貼的結果，故事就成了楚國的事情、秦國的時間這種不自然的怪樣子。

不過，這個不自然的怪樣子，也實實在在地提醒了我們：戰國時代，是各國密切往來的時代，各國的歷史，都是跨國的歷史。作為秦始皇父輩的呂不韋、子異和趙姬等人，與作為楚幽王父輩的春申君、考烈王和李園妹等人，都是同一時代的人，他們不但生活在同一天空之下，他們之間也可能有實在的交際和往來。特別是楚考烈王熊元，他在王太子的時代，曾經在春申君的陪同下在秦國首都咸陽做過十年的人質，他曾經在秦國娶妻生子，與秦王室結下了親緣關係，他與子異之間，有我們意想不到的親密關係。

也許，正是這種時間上的同時同代，事實上的實在關聯，成了後來好事者編造同類故事的著眼點和切入點。想像力豐富的好事者，特別是如同小報記者狗仔隊員一類的人，由同一時代的這種類似的關係，自然會聯想到，春申君與考烈王關係密切，他有如此緋聞，楚幽王竟然是私生子！呂不韋與莊襄王也是關係密切，呂不韋豈非也有類似的緋聞，秦始皇也未必不是私生子？

歷史疑案追查到這裡，春申君獻有孕之女故事的歷史背景已經清楚，同時，這個故事又是如何移花接木轉嫁到呂不韋身上的線索也找到了，看來，歷史偵探可以結束本案的調查，交出一份最終報告書了。事實上也確是如此，報告書提出，得到了歷史法庭的認可，可是，在該報告即將張榜公之於眾的時候，最終審閱報告書的審查官們又提出了疑問：春申君獻有孕之女的故事，是楚王負芻之徒在政變前後編造的，這是令人信服的結論。這個故事移花接木到呂不韋身上，也是可以接受的，不過，這個故事究竟是誰，在什麼時候編造出來的呢？如果能夠有一個說法的話，我們將覺得更有說服力。

10 古代的「文化大革命」

歷史偵探有時候真煩這些坐在辦公桌後面的審查官們，都是些挑毛病的老手，有完沒完。不過，煩過後冷靜想一想，這些事情正是他們的工作，很多挑出來的毛病還真是問題，不管煩不煩，都不得不耐著性子一一作答，只是希望公開發表以後不要被指摘為過於繁瑣。

歷史偵探以為，春申君的故事，出於楚王負芻之徒的編造，戰國晚期就開始流傳，《戰國策》也可以見到，應當是較早的故事原本。呂不韋的故事，不見於早期的文獻，應當是較晚的複製品。那麼，這個故事可能是在什麼時候，在什麼樣的歷史背景下編造出來的呢？

呂不韋獻有孕之女的故事，最初見於《史記》，也就是說，這個故事出現的時間下限，是司馬遷編撰《史記》的漢武帝時代。不用說了，這個故事出現的時間上限，是在秦始皇出生的秦昭王末年。由此說來，這個故事可能出現的時間段，是從秦昭王末年到漢武帝時代之間。秦始皇生於秦昭王五十六年，也就是西元前二五九年，司馬遷大約於漢武帝元封年間，也就是西元前一一〇年後開始擔任漢王朝的史官——太史令，積極從事於《史記》的編撰。從而，這個故事可能出現的時間就是從西元前二五九至一一〇年的這一百五十年間。

歷史故事的偽造，往往有需要偽造的動機，有適合於偽造的歷史背景；春申君獻有孕之女的故事，出於楚王「負芻之徒」的偽造，其歷史背景就是楚王負芻殺楚哀王奪位的政治事件。按照同樣的思路，我們從秦昭王末年開始考察秦國的歷史。秦昭王死後，孝文王、莊襄王、秦始皇先後即位，一直到秦亡，秦國歷史上沒有發生過類似的政治變動，秦始皇和他的父親、祖父即位當政的事情並沒有受到類似的挑戰，從而，在秦國沒有出現類似故事的歷史背景和歷史條件。換句話說，在秦始皇家族一系當政的情況下，大概是沒有誰吃飽了飯沒事幹，想去編造這個掉腦袋的無聊故事的。與這個歷史事實相印證，在流傳至今的戰國諸子和戰國故事當中，我們也看不到這種故事的蹤影。

劉邦建立漢王朝，旗幟鮮明地全面繼承秦王朝。這種全面繼承，包括領土、人民、制度，一直到意識形態。劉邦只比秦始皇小三歲，算是同一時代的人，他終身崇敬秦始皇，視秦始皇為自己的人生楷模和理想。我們知道，劉邦還在家鄉沛縣做亭長的時候，曾經出差到咸陽，觀望過車馬出行的秦始皇，當時的劉邦，覺得秦始皇宛若天上的太陽，燦爛輝煌，由衷地發出了「嗟乎，大丈夫當如此也！」的人生感慨。劉邦覺得，如同秦始皇的人生，才是男子漢大丈夫的人生。

劉邦發了跡以後，自視為秦始皇的繼承人，接替秦始皇的位置做了皇帝。他臨死之前，曾經發布過一個表明自己對於先烈偉人態度的詔書，這個詔書見於《史記・高祖本紀》，摘要如下：「秦始皇帝、楚隱王陳涉、魏安釐王、齊緡王、趙悼襄王皆絕無後，予守塚各十家，秦皇帝二十家，魏公子無忌五家。」

楚隱王陳涉，就是發動大澤鄉起義的反秦首事者陳勝，他後來立國張楚，稱楚王，劉邦回應他起兵，算是他的部下，用他來代表楚國，世世祭祀。魏國的安釐王、齊國的緡王、趙國的悼襄王，與楚王陳勝一樣，都分別設置十戶的守墓人，得到世世代代的祭祀。魏公子無忌，不是帝王，而是劉邦所景仰的游俠世界的偶像，特地為他設置了五戶守望祭祀的人家。至於秦始皇，他的待遇高高在各國君王之上，二十戶守塚之家的設置，明顯地表達了劉邦和漢王朝對於秦王朝和秦始皇格外的敬重，絕無絲毫的不敬和怠慢。

從劉邦時代開始的這種尊重六國故王、尊重秦王朝和始皇帝的情況，一直持續到文帝景帝時代。從而，我們可以說，漢帝國建立之初，醜化秦始皇的土壤和條件也不存在。與此相印證，西漢初年，劉邦君臣，漢朝政府多次議論和總結秦王朝二世而亡的教訓，對秦的政治和政策批評甚多，卻從來沒有對秦始皇進行人身攻擊，編造醜化他的故事。在至今流傳的西漢初年的政論文獻，比如漢初賈山的〈至言〉，文帝時代著名政論家賈誼的《新書》中，都沒有這一類的故事。

到了漢武帝的時候，情況發生了變化。漢武帝的時代，是一個重大的歷史變革的時代。這種歷史變革，從時代精神和歷史形態的角度上看，可以說是中國歷史由秦末以來的後戰國時代，進入了由漢武帝時代開始的第二次統一帝國時代。這場歷史變革，極具顛覆性，堪稱一場古代的「文化大革命」。在漢武帝的主持下，這場「文化大革命」的一個基本思想，就是否認多年以來認為漢王朝是秦王朝的繼承者這樣一種意識形態，轉而來了一個一百八十度的大轉彎，宣稱漢王朝是從根子上革了秦王朝命的革命者，秦王朝的天命是水，漢王朝的天命是土，土水不相容。

在這個意識形態革命的指導下，漢朝政府對政治制度、經濟制度、對外政策等基本國策國政做了大變革，廢除了建國以來一直使用的秦代曆法，宣稱將服飾旗幟的顏色由秦以來的黑色改成黃色，度量衡所使用的吉祥數字也由秦以來的六改為五，整個社會的變化之大，可以說是翻天覆地。

在這場古代的「文化大革命」中，有名的罷黜百家、獨尊儒術的事件，也是其中的一部分，目的是呼應這場全面變革，用儒家思想取代自秦以來到西漢初年一直占據思想主流地位的法家和道家思想。

在這場大變革中，漢代社會對於秦始皇的看法和評價發生了根本的變化，他由偉人變成了暴君，由歷史上的成大功者變成了歷史罪人。

正是在這樣一種時代的變遷、風氣的轉化當中，對於秦始皇的個人攻擊被解禁，對他做人身醜化也受到鼓勵，修改秦的歷史，編造秦始皇的醜聞的歷史條件成熟。從而，在這個時候，出現了呂不韋獻有孕之女的故事，將秦始皇說成是呂不韋的兒子，由此宣稱秦國在秦始皇的時候已經失去了正統性，漢王朝取代秦王朝是繼承了周王朝以來的真正的天命。

11　莫做「耳食者」

孟老夫子說過一句非常精闢的話：「讀其書不可不知其人。」讀書，一定要知道作者，因為作品必然會反映作者的思想和意圖。作品中的問題，往往可以在作者的履歷中找到解讀的線索。

我們前面已經講到，《史記》是歷史學的第三世界，是司馬遷根據他所看到的史料，依照他的歷史觀念編著的歷史著作。毫無疑問，司馬遷在編著《史記》中有關秦國和秦始皇的歷史時，他自己對於秦國和秦始皇的看法，一定會影響他對史料的選取和編著的結果。那麼，司馬遷究竟是如何看待秦國和秦始皇的呢？

從家系上講，司馬遷是秦國人。他的家鄉是陝西省韓城縣，地在秦國的本土關中地區。關於司馬遷的祖先，傳說的時代，東拉西扯的旁枝不去說了，有名有姓的祖先，最早是秦惠王時統領秦軍消滅蜀國的將軍司馬錯，然後是秦昭王時代的將軍司馬靳，他是坑殺四十多萬趙國降軍的秦軍統帥白起的部下，與白起一道自殺。後來還有司馬昌，在秦始皇時代做過管理鐵器的鐵官。

入漢以後，司馬遷的曾祖父司馬無澤做過市長，不過，這個市長不是現在意義上的市長，而是管理市場的市長，相當於工商局長。司馬遷的祖父司馬喜做過什麼官不清楚，他的爵位是五大夫，漢代二十等爵位當中的第九級，算是高級爵位了。司馬遷的父親叫做司馬談，他是漢朝的太史令，就是國家圖書館長兼天文台長，《史記》的編撰，是由他開始的。父親去世後，司馬遷子承父業，也做了太史令，繼續做編撰《史記》的工作。

由此看來，司馬遷一家，代代居住在韓城一帶，世世是熱愛家鄉、懷念祖上的秦人。這樣一位司馬遷，不管是出於歷史學家的立場，還是出於家系的立場，或者是出於故國秦人的立場，都不會肆意污蔑秦國，惡意醜化秦始皇。相反，對於自己所處的時代，也就是漢武帝時代出現的那種趨炎附勢、趕潮流的無聊編造，司馬遷是有自己的看法和取捨標準的。

司馬遷在《史記・六國年表》明確表達了自己對於秦國歷史的看法，他說：「秦取得天下，多用暴烈的行為，但是，秦能夠順應時代的變化而不斷變革，所以能夠成就巨大的功業。經傳上說『應當效法後王』，為什麼這樣說呢？後王，也就是近代的賢明君王，他們所處的時代與當今接近，他們所處的環境也與當今類似，他們的議論看起來淺顯卻易於實行。」

司馬遷在對於秦國統一天下的歷史做了上述評價以後，轉過話來說道：「學者牽於所聞，見秦在帝位日淺，不察其終始，因舉而笑之，不敢道，此與以耳食無異。悲夫！」這句話的意思是說，當今的學者們往往拘泥於自己的所見所聞，只看見秦王朝在位的時間很短，而不去審視秦王朝的由來始終，一窩蜂去譏笑秦王朝，不能對秦王朝有正確的評價。這種做法，無異於用耳朵進食，完全不能品嘗食物的味道。這些耳食者，當是何等悲哀！

對於秦始皇本人，司馬遷也是態度鮮明的。一方面，他高度評價秦始皇統一天下的豐功偉業，他引用賈誼的話說：「始皇帝繼承了祖上的遺業，揮動長鞭而駕御海內，吞併兩周而滅亡諸侯，將各國君王踐踏於腳下，將各國領土收納於域內，真可謂是鞭笞天下，威震四海。」另一方面，司馬遷對秦始皇也有嚴厲的批評，他批評秦始皇統一天下以後，驕傲自滿，狂妄自大，自以為功勞蓋過五帝，領土超過三王，羞與古代聖王們同列，拒絕向歷史學習了，從而犯下了用打天下的方式來治理天下的錯誤，一錯再錯，終於為秦二世速亡埋下了禍根。

司馬遷對秦王朝和秦始皇的看法和評價，中肯而客觀。他將秦國用暴力統一天下的嚴酷事情，放在歷史發展的大趨勢中看待，他對秦始皇一生的功過，也區分為兩部分做不同的評價——既有統一天下的大功大業，也有治理天下的大過大錯，不愧為歷史學家以歷史的眼光來看待歷史和歷史人物。值得注意的是，在司馬遷自己直接表達的意見當中，從來沒有對秦帝國和秦始皇做過任何妖魔化或者是人身的攻擊。

從司馬遷編撰《史記》的動機和意圖上看，炒作呂不韋獻有孕之女，將秦始皇醜化為呂不韋的兒子，否認秦國王位正統性的做法，不是司馬遷的做法；對於這種流言和做法，司馬遷是大不以為然的。從司馬遷批評耳食者們醜化秦國歷史的話來推斷，這些下作的緋聞，應當都是那些趕潮流、用耳朵進食的文人們的編造。如果這個故事是司馬遷寫進列傳中的話，他也是加了特別的註解，用暗號隱語提醒世人不要輕信流言。

二　《史記》失載了的歷史

1　又是司馬遷的錯？

《史記》採用了不可信的歷史故事，這個故事經過別有用心者的改造，套在秦始皇的頭上，這就是本書的第一案，生父之謎的謎底。這個謎底可以用一句話來概括，由於史書的誤載而引發的編造。

那麼，本書的第二案、第三案、第四案——秦始皇的弟弟為什麼反叛？嫪毐之亂的真相是什麼？昌平君又是什麼人？秦始皇後宮的情況為什麼沒有記載？——這些問題的謎底又在哪裡呢？

我們已經解明，秦始皇的弟弟成蟜是韓夫人的兒子，他得到夏太后的寵愛，在他的一舉一動後面，處處都是韓系外戚勢力的影子。秦始皇的假父嫪毐是帝太后的面首和寵臣，他的起伏成敗，不過是趙系外戚勢力興衰的縮影。秦始皇的表叔昌平君熊啟，是華陽太后的親族和親信，他是代表楚系外戚執政的頭面人物。至於秦始皇的子女們，他們都分屬不同的外戚勢力，扶蘇應當是楚系的公子，胡亥可能是趙系的公子……如此綜合下來，一個共同的歷史背景，就在本書第二、三、四案身後浮現出來：這就是秦國王室中不同的外戚集團勢力的存在。

根據我們破解疑案的過程和結果來看，這個共同的歷史背景，應當就是第二、三、四案共同的謎底。歷史上之所以會出現這三件疑案，是由於史書對於秦國王室中存在不同的外戚集團這件重大的史事失載，留下了巨大的歷史空白，造成了歷代的不解和誤解。如果我們要追究責任的話，司馬遷仍然是脫不了干係的，因為他沒有為《史記》撰寫〈秦外戚列傳〉，問題就出在這裡。

看來，又是司馬遷的錯？

司馬遷在《史記・外戚世家》中說：「自古受命帝王及繼體守文之君，非獨內德茂也，蓋亦有外戚之助焉。」這句話是說，遠古以來開創基業和繼承祖業的帝王，並非僅僅依靠自己內在的德行，還得依靠外戚的幫助。司馬遷所說的外戚，就是帝王的母族和妻族，他們是世襲王權體制下極為重要的政治勢力，曾經在中國歷史上發揮過非同尋常的作用。對於這一點，司馬遷是有相當充分的認識的，所以，他在寫《史記》的時候，特意編撰了〈外戚世家〉。

《史記》是通史，〈外戚世家〉本來應當從王權世襲的起頭開始，從夏商周秦一直追溯下來；但是，翻開〈外戚世家〉，司馬遷的具體敘事，是從西漢初年開始的，從劉邦的夫人呂后家族一直到漢武帝的皇后衛子夫一族。對於西漢以前歷代的外戚，司馬遷都一筆帶過，省略不記。司馬遷為什麼會這樣做呢？他是想隱瞞歷史，還是另有原因？對於這個問題，還得召喚司馬遷出庭作證，請他為自己著作的漏洞做具體的說明。

對於這個問題，司馬遷在〈外戚世家〉中有一句感慨深沉的話，他說：「秦以前尚略矣，其詳靡得而記焉。」這是說，秦以前的歷代外戚，由於史料缺乏，已經無法做詳細而系統的記敘了。這句話雖然簡短，卻是直接的證詞。看來，司馬遷沒有隱瞞歷史的嫌疑；他是巧婦難為無米之炊，他想寫秦以前的外戚列傳而沒有資料，只能暫付闕如，望洋興嘆了。

事情追查到這裡，歷史法庭可以做出一個比較公正的結論了：一，本書第二、三、四案發生的原因，是由於史書的失載而引發的諸多盲點。二，這個引發諸多盲點的失載，起因於《史記》缺了〈秦外戚列傳〉。三，《史記》之所以缺了〈秦外戚列傳〉，是因為司馬遷沒有足夠的資料。四，在失載的問題上，司馬遷是沒有道德和刑事責任的。

歷史法庭在做出了上述結論以後，也藉此機會表示一點審理之外的看法和希望。首先，歷史法庭以為，歷史學家司馬遷的工作是有欠缺的，對於因為這種欠缺而引發出來的種種不解和誤解，對於當事人所造成的名譽損失，我們深表遺憾。其次，作為一種希望，歷史法庭建議歷史偵探在已有的調查結果的基礎上做進一步的努力，考慮能否為《史記》補寫一篇〈秦外戚列傳〉，以求對疑案的破解，劃上一個完美的句號，對先祖的事蹟和名譽，做一個完整的恢復。

2 〈穰侯列傳〉的啟示

歷史法庭的希望，對於歷史偵探來說，是一個新的挑戰。破案的思路，重在調查和分析；補寫的思路，在於綜合和敘述。新的綜合和敘述，從哪裡入手呢？

歷史偵探是司馬遷的粉絲，《史記》是伴隨他一生的讀物。他再一次從書架上取出《史記》，嘗試為新的挑戰尋找靈感和突破口。他翻開《史記》卷七十二〈穰侯列傳〉：「穰侯魏冉者，秦昭王母宣太后弟也。其先楚人，姓芈氏。……」〈穰侯列傳〉，歷史偵探已經多次讀過，這句開場白，已經熟讀成誦。他一字一句抄寫這句話，似乎有了新的體察。穰侯魏冉這個人，是秦昭王的母親宣太后的弟弟。他的祖先是楚國人，姓為芈氏。歷史偵探由此聯想開去：魏冉姓魏，魏是魏國王族的姓。秦昭王嬴則是秦始皇的曾祖父，秦國的王族嬴姓趙氏。宣太后是秦昭王的母親，出身於楚國的王族，楚國的王族熊姓芈氏。……這一句短短的開場白，已經將秦國與楚國和魏國王室間的婚姻關係包含進去了。歷史偵探猛然感悟到，補寫〈秦外戚列傳〉的突破口或許就在這裡？

原來，由於史料的限制，司馬遷未能撰寫〈秦外戚列傳〉，但是，他是將有關秦國外戚的一些重大事情，寫進〈穰侯列傳〉中了。相關的線索，還得從秦惠王結婚的事情開始。

秦惠王嬴駟是秦昭王的父親，秦國的第二十九代王。他十九歲即位，二十二歲行冠禮親政，二十三歲的時候行大婚，迎娶了魏國的王女做王后，生下兒子嬴蕩，立為王太子。嬴蕩後來繼承了王位，成為秦國的第三十代王，是為秦武王。秦惠王娶了魏夫人後，又從楚國迎娶了楚國的王女做側室，這位楚國出身的側室夫人，就是後來的宣太后，她出嫁到秦國的當初號為芈八子。芈是她的姓氏，八子是側室夫人的等級稱號。芈八子與秦惠王生有三位兒子：嬴則、嬴悝和嬴市。嬴則後來繼承了王位，成為秦國第三十一代王，就是秦昭王。嬴悝後來被封為高陵君，嬴市被封為涇陽君，都曾經是秦國政壇上顯貴一時的人物。

宣太后的父親是楚國的王族。楚國的王族熊姓芈氏，她的姓氏，就是從父親的姓氏繼承來的。宣太后有兩位弟弟，她的異父長弟叫做魏冉，與宣太后同母，後來封為穰侯。同父幼弟叫做芈戎，與宣太后異母，後來封為華陽君，秦始皇的養祖母華陽夫人，就是他的孫女。

秦惠王死後，秦武王即位。秦武王的母親惠文后被尊為太后，魏系外戚興起，魏冉開始登上政治舞台，任職用事。秦武王即位的時候，只有十九歲，他強壯有力，喜好武力競技，網羅了一大批力士在身邊，委以重任，陪同進出，一起遊戲。秦武王即位的第四年，秦軍奪取了韓國的軍事要地宜陽（今河南宜陽西），武王興沖沖經過宜陽來到洛陽，聚會喜慶，親自與力士們舉鼎比試，不慎折斷髕骨，突然身亡。

秦武王死的時候，只有二十三歲，他在母親的主持下，剛剛從魏國娶了夫人，還沒有子女。圍繞著王位的爭奪，秦國宮廷爆發了一場為時長久、影響深遠的政治動亂，史稱「季君之亂」。以秦武王的母親惠文后為首的魏系外戚集團擁立公子壯（號為季君）為秦王，以宣太后為首的楚系外戚集團擁立嬴則為秦王，秦國政局陷入兩君並立的大混亂。

在這個歷史的關鍵時刻，魏冉站了出來，他統領軍隊，誅滅了公子壯及其支持者，秦武王的母親惠文后憂慮而死，秦武王新婚的魏夫人被遣送回國。在魏冉的一手主持之下，秦昭王嬴則的王位確立，秦國的政局安定下來，秦國的歷史，由此進入了長期穩定、繁榮強盛的擴張時代。

3 魏冉身世之謎

平定季君之亂，擁立秦昭王的關鍵人物是魏冉。在秦國政局的危難關頭，為什麼魏冉出面就能夠安定秦國政局呢？對於這個涉及秦國政局核心背景的問題，司馬遷只用了一句話帶過，「唯魏冉力能立昭王」。這句話是說，在當時大混亂的形勢下，只有魏冉有力量能夠擁立秦昭王。那麼，我們自然要問，為什麼唯有魏冉才有安定秦國政局的力量呢？遺憾的是，司馬遷沒有給出明確的回答，可以說又成了一樁不明不白的歷史疑案。

在有了破解多個疑案的經驗和結果以後，我們已經可以對司馬遷一筆帶過的疑問做出合理的解答了。這個答案，就在魏冉的姓氏當中。魏冉與宣太后同母異父，他姓魏名冉，他的姓，是從父親那裡繼承下來的。魏是魏國王室的姓氏，魏冉的父親應當是出身於魏國王室的貴族，宣太后的母親生下了宣太后以後，改嫁了魏氏，從而，在魏冉的身上，有楚國和魏國兩國王室的血統。正是因為這層關係，魏冉在秦國王室中就成為一位非常特別的人物，因為父系的緣故，他與秦惠王的王后魏夫人（惠文后）是親族；因為母系的緣故，他又是秦惠王的側室楚夫人（宣太后）的親族。他同時得到兩國夫人的信任，成為秦國政壇上一位橫跨魏系外戚和楚系外戚的雙料人物。

正是因為魏冉的這種特殊身分，加上他本身賢明強幹，在惠文王的時代，他已經登上政治舞台，秦武王即位以後，他更是身居高位，成為手握兵權的重臣。秦武王猝死，以惠文后為首的魏系外戚擁立公子壯，以宣太后為首的楚系外戚擁立公子則，雙方勢均力敵，相持不下。在這個時候，身居高位，手握重兵，與對立的雙方都有深厚關係的魏冉的態度，可以說是決定性的。如果魏冉倒向魏系，公子壯將確立為秦王；如果魏冉支持楚系，公子則將確立為秦王。

在二者取一的關鍵時刻，魏冉決定支持楚系，與姊姊宣太后聯手，擁立外甥嬴則。魏冉決定支持嬴則為秦王以後，親自出任將軍，統領軍隊控制了首都咸陽，用武力將公子壯及其支持者一一消滅。在這次巨大的政治變化中，惠文后憂慮而死，秦武王的新婚魏夫人，被魏冉禮貌地送回娘家，既不得罪魏國，也對過世的秦武王有一個妥善的交代。當時的人，都稱讚魏冉富於智謀，長於辦事，善於做人。

秦昭王即位的時候，年紀尚幼，秦國的政權，由母親宣太后代理，魏冉成為輔政的第一權臣，直接出面主持國政。在秦昭王在位的五十六年間，魏冉一共五次出任秦國的丞相，在丞相任上當政二十五年之久，成為秦國歷史上任職最久的丞相。魏冉文武雙全，他不僅善於處理內政外交，還多次親自出任將軍，統領秦軍征伐趙、魏、齊等國，為秦國的強大立下了赫赫功勳。在魏冉當政其間，秦國內政穩定，外交活躍，秦軍順利進軍關東，逐一擊敗各國，在爭取統一天下的主導權的過程中取得了絕對的優勢。在魏冉的主導下，秦昭王第一次稱帝，向天下顯示了秦已經具備了統一天下的意志和實力。

在魏冉輝煌的一生當中，有兩項功績最值得提起：第一當然是他當機立斷，平定季君之亂，擁立秦昭王安定秦國政權的事情；第二件值得一提的事情，是魏冉善於用人。白起是秦軍的名將，在秦國統一天下的過程中立下了最大功勞。白起出任秦軍大將，是由魏冉推薦的；白起所有的重大軍事行動，都是在魏冉的堅強支持下獲得成功的。魏冉為相，白起為將，可以說是秦國歷史上最佳的將相組合。正是在這一對最佳組合的合作下，秦軍取得了伊闕之戰的勝利，徹底打垮了韓國和魏國；也正是在這一對最佳組合的合作下，秦軍取得了鄢郢之戰的勝利，迫使楚國退出了統一天下的候選人行列。

長平之戰，秦軍在白起的領導下取得了前所未有的勝利，決定了最終統一天下是秦國而不是趙國的大局。不過，此時的秦國，魏冉已經退出政治舞台，獲得了勝利的白起，身後沒有賢相的支持，受讒言而不得善終，被迫自殺，乘勝攻入趙國的秦軍，也因此大敗而歸，秦國統一天下的時間，由此推遲了四十年，留待秦始皇來完成。

司馬遷稱讚魏冉說：「穰侯，昭王親舅也。而秦所以東益地，弱諸侯，嘗稱帝於天下，天下皆西鄉（向）稽首者，穰侯之功也。」這句話說，穰侯魏冉是秦昭王的親舅舅。秦國之所以能夠東進擴張領土，削弱諸侯，稱帝於天下，迫使天下各國都面向西方低頭，向秦國稱臣，都是穰侯的功勞啊。魏冉真是一位了不起的人物，他不僅是一位政績不凡的賢相，也是一位卓爾不凡的賢外戚。他的歷史地位，不能局限於秦國的歷史，更要在秦統一天下的大視野中加以高度的評價。

4 奇特強悍的宣太后

在秦昭王時代，魏冉是楚系外戚的頭面人物，國內國外的大事，出頭露面的大多是他。他的姊姊宣太后呢，她身居宮中，垂簾聽政，是楚系外戚的核心人物。楚系外戚的其他成員，都在她的卵翼之下，分據要職，牢牢地將秦國政權掌握在手中。

芈戎是宣太后的同父幼弟。宣太后出嫁到秦國時，他還在楚國，後來在楚國犯了罪，被迫離開楚國到了東周。宣太后當政以後，芈戎被從東周召到秦國，大受重用，出任丞相，被封為華陽君，成為楚系外戚的另一位頭面人物。芈戎、魏冉與宣太后三姊弟，成為長期主宰秦國政壇的三巨頭，被稱為「三貴」。

當時的秦國政壇，又有「四貴」當政之說。「四貴」的前兩貴是穰侯魏冉和華陽君芈戎，另外兩貴是高陵君嬴悝和涇陽君嬴市。嬴悝和嬴市是秦昭王嬴則的弟弟，宣太后的兩位兒子，他們也積極活躍於秦國政壇，參與國政，出使外國，領軍征伐，成為位尊權重的封君政要。史書上說，魏冉專政擅權，涇陽君和華陽君無所顧忌，高陵君進退不請，秦王大權旁落，四貴私家富於王室。這種說法，出於游士的誇張，政敵的攻擊，雖然是偏頗的一面之詞，也確實反映了楚系外戚權傾秦國政壇的一面。

宣太后是秦昭王的母親，三貴的首貴，四貴的後台，勢力龐大的楚系外戚，宛若眾星拱月一般，圍繞著她此起彼落，升降沉浮。秦國的國運和勢力，在宣太后與秦昭王當政期間，達到了秦國立國以來的最高峰；不可逆轉的秦國統一天下的局勢，也決定於這個時期。不僅在秦國的歷史上，就是在中國歷史上，宣太后也是一位了不得的女性，一位傑出的政治人物。她不僅擅長國事，政績非凡，而且行事為人非常特立獨行。如果用後來的歷史人物來加以比況的話，宣太后可以說是一位秦國的武則天。

在《戰國策．韓策》中記載有這樣一個故事，秦昭王即位不久，楚國進攻韓國。韓國多次派遣使者向秦國求救，秦國都不理睬。原因在於宣太后。宣太后是楚國人，她不久前剛剛為兒子秦昭王從娘家娶了楚夫人，秦楚兩國正在新婚的蜜月中，她不願意與楚國交惡。韓國無奈，再次派遣使者尚靳到秦國面見秦昭王，陳述利害說：「韓國在地理上是秦國的屏障，在外交上是秦國的隨從，兩國間的關係，可以說是唇齒相依。如今韓國危急，秦國不予救助，唇亡齒寒的必然結果，望大王再三考慮計量。」

秦昭王將尚靳的話轉達給了宣太后，宣太后說：「韓國來的使者不少，唯獨尚靳的話還有些道理。」於是同意召見尚靳。宣太后對尚靳說：「賤妾從前服侍先王的時候，先王將他的大腿壓在賤妾身上，賤妾感到困乏而難以支撐，先王將整個身子壓在賤妾身上，賤妾卻沒有感到沉重，為什麼呢？因為有承寵接歡之利。如今秦國救助韓國，如果不多發士卒，不配備充足的糧草，是難以完成的，仔細計算下來，可以說是日費千金。在這種情況下，韓國將如何回報秦國，使秦國不要感到沉重的負擔，而有得利的歡快呢？」

在戰國的外交活動中，露骨的利益要求常常會用比較委婉的詞句加以紋飾，曲折地表達，宣太后直言不諱地要求韓國對秦軍的救助行動做出實際利益的回報，可見她快人快語，毫不掩飾對國家利益的追求。更為奇特的是，對於這件事情，她竟然在外國的使者面前，用自己與秦惠王間的性愛動作為比喻來侃侃而談。這種在外交場合對於兩性關係的話題毫無忌諱的做法，在中國歷史上也許是絕無僅有的。

不忌諱兩性關係的作風，宣太后不僅流露在口頭上，也表現在行動中。義渠，是地處秦國西北的游牧民族國家，軍力強盛，長期成為秦國邊疆的心腹大患。面對國政的如此難題，宣太后挺身施行美人計。她利用義渠王來秦的機會，引誘義渠王私通，生下了兩個兒子。就在義渠王戒備鬆懈的時候，她在咸陽的甘泉宮中設計殺死了義渠王，趁義渠國內無主的混亂，迅速發兵攻擊，一舉將義渠消滅，就地設置郡縣，從此以後，秦國的西北邊境安定下來。

這件事情，秦昭王不但知情，而且與母親緊密合作，相互支持。據說，在事情最緊張的時候，秦昭王每日早晚進宮面見宣太后請示商量，完全無暇顧及其他的事情。宣太后與義渠王的事情，見於《史記・匈奴列傳》和〈范雎列傳〉，詳細的情況雖然不清楚，古代史上一位奇特強悍的女主的形象，卻是躍然紙上，令人不得不嘖嘖稱奇。

宣太后養有一位面首，叫做魏醜夫，很得寵愛。秦昭王四十二年，宣太后病重，自感將不起，她下了一道命令，要魏醜夫為她殉葬。魏醜夫惶恐，請了一位叫做庸芮的人為他幫忙遊說，請宣太后千萬不要將自己殉葬。

庸芮見到宣太后，談起了死生知覺的哲學話題。

庸芮對宣太后說：「對於人死後有沒有知覺的事情，不知道太后怎樣看？」

宣太后回答說：「恐怕是沒有知覺的。」

庸芮接著話頭說：「以太后的神明悟性，當然知道死者是沒有知覺的，不過，既然如此，太后為什麼還要將生前所愛的人，埋葬到死者身旁，這不是徒勞而不會有知覺的事情嗎？退一步講，如果死者真的有所知覺的話，先王對太后養面首的行為可以說是積怒已久了，太后要去見先王，如今救過彌補尚且還來不及，難道還有餘暇去顧及魏醜夫？」

於是宣太后醒悟了，收回了要魏醜夫殉葬的命令。

宣太后要魏醜夫殉葬，見於《戰國策．秦策》，也是一件令人深思稱奇的事情。

用所愛的人殉葬，在秦國的歷史上還有一件更為有名的事情。秦國的第十代君主秦穆公死的時候，曾經用一百七十人殉葬，他生前喜愛的三位大臣：奄息、仲行和鍼虎三兄弟也在其中。這件事情，不僅使秦國人民感到莫大的悲哀，也遭到了各國輿論的譴責，受到有識之士的批評。

不過，我們在這件事情當中，可以看到一樁重要的歷史事實，在秦國的歷史上，用活人殉葬是一種古來的習俗。這種古來的習俗，在殷商時代已經可以看到，在秦國的歷史上，可以明確地追溯到秦國的第六代君主秦武公時代，連綿不絕，一直延續到秦國第二十七代國君秦獻公的時代方才廢除。正式廢除的時間是西元前三八四年，距離秦穆公用臣下殉葬的西元前六二一年，已經過了二百三十多年，距離秦武公用六十六人殉葬的前六七八年，已經過了將近三百年。

由這件事情聯想到宣太后在兩性關係上的種種奇特言行，我們應當認識到，這種比較開放的性觀念，不只是宣太后的個人行為，應當也是當時秦國和楚國的古來習俗。秦國和楚國本是蠻夷的國家，與中原各國在文化和習俗上有較大的差異，不可以只是用後來的道德觀念來一味地指責，而是應當在歷史的演變中尋求理解。

5 發現〈詛楚文〉刻石

在春秋時代，秦國和楚國被中原各國視為文化落後的夷狄，秦國被視為西戎，楚國被視為南蠻，他們都不是所謂的華夏正統。秦楚這兩個特殊的國家，古來就有特殊的關係，兩國王室代

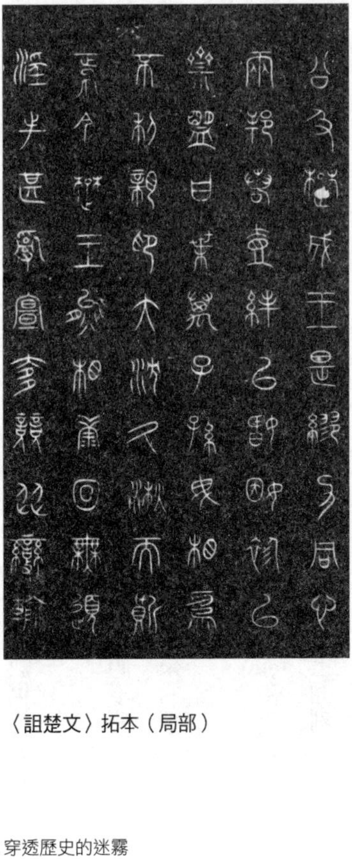

〈詛楚文〉拓本（局部）

代通婚，建立起了久遠而牢固的聯盟關係。與此相應，在秦楚兩國的內政上，楚秦兩系的外戚也起著相當重大的作用，秦始皇一生中多種疑案的謎底，都糾結在秦國國內楚系外戚的根子上。

遺憾的是，由於史料的欠缺，秦楚兩國的婚姻和外戚的情況是不清楚的。不僅今天的我們不清楚，司馬遷的時代就已經不清楚了，所以，一部《史記》對此多是語焉不詳，可謂是兩千年來的歷史黑洞。

深不可測的歷史黑洞，不時有驚動世人的火山噴發。西元十一世紀初，以中國的年曆計，在北宋仁宗嘉祐年間（一〇五六—一〇六三），鳳翔府（今陝西鳳翔）出土了一件秦代的石刻，上面刻有古樸的文字，全文一共三百二十六字，內容是秦王遣使宗祝（巫師長）向大神巫咸詛咒楚王不道，祈求打敗楚國的文章。這塊刻石，被稱為〈告巫咸文〉石刻。

〈告巫咸文〉石刻出土的時候，蘇東坡正巧在鳳翔府做簽書判官，作為州府幕僚，負責文書工作。多才多藝的蘇東坡愛好古物，他非常興奮，將石刻移送到州府的便廳保管，並且作了一首〈詛楚文〉詩，感慨石刻文內容的古奇，也就出土的情況做了說明。經過蘇東坡的介紹，這件事情轟動了當時的文化界。不久，大文學家兼歷史學家歐陽修對刻石的文字做了考證，眾多的文人學士也紛紛為之題詠、著錄和考釋，掀起了一陣好古的熱潮。後來，愛好文化的風流天子宋徽宗得到這塊刻石，將它納入御府收藏。

北宋是中國金石學（文物收藏和鑑定）興起的時代，不僅文人學士愛好古物，官府也重視收集。神宗熙寧元年（一〇六八），蔡挺出任渭州知州來到平梁（今陝西平梁），收集到一件石刻，文字內容同〈告巫咸文〉幾乎一樣，只是祈禱的大神換成了大沉厥湫。由此，這塊石刻被稱為〈告大沉厥湫文〉石刻。蔡挺非常喜愛這塊石刻，將它移送到官廳保管。後來，蔡挺調任到南京（今河南商丘）的御史台，這塊刻石也就隨著到了南京的蔡府。

據說，當時洛陽還出現了另一塊文字內容幾乎一樣的刻石，祈禱的大神是亞駝，被稱為〈告亞駝文〉刻石，也是蔡挺收集到的。不過，這件石刻是一件贗品，大概蔡挺已經看出來了，所以，他沒有收藏，而是將它留給了別人。

歷經宋金之間的戰火，北宋滅亡以後，上述三件刻石都下落不明，原始的拓本也見不到了。到了南宋時代，方才有根據原始拓本拼湊而成的兩種拓本出版，被稱為〈絳帖〉和〈汝帖〉。到了元代至正十九年（一三五九），又有一種摹刻的拓本刊行，被稱為《元至正中吳刊本》。這三種刻石文的拓本，一直流傳下來了。

一九三四年，著名金文專家容庚先生根據〈絳帖〉和〈汝帖〉內容做了歷史學的考釋。一九四七年，郭沫若先生又根據《元至正中吳刊本》再次做了考釋。一九九五年，戰國史大家楊寬先生又就石刻文的歷史背景和詛咒的儀禮習俗做了精密的論證說明，這件一千多年前出土的石刻文的種種情況，大體是清楚了。

歷史偵探家傳有好古的情結，近年以來，對於古代的遺址和出土的文物，更是情有獨鍾。對於

〈詛楚文〉刻石，字字句句推敲，反反覆覆摹寫，不僅贊同三位專家的鑑定，而且深感〈詛楚文〉的史料價值，還遠遠沒有發掘出來。為了繼續發掘〈詛楚文〉所包含的歷史資訊，我首先將三件石刻文的基本情況簡要地歸納如下：

①三件石刻文，除了祈禱的大神不同，分別為巫咸、大沉厥湫和亞駝外，文字相同，都是寫秦王派遣祝宗（巫師長）詛咒楚王不道，祈禱打敗楚國的內容，所以，一般通稱這三件石刻文為〈詛楚文〉。

②三件石刻中〈告巫咸文〉刻石與〈告大沉厥湫文〉刻石是真品，做成於秦惠文王更元十二年（前三一三）。當時，楚國發兵進攻秦國，文中所詛咒的楚王就是在位的楚懷王。〈告亞駝文〉刻石為贗品。

③〈詛楚文〉刻石的出土，不僅使我們了解到古代秦國詛咒巫術的實情實況，文中所揭示的大量史實，填補了歷史的空白，第一次為我們揭示了秦楚兩國三百餘年來結盟聯姻的祕史。

6 破譯秦楚「十八代詛盟」

秦國和楚國之間結盟聯姻的歷史，至少可以追溯到秦穆公和楚成王的時代。〈詛楚文〉中有這樣的記載：

昔我先君穆公及楚成王，是僇力同心，兩邦若壹，絆以婚姻，袗以齋盟。曰枼萬子孫，毋相為不利。

首先對文中的字句做簡要的解釋。秦穆公，秦國第十代君主，前六五九至前六二一年在位。楚成王，楚國第二十三代君主，前六七一至前六二六年在位。僇，通「戮」，意思是並，合。絆，用繩索拴束。袗，意思是重申。齋盟，齋戒盟誓。枼，世代。這句話說，從前，我秦國的先君穆公與楚國的成王，合力同心，兩國關係緊密若一，又連成婚姻，結盟起誓，告誡子孫萬代，不做不利於對方的事情。

秦穆公和楚成王「絆以婚姻，袗以齋盟」的事情，不見於史書記載，〈詛楚文〉的出土，為我們了解秦楚聯姻結盟的祕史，打開了入口。

從〈詛楚文〉的這句話我們可以了解到，在秦穆公和楚成王的時候，秦國和楚國通過王室間的婚姻結成了盟國，通過聯姻結盟的儀式，對神明詛咒起誓，表示信守不渝。「曰枼萬子孫，毋相為不利」，應當就是摘錄自誓文的短句，申令子孫萬代，不做不利於對方的事情。

〈詛楚文〉在回顧了秦穆公和楚成王開創了秦楚兩國聯姻結盟的關係以後，筆鋒一轉，嚴厲指責楚懷王在國內荒淫無道，在外對秦國背信棄義，「兼倍十八世之詛盟，衛（率）者（諸）侯之兵以臨加我。」倍，通「背」，就是背叛。衛，通「率」，率領。者，通「諸」。詛盟，詛咒盟誓。

這句話指責楚懷王褻瀆神明，背叛了秦楚兩國十八代的詛咒盟誓，率領諸侯各國的軍隊進攻秦國。

在這裡，請讀者務必注意「十八世之詛盟」這幾個字。這一句話，可以說是破解秦穆公以來秦楚兩國關係的密碼，秦始皇一生中種種疑案的解答，都在這句話的延長線上。

春秋時代，國家間盛行結盟。結盟有種種方式，通過王室聯姻結盟是最常見的形式之一。結盟有莊嚴的儀式，齋戒，歃血，在神明前起誓信守，詛咒背信，都是內容之一。這裡所說的「十八世之詛盟」的「詛盟」，與前面所說的秦穆公和楚成王間的「齋盟」意義相同，都是指秦楚兩國通過王室聯姻結盟起誓。

不能不使人感到震驚！這句話揭示了一個重大的歷史祕密：自秦穆公和楚成王以來，到秦惠王和楚懷王的三百餘年間，秦楚兩國間竟然有十八代的聯姻結盟關係。如果這件事情確是歷史事實的話，它必將深刻地影響秦楚兩國的關係，深刻地影響秦統一天下的歷史，也必將深刻地影響秦始皇的一生，甚至影響到漢帝國的建立。

遺憾的是，對於這個重大歷史事件，不但司馬遷不清楚，古往今來的歷史學家們都不清楚，不但成為中國歷史上一段迷茫的空白，也可以說是中國歷史上一樁千古的謎。幸運的是，我們今天有了〈詛楚文〉所提示的線索以後，終於可以將散見於史書中的一些零碎的資料連綴起來，將這個千古的歷史空白填補出來。

下面，讓我們一起來做新的歷史連接。首先，我們列出秦穆公以來的秦王世系如下頁表所示（

括弧中的數字為世代數）。

秦穆公（10）—康公（11）—共公（12）—桓公（13）—景公（14）—哀公（15）—夷公（16，不享國）—惠公（17）—悼公（18）—厲公（19）—躁公（20）—懷公（21）—昭子（22，不享國）—靈公（23）—簡公（24）—惠公（25）—出公（26）—獻公（27）—孝公（28）—惠文王（29）

計數秦穆公以來的秦王世系一直到秦惠文王，一共二十代。其中，第十六代的夷公和第二十二代的昭子，都是在王太子時代已經過世，沒有享國當政，只是名義上的追尊而已，可以排除出秦王世系表外。由實在的秦王世系算來，從秦穆公到秦惠文王，正是〈詛楚文〉所說的十八世。秦楚兩國絆以婚姻、申以詛盟的聯姻結盟關係，經歷了十八世，延續了三百餘年，可以說是源遠流長。

7 秦楚「袍澤之親」

源遠流長的秦楚聯姻結盟，從秦穆公時代開始。秦穆公晚年，秦國與晉國關係惡化，秦晉之間的關係，由友好轉為敵對，戰爭不斷。西元前六二七年，秦晉有崤之戰，晉軍在崤（今河南洛寧北）大敗秦軍，以此為契機，秦國開始援引楚國以對抗晉國，秦楚兩國間的盟國關係，因為聯姻而加強。

秦穆公死，兒子秦康公即位。康公時代，秦國與楚國的關係愈益親密。康公六年，楚國遭遇饑荒，以庸國為首的周邊屬國叛亂，秦國派遣軍隊協助楚國平定叛亂，消滅了庸國，送還歸楚。這個時候的秦楚關係，被歷史學家比喻為同屈同伸的手肘和手臂，譬之為「秦之親楚，何其至也」。

秦楚兩國的婚姻同盟關係，到了秦景公的時代，有了進一步的發展。景公的妹妹嬴秦，出嫁到楚國，是楚共王的夫人。景公十三年，秦楚聯軍進攻晉國。十六年，楚秦聯軍進攻宋國。就在這一年，嬴秦回到秦國省親，同時，楚國也下聘禮為公子求取秦妻，通過夫人外交，不斷地加強兩國關係。著名秦史專家馬非百先生評論說，秦景公以來，繼承父親桓公的遺志，繼續與楚國聯姻結盟，共同對抗晉國，「秦、楚間之和好關係，前後幾及百年，未或稍衰」。

到了秦景公的兒子秦哀公的時候，秦楚間親密的聯姻結盟關係，發展到了頂點。

秦哀公三十一年（前五〇六），吳王闔閭與伍子胥伐楚，大敗楚軍，攻占了楚國的首都，楚國幾乎亡國，逃亡在外的楚昭王派遣大夫申包胥赴秦告急求援。這件事情，在歷史上留下了一個有名的故事，叫做申包胥哭秦廷，見於《左傳》定公四年。

這個故事說，申包胥來到秦國以後，秦哀公未能馬上答覆，讓他回到使館休息等待。申包胥拒絕休息，在秦廷倚牆痛哭，日夜哭泣失聲，七天七夜滴水未沾，終於打動了秦哀公，迅速派遣秦軍入楚救援，擊敗吳國軍隊，楚國得以重建。

申包胥哭秦廷的故事，當然是帶有誇張的傳說。秦國之所以出兵救援楚國，並不是因為申包胥的哭聲和淚水如何地哀傷動人，而是出於秦楚兩國的婚姻聯盟緊密無間。楚昭王的母親是出自秦國的夫人，昭王本是秦國母系的王子，楚國是秦國最重要的盟國。吳國進攻楚國，後面有晉國的支持，秦國與晉國抗衡，離不開楚國的援助。對於當時秦楚兩國間的親密關係，我們可以用同穿戰袍襯衣的「袍澤之親」來加以形容。

秦哀公派遣秦軍救楚時，曾經親自賦詩〈無衣〉：

豈曰無衣？與子同袍。王于興師，修我戈矛，與子同仇！
豈曰無衣？與子同澤。王于興師，修我矛戈戟，與子偕作！
豈曰無衣？與子同裳。王于興師，修我甲兵，與子偕行！

這首詩，被保留在《詩經・秦風》裡，大意是：誰說沒有衣裳？與你同穿一件戰袍。君王要起兵，我修整戈矛，與你共同對敵。誰說沒有衣裳？與你同穿一件內衣。君王要起兵，我修整戈戟，與你共同備戰。誰說沒有衣裳？與你同穿一件戰裙。君王要起兵，我修整甲兵，與你共同赴陣。比喻同一戰壕的戰友之情的「袍澤之親」的語源，就是出自這裡。歷史偵探奉命補寫〈秦外戚列傳〉到這裡的時候，情不自禁，生發一句概括性的感慨：「秦楚袍澤之親，於茲為盛矣。」

8 二十一代聯姻結盟的祕史

秦哀公以後，秦楚兩國間的婚姻關係繼續不斷，到了秦孝公的時代，殘缺的史書記載中仍然留下了楚國來秦國娶夫人的記載。商鞅來到秦國主持變法，引薦他會見秦孝公的關鍵人物，叫做景監。景監是秦孝公的寵臣，楚國人；或許他正是與秦楚兩國政治聯姻有關的人物？

秦惠文王是秦孝公的兒子，他從楚國娶的妻子，就是後來大名鼎鼎的宣太后。當時號為芈八子，是秦惠文王的側室夫人。秦楚兩國的聯姻結盟關係，從秦穆公到秦惠文王，正是第十八代。到了秦惠文王在位的最後年間，兩國關係破裂，發生了大規模的戰爭，〈詛楚文〉的產生，就是在這個時候。

秦惠文王死後，兒子秦武王即位。秦楚兩國十八代的聯姻結盟關係，到此一時中斷了。我們前面也已經講過，秦惠文王的正夫人是魏夫人，出身於魏國的王族。秦武王嬴蕩是魏夫人的兒子，秦惠文王死後，嬴蕩十九歲即位，在位四年。秦武王的婚事，按照母親的意願，從魏國王室娶來了魏夫人。秦武王剛剛結婚，就死於舉重骨折的突然事故，在他在位的短暫期間，秦楚之間沒有婚姻關係。

秦昭王接替秦武王，即位後第二年，從楚國迎娶了楚夫人。這件事，當然是宣太后為兒子做的主。宣太后出身於楚國的王族，親近自己的娘家，她從楚國王室中為兒子選取了一位自己中意的兒媳婦，將一時中斷的秦楚婚姻關係又連接了起來。當時的楚王是楚懷王，他是宣太后的親族，他為這次婚姻，大為歡悅，斷絕了與齊國的友好關係。

秦昭王三年，秦昭王與楚懷王在黃棘（今河南南陽南）相會，秦國將秦惠王時代從楚國手中奪取的上庸（今湖北竹溪東南）等地歸還了楚國，楚國派遣太子到秦國做質子，秦國派遣軍隊支援楚國反擊齊國、魏國和韓國的聯合進攻。秦國和楚國的關係，因為這次婚姻，一時又親密起來，在秦國國內，楚系外戚勢力，也完全控制了政權。

以宣太后為核心的楚系外戚控制秦國政權的局面，一直持續了將近四十年，將秦國發展成為天下唯一的超級大國，鑄成了秦國統一天下的不可逆轉的大勢。秦昭王四十二年，年老的宣太后因病去世，楚系外戚失去主心骨。在游士范睢的幫助下，秦昭王解除了四貴的權力，兩位舅父穰侯魏冉和華陽君羋戎，兩位弟弟高陵君嬴悝和涇陽君嬴市都被打發出京，回到各自的封國去安度晚年，楚系外戚勢力一時衰落。

不過，楚系外戚的衰落僅僅是一時的旁落，東山再起的新希望，已經開始聚集到華陽夫人身上。華陽夫人是華陽君羋戎的孫女，秦昭王的表姪女，她嫁給秦昭王的兒子安國君，是親上加親的政治婚姻。秦昭王四十年，秦國的王太子死去，四十二年，安國君被立為王太子。宣太后是四十二年死去的，看來，宣太后死以前，不但頭腦清醒，而且依然管事，她提前安排了安國君與華陽夫人的婚事，力保秦國的王位繼續出於楚系夫人所生的王子。

以後的事情，就是本書第一案的歷史了，華陽夫人和安國君沒有兒子，呂不韋說動華陽夫人收養子異為養子，立為安國君的繼承人。安國君即位，是為孝文王，華陽夫人成為王后，子異成為王太子。孝文王去世，子異即位，是為莊襄王，華陽夫人被尊為華陽太后，華陽夫人的姊姊和弟弟陽泉君都因為擁立莊襄王有功而顯貴，華陽夫人的兩位親族，出身於楚國王系的昌平君和昌文君開始用事，楚系外戚集團再一次回到秦國政權中樞，重新主導秦國政治。

莊襄王嬴異的正夫人被稱為趙姬，她來自趙國的民間，絕色善舞而出身平民，最初依附華陽夫人。子異的母親夏太后是韓夫人，她也為兒子物色了一位韓系的側室夫人，來自她的娘家韓國王室。秦楚兩國的婚姻，在莊襄王的時代又一時中斷了。不過，與秦武王時代類似，莊襄王在位很短，只有三年。嬴政十三歲即位，二十三歲結婚，他的婚姻，由養祖母華陽太后操辦，華陽太后為孫子選定的媳婦，來自她的娘家楚國王室，她同歷代的太后一樣，處處不忘記援引母國娘家，為楚系外戚的現在和未來做最妥善的安排。

簡略清理下來，秦楚兩國王室之間十八代的聯姻結盟關係，因為石刻〈詛楚文〉而得到復原，如果加上秦昭王迎娶楚夫人，孝文王的正妻是華陽夫人，秦始皇迎娶楚夫人的婚事，一共整整二十一代，延續了四百多年，不但源遠流長，影響深遠，也成為解讀秦楚關係，解讀秦國王政，解讀秦始皇疑案的重大歷史背景。

9　秦始皇後半生的禁忌

歷史偵探的追蹤調查進行到這裡，〈秦外戚世家〉的大要算是補寫出來，秦國的外戚，主要是楚系外戚當政的歷史也由此清理出了一個清楚的輪廓。可以說，外戚當政，是同一政治制度下秦漢歷史的基本特點，楚系外戚當政，是直接關係到秦始皇生存環境的基本條件，正是因為這個基本條件含糊不清，所以才引出了歷史上諸多不明不白的事情，造成了秦始皇一生中諸多的難解疑案。

這個謎底清楚以後，歷史偵探有所感慨，覺得不但澄清了千百年來不明不白的諸多歷史事實，為列祖列宗正了名辨了誤，也得到了現代人好奇心的滿足，似乎可以班師回朝，就歷史法庭的希望做一完整的交代，開慶功宴了。不過，歷史偵探多疑而好鑽牛角尖，在鳴金收兵之前，心裡還有一件放不下的事情，如果這件事情不搞清楚的話，他心裡不踏實，喝酒不痛快。這件放心不下的事情，就是史書中為什麼沒有留下秦始皇時代有關外戚勢力的記載，特別是有關楚系外戚的詳細資訊，害得他最敬重的歷史學家司馬遷先生寫不出〈秦外戚世家〉來？

在重讀《史記・穰侯列傳》時有一種感受，〈穰侯列傳〉不僅寫了穰侯魏冉，而且將宣太后、華陽君芈戎、高陵君嬴悝和涇陽君嬴市等等屬於芈氏外戚集團的成員都寫了進來，明確將秦昭王時代楚系外戚當政的歷史做了敘述，可以說是一部局限於秦昭王時代的秦外戚列傳。秦昭王時代以前的外戚，由於年代久遠，史料缺乏，他無法撰寫，對於這一點，歷史偵探完全能夠理解，也用詛楚文的石刻史料做了一點世系連續的補充，算是聊可告慰先師史聖於天國了。不過，令人難以理解的是，對於秦昭王以後的秦國外戚的情況，司馬遷為什麼也沒有足夠的資料來加以撰寫呢？

從歷史時代的連接和順序來看，秦昭王在位五十六年，孝文王在位三天，莊襄王在位三年，接下來就是秦始皇，在位三十七年。由於孝文王和莊襄王在位時間太短，幾乎可以忽略不計，由此我們可以說，秦國的歷史，在秦昭王時代之後，緊接著的就是秦始皇時代了。秦昭王以後有關秦國外戚的資料欠缺的事情，基本上缺的就是秦始皇時代的史料。

我們已經講過，秦國的歷史，司馬遷主要是根據秦國的歷史記載《秦紀》等官方史料撰寫的。秦始皇的時代，距離司馬遷的時代較近；秦昭王的時代，距離司馬遷的時代較遠。依據常理，到了司馬遷的時代，有關秦始皇的史料遠比秦昭王多。事實也確是如此，一部《史記·秦始皇本紀》，不但遠比〈秦本紀〉中有關秦昭王的部分多得多，甚至比整個〈秦本紀〉的量還多。但是，如果就《史記》中有關秦國外戚的紀事來看，秦昭王時代相當的多，秦始皇時代幾乎沒有，這就不能不說是非常奇怪了。

奇怪的事情，一定有之所以奇怪的理由。正如司馬遷抱怨的，對於秦始皇時代的外戚，他不是不想寫，而是苦於秦國政府的記載中沒有留下有關的資料而寫不了。那麼，為什麼在秦國的官方記載中獨獨缺少了秦始皇時代相關外戚的記載呢？對於這個問題，經過調查以後，終於在西漢初年著名的政論家賈誼的〈過秦論〉中找到了一種解釋，這個解釋就是：「秦俗多忌諱之禁。」

賈誼的這段文字是這樣的：「當此時也，世非無深慮知化之士也，然所以不敢盡忠拂過者，秦俗多忌諱之禁，忠言未卒於口而身為戮沒矣。」賈誼在這裡說，從秦始皇、秦二世到秦王嬰亡國期間，秦國並非缺少有思想、有見解、明瞭時勢的人，而是這些人不敢站出來講話。這些人之所以不敢站出來講話，是因為秦國各種忌諱多，是一個言論自由受到箝制的國家，不管是政府官員還是民間人士，都不能據實而言，都不敢盡忠拂過，否則的話，將會被治以重罪，忠言還沒講完，就已身死人亡了。

秦始皇以來，「秦俗多忌諱之禁」的國情，是賈誼在總結秦王朝之所以迅速滅亡的原因時指出來的。在秦始皇時代的多種忌諱當中，有關楚國外戚的事情就是政治上的一大禁忌。史書中不時散見的一些有關秦楚關係的曖昧的話，如「秦滅六國，楚最無辜」、「楚雖三戶，亡秦必楚」等等，都應當是與這種禁忌有關。考究起來，這種禁忌，產生於秦始皇對於長期控制秦國政權的楚系外戚勢力的反感和反抗；這種禁忌，形成於他獨特的出生和成長環境，在華陽太后死後開始顯現，在昌平君反秦後定形。

10　如芒在背的楚系外戚

秦始皇的父親莊襄王嬴異之所以能夠成為王太子繼承人，是因為他投靠了楚系外戚，被華陽夫人收為養子的緣故。嬴異從邯鄲回到咸陽，娶了韓夫人生下成蟜以後，尚在邯鄲圍城中的嬴政之所以沒有被取而代之，也是靠華陽夫人和楚系外戚的庇護。莊襄王即位，華陽夫人被尊為太后，威臨國政，以昌平君為代表的楚系外戚再次進入政權的中樞。

嬴政十三歲即位以後，政權由華陽太后、夏太后和帝太后三位太后代理，楚、韓、趙三種外戚勢力並立。三位太后的外戚勢力中，最為強大的，仍然是華陽太后和她身後的楚系外戚。夏太后死去，經過成蟜之亂，韓系外戚衰落。嫪毐之亂後，帝太后被放逐，趙系外戚沒落。這個時候，以華陽太后和昌平君為代表的楚系外戚達於頂峰。

由此可見，從嬴政的出生一直到他成人，一直生活在華陽太后的庇護和掌控之下。不僅他，連他父親的政治生命，都掌握在以華陽太后為核心的楚系外戚手中，華陽太后和楚系外戚始終威臨他的身後，成為他生存的基本環境。他在這種生存環境中的感受，可以用一句話來概括，叫做如芒在背。這種如芒在背的滋味，是又愛又恨又怕，宛若兒童長期在長者的威壓管教之下不得不自我壓抑，強忍心中憤懣，一旦時機來臨，將會一一發洩出來，反抗報復。

嬴政與華陽太后之間的這種關係，在秦漢的歷史上屢見不鮮。以大家比較熟悉的事例來比況的話，就是漢武帝與祖母竇太后的關係。漢武帝十六歲即位，急於想在政治上有所作為，他大膽任用新人，積極提倡儒學，變更制度，推陳出新，惹得保守而喜好黃老之學的竇太后不高興，一巴掌打下去，結果是新人解職下獄，儒學廢除不行，年輕的漢武帝不得不老老實實蟄居沉默，韜光養晦，一直等到竇太后過世以後，方才捲土重來，清除竇氏外戚的影響，重新構築政權，再一次推行新政。

在秦國的歷史上，直接可以比況的相似類型，就是秦昭王與以宣太后為中心的楚系外戚間的關係。可以說，秦始皇時代的華陽太后相當於秦昭王時代的宣太后，秦始皇時代的昌平君熊啟相當於秦昭王時代的穰侯魏冉。宣太后在世的時候，秦昭王多年處在母親的威壓下，受到以舅舅魏冉為頭面人物的楚系外戚的掣肘，並沒有完全掌握政權。華陽太后在世的時候，秦始皇也始終處在養祖母的威壓下，受到以表叔昌平君為頭面人物的楚系外戚的掣肘，也沒有完全掌握政權。宣太后去世以後，秦昭王放逐了以穰侯魏冉為首的楚系四貴，大權獨攬。華陽太后去世以後，秦始皇放逐了昌平君熊啟，大權獨攬。秦昭王與秦始皇，在類似的歷史條件下，經歷了類似的成長歷程。

華陽太后去世，在秦王政十七年，這一年，嬴政三十歲。昌平君熊啟被放逐，在秦王政二十一年，嬴政三十四歲。所以說，秦始皇直到三十歲以前，並沒有真正掌權，也沒有獨裁專權的條件；他開始獨斷乾坤，是在三十四歲以後，這個時候，距離秦統一天下，只有短短的五年，他在統一天下過程中最實實在在的功績，都集中這一段時間。

以穰侯魏冉為首的楚系外戚，被解除權力以後，回到自己的封地安度晚年，不但都是善終，而且由於華陽夫人與安國君的婚姻關係而埋下了東山再起的伏筆。以昌平君熊啟為首的楚系外戚，卻因為昌平君反秦復楚，成為被牽連的亂黨，秦國的罪人。在這樁牽連廣泛的重大事件中，秦始皇的王后楚夫人和長子扶蘇也在所難免受到影響。

我們前面已經講過，秦始皇二十二歲行成人禮，開始親政，二十三歲迎娶楚夫人。他的婚姻，由華陽太后一手包辦，新夫人來自楚國，是華陽太后的親屬，昌平君的近親，是楚系外戚挑選出來的一位新的「華陽夫人」。長子扶蘇出生以後，上面有老太后的庇護，後面有楚夫人的愛護，左右有昌平君等楚系權勢人物的支持，繼承人的地位是早早就穩固成形了。

然而，華陽太后過世，特別是昌平君反秦復楚以後，形勢急轉直下，楚系外戚土崩瓦解，王后失勢，扶蘇失去了支持的基礎，作為繼承人的根基發生動搖。可以想見，在秦國王室和政府內部，圍繞著王位繼承人的問題，當是又有一番激烈的爭奪。也許，正是在這種複雜的形勢下，秦始皇不得不將正式策立太子的事情擱置，留待將來再做定奪。從以後的事情發展來看，他看重扶蘇的心情大概是沒有改變，一直給予扶蘇特別的機會和待遇，但是，他對扶蘇的楚系背景始終心存忌諱：他與楚系外戚有說不清道不盡的恩怨，他對楚系外戚懷有強烈的戒備心，他擔心扶蘇即位後政權再一次落到楚系外戚的手中，又會引發政治上的震動。也許，這就是他遲遲不立太子，直到臨終還在扶蘇和胡亥間搖擺的重要原因？

秦國政治中的這些忌諱，是秦始皇一生中難言的隱痛。秦國的史官，面對這一段曲折的歷史，大概只有隱瞞刪除，語焉不詳了。正是因為這個緣故，史書中關於秦始皇的紀事，相當於在秦昭王的紀事中有意刪掉了宣太后和魏冉等人，這就必然地留下了諸多的空白。秦始皇一生中諸多不可解的疑團，最古老的謎底之一應當就在這裡。

至於史書中為什麼也沒有留下有關秦始皇其他後宮的消息，歷史偵探以為，這件事情，在楚系外戚的忌諱之外，應當還與焚書有關。秦滅六國統一天下，為了消滅六國人民對於故國的記憶，下令將各國的史書通通焚燒。在焚書的行動中，秦國的史書不在焚燒之列。我們已經講到，秦王的夫人們來自各國的王室，有關她們的記載，都涉及六國的娘家，等於是一種別樣形式的六國歷史。也許，為了徹底地消除六國的歷史記憶，秦政府不但將楚系外戚和後宮的紀錄，也將其他後宮們的紀錄做了刪除，由此不再見於秦國史官的記載？

往事遙遠迷茫，對於秦代的事情，百餘年以後，司馬遷已經是不清楚，兩千年後，我們再來追究這一段歷史時，借助於新史料的發現和認識方法的改進，通過增補訂正，可以更加逼近真實，但仍然是不能知道得明明白白。點滴史料和無窮史實之間的落差，是古代史的宿命，也是古代史的魅力，我們必須不斷地通過聯想做連鎖式的考證，再用合理的推測去填補歷史的空白。

三　順天逆民秦統一

1　一切歷史都是推想

二〇〇九年二月底，個人結束了關於秦始皇親族疑案的偵查，將全部結果整理成冊，提交給了歷史法庭，對於這樁兩千年來的重大疑案，終於有了一個相對完整的交代。歷史法庭審閱了報告以後，對於歷史偵探的工作努力給予了肯定的評價，特別是對於歷史偵探接受法庭建議，另外補寫〈秦外戚世家〉的工作態度，表示讚賞，認為這將大大地推動有關秦始皇其他疑案的偵破。經過討論，歷史法庭決定獎賞歷史偵探一筆小額的獎金，並且建議偵探局給予歷史偵探適當的假期，便於他解除身心的勞累，接受新的任務。

得到獎金和假期的歷史偵探，喜出望外，他開始考慮如何使用這次難得的休假。

歷史偵探是貪玩好耍、喜愛遊歷的人，他決定去旅遊。歷史偵探又是好探險、求發現的人，單純的遊山玩水，已經激發不起他的興致，他的旅遊要有一種探索的目標。已故的偵探局老局長胡適先生不僅是一位傑出的歷史偵探，更是一位難得的歷史偵探理論家，他有一句名言，叫做：「大膽假設，小心求證。」這句名言，不僅對歷史偵探界有深遠的影響，多年來也被歷史偵探奉為座右銘。近年來，歷史偵探通過自己的實踐，覺得當今世道變化大，各種案情日趨複雜，這句名言已經難以滿足變化了的形勢，於是自己做了一點補充，叫做：「合理推想，臨場體驗。」

歷史偵探景仰胡適老局長，他自己也愛好哲學，有理論的興趣，喜歡隨時對自己所完成的工作做功過成敗、原因結果的總結，也喜歡不斷地對自己所從事的事業做打破沙鍋問到底的詰問。他覺得這樣既可以不斷地提高自己的破案能力，也可以為後輩的偵探們提供經驗教訓，為學科的發展提供建設性的貢獻。「合理推想，臨場體驗」的補充，首先來源於他野外工作的實踐總結，也來源於他閉門沉思的終極詰問。他有這樣一段自問自答式的紀錄。

歷史是什麼？

歷史是基於史料對往事的推想。

為什麼這樣說呢？

因為往事已經在時間中消失，今天的我們不能再回去驗證。史料是往事的遺留，是連接今天的我們與消失了的往事的唯一仲介。但是，在現存的史料和消失了的往事之間，橫亙著時間的間隔，在古代史的領域，這種間隔動輒數百上千年，如何穿越得過去？

同時，消失了的往事無窮無盡，現存的史料點滴有限，這種差異，到了古代史的領域，只能用大海與浪花來比喻，用九千九百九十九點九的往事與萬分之零點零零零一的史料來形容，如何連接得起來？

歷史偵探的回答是：連接史料和往事，通過解讀史料來重現往事、構築史實的唯一方法，就是依靠人類的智力，去做超越時空、由小見大的推想。推想必須合理。合理的推想，一是要有史料的依據，否則就成了空想；二是要合於邏輯，否則就成了臆想。

兩千年以前，司馬遷依據他所能見到的史料，對秦王朝和秦始皇的歷史做了相對合理的推想，為我們留下了《史記》中的相關敘述，成為後人了解秦始皇的最重要史書。但是，司馬遷掌握的史料不多，他的識別能力有局限，特別是他所生存的時代，官方和輿論主流出於自己的利益需要，對秦王朝和秦始皇執著根本否定的偏見，所以，《史記》中關於秦王朝和秦始皇的歷史，不但殘缺空白，而且羼入了大量的謊話和流言。

二十一世紀的今天，我們所能見到的史料已經超出司馬遷，我們所取的立場已經遠較自認為革了秦王朝命的漢王朝更為客觀，至於我們今天所具有的認識能力、廣闊視野和豐富知識，更不是司馬遷的時代所能夠比況的了。正是因為這樣，歷史偵探感到，在二十一世紀的今天，我們不但需要重新審視《史記》的相關記載，而且有必要重新構築秦王朝和秦始皇的歷史，一部新的更加接近真實的歷史。

2 重新尋找秦始皇

構築新的歷史，不但需要新的史料，也需要新的視野和方法。在新方法中，合理的推想是必不可少，不過，臨場體驗也是缺不得的功夫。臨場體驗，一種是用腦，用腦深入歷史事件發生的時間現場，穿越時空做歷史學的聯想，去設身處地地體驗當時的事件情景和人物心情。另一種是用腳，用腳深入歷史事件發生的空間現場，到古代的遺址去腳踏實地，去走去看去考察。

古代的遺址，是往事的廢墟——廢墟不是終結的空虛，而是與記憶同在的生存。當廢墟被觸發的時候，存留的記憶基因將會賦予往事以復活的生命。在這次秦始皇疑案的追查中，歷史偵探用腦的臨場體驗多，用腳的臨場體驗少，走得少了，看得少了，實地的臨場感也淡薄了，他自己不滿意，朋友們也有意見。

有幸得到歷史法庭格外恩准的休假後，歷史偵探決定去做實地考察，再一次用腳去深入歷史現場，去復活歷史，去尋求秦始皇的歷史真相。

心中的火焰燃起來，二〇〇九年三月，歷史偵探查詢地圖，打點行裝，背負行囊，手持相機，行進在山海之間的風塵路上。

歷史偵探到膠南，登琅邪台，感受秦始皇樂而忘返的歡愉，確認方士徐福與所謂的坑儒事件並無牽連，心中一塊石頭落地。放心之餘，追尋秦始皇巡遊的足跡，沿山東海岸北上，風雨中登成山頭，體驗當年旅行的艱辛，想見秦始皇祭祀日神的莊嚴。又西行去煙台，上之罘島，這裡曾經是秦始皇祭祀陽主、刻石記功的聖地，如今歷經滄桑，天變地動，小島聯通陸地，刻石已成紙上回憶。古今虛幻，往事如煙，最終去了蓬萊閣，因為海市蜃樓的幻影，八仙過海的傳說，這裡已成古往今來一大名勝地。

考察歸來，歷史偵探再次翻閱古典，研讀新出土的文獻，查詢古今中外的意見，他在確信「坑儒」是編造的偽史之餘，情不自禁感慨：秦始皇一生的事蹟，我們實在是了解得太少，也欠缺了盡心盡力去了解的努力；秦始皇一生的功過，特別是他的歷史形象，不僅是被曲解誤讀，更是被人為地醜化了。兩千年來，作為秦人的子孫，我們沒有尋實據理，公正客觀，努力地去認識一個真實的秦始皇，而是囿於黨派學派的成見，出於眼前利益的需要，編造出種種曲意阿世的詮釋，偏離歷史的真實越來越遠。如此的結果，上愧對列祖列宗，下愧對子孫後代，徒引海外識者的嘲笑而已。

感慨之餘，歷史偵探痛定思痛，他深感秦始皇留下的歷史遺產，至今仍然深刻地影響著中國。當今的中國社會，有必要為秦始皇這樣一個偉大而複雜的歷史人物做正本清源的澄清，對他在歷史上的事蹟，重新做細緻的考察，對他在歷史上的功過，重新做公正的評價。作為華人的職業歷史偵探，他自感羞愧汗顏，覺得自己在這樁千年疑案中是有責任的，他考慮盡自己微薄的力量，來從事這項艱難的工作。

3　推倒重來的工作

有一句話說得好，看法可以有很多，事實卻只有一個。看法是對事實的解釋，是建築在事實基礎上的高層樓閣。在事實和看法之間，事實優先。一旦事實動搖，看法必將搖搖欲墜。歷史偵探以為，唯一的事實，是歷史認識的基礎；多樣的看法，只是對唯一事實的不同解釋。如果我們相信人類有遵從事實的共同理性，正確的邏輯關係是人類的共同意識的話，最接近事實的解釋是可以逐步接近的，不同的看法是可以趨於一致的。

基於這種認識，歷史偵探將千百年來關於秦始皇的各種不同看法做了清理，他注意到這些不同的看法，大都基於相同的史實。提出這些看法的評論家們，並沒有致力於尋找和發現新的史實，也缺少對史實的認真清理，他們只是站在不同的角度看待同一史實，著力於在解釋上花樣翻新，甚至是強詞奪理。這種本末倒置的結果，就是造成議論紛紛而無新意，史實依舊了無進展的現狀。

基於這樣的認識，歷史偵探感到在重新認識秦始皇的問題上，需要推倒重來。他所說的「推倒」，講的是首先要將史書解構成史料——具體而言，就是分析《史記》和其他文獻中有關秦始皇的篇章，將可信度較高的史料、可信度較低的歷史故事和不可信的添加偽造區分開來。他所說的「重來」，分為史實的重建和史論的重建兩個階段。史實的重建，講的是從傳世文獻中篩選出可信的新史料以後，再從出土資料中尋找可信可用的相關史料補充進去，洗牌組合，重新構築有關秦始皇的史實。史論的重建，講的是在一部新的秦始皇紀事的基礎上，對歷史人物做出公正的評價，聯通古今，做揚棄的繼承取捨。

這項工作，宛若在一座曾經改建過的老建築的舊址上復原一座更老的建築，這座更老的建築，是改建前的原始建築。為了復原，首先要細緻地拆卸老建築，將可用的原始建材挑選出來繼續使用，在補充了新的建材、重建了原始建築以後，還要做最後的裝修和裝飾。毫無疑問，這項重建的工作，不但工序繁多，而且工作量龐大。曾經自以為對這項工作有了一定貢獻，也有意接受這項工作的歷史偵探自我衡量了一下，結果是倒抽了一口涼氣。他終於明白，從前所從事的工作，不過是拆卸舊建築和尋找新建材，他所完成的拆卸，僅僅是舊建築的前堂，他所收集的新建材，也還遠遠不夠用。

自我衡量到這裡，心裡有些涼颼颼的歷史偵探感到，在這個時候，要勉為其難地來對秦始皇的一生做重新評價，無異於在舊建築只拆了一半的時候來做裝修，結果怕是會落到商業宣傳的浮飾中去。歷史偵探有自己的職業道德，他尊重業界的職業規範，對自己的偵探事務所有嚴格的要求，看重創新和信用。他希望自己的偵探事務所能夠成為一個有品牌的專業特色店。

歷史偵探決定暫時擱置對秦始皇的一生做重新評價的重大工作，留待復原工程完成以後。眼下，他決定低調務實，只是總結已經完成的工作，依據已經取得的工作成果，以秦統一天下為界，對三十九歲以前的秦始皇做一個簡略的評價。在做這個評價的時候，歷史偵探決定選取秦始皇的親族關係作為觀察的視點，以新發現的相關史實作為線索和根據。他相信，由此得出的看法將會是新穎的，其可信性也是可以經受檢驗的。

4 頒獎台上的強勢明君

經過慎重考慮之後，歷史偵探寫出了評價秦始皇的階段報告書，準備提交給歷史法庭。因為最近在國外了解到人民陪審員制度的情況，感覺由大眾直接參與歷史審判將是未來的潮流，他於是將報告書做了摘要，提供給將來有興趣有機會參與陪審的讀者們，如下：

通過我最近的工作，對秦始皇的親族們做了一次比較徹底的調查。在這次調查的過程中，我們不僅對從前知之甚少的秦始皇的親族們，比如父親嬴異、母親趙姬、養祖母華陽太后、親祖母夏太后和弟弟長安君成蟜等人的情況有了比較深入的了解，而且發現了從前不為人知的幾位親族，比如表叔昌平君、成蟜的母親韓夫人、嬴政王后楚夫人等；在兩位準親族的著名人物——仲父呂不韋和假父嫪毒的事蹟中，也發現了諸多從前沒有被注意到的史實間的關聯。

通過這項工作，我們首次將秦始皇的親族網勾畫出了一個大體的輪廓；通過重建這些親族們所組成的關係網，通過觀察秦始皇在這個關係網中與親族們的互動和映照，我們在相當程度上復原了秦始皇的生存環境和發展條件。我們知道，個人的生命來源於父母，親族關係無疑是個人最基本的生存環境。在世襲制社會當中，出身決定了地位，親族關係更是個人發展的首要條件。把握住了秦始皇的親族關係，一個逼近歷史真實的、人性的秦始皇的形象，便有了復活的可能。

更為重要的是，這次調查，我們還首次對數百年來秦國外戚的歷史和秦國外戚干政的歷史特點做了系統的整理，對於長達三百年、延續了二十一世代的秦楚兩國的聯姻關係，有了脈絡清晰的認識，並且第一次將左右秦國政壇八十年之久的楚系外戚集團的歷史真相揭示出來了。外戚干政是秦國政壇的深層背景。楚系外戚集團主政，從秦昭王時代一直持續到秦始皇時代，秦始皇父子的政治生命，長期都掌握在這個集團手裡。可以說，外戚關係，特別是楚系外戚集團的存在，是秦始皇的生存環境和發展條件中不可忽視的重大背景。

忽視以上這些基本的要素，無異於割斷了歷史，結果就是將秦始皇視為橫空出世的奇特人物，讚美者稱他為千古一帝，將秦統一天下的偉業通通歸功於他的英明，攻擊者稱他是稀世暴君，將秦亡的責任逐一歸結為他的罪行。現在看來，這些意見都是情緒化的偏激之論，既不符合歷史事實，也偏離了評價歷史人物所必須具備的公正立場。

我的這次調查工作，從內容上看，主要集中於親族關係，從時間上看，主要集中在秦始皇從出生到統一天下的三十九年間。三十九年的時間，在秦始皇五十年的生涯中將近占了五分之四，他那曲折而輝煌的人生，已經過去了大半。在這三十九年間，他從幼年到中年，他的為人行事、政風人格，已經基本定形。在這三十九年期間，他從秦國的王子到秦王，再從秦王到秦帝國的第一位皇帝，他在歷史上的地位，也大體確立。根據對他這三十九年歷史的仔細考察，我們看不出暴君獨裁的跡象；更重要的是，我們看不到出現暴君獨裁的歷史條件——不受限制的絕對王權。相反，我們看到秦國政治社會傳統深厚，王室婚姻連接多國，親族關係錯綜複雜，君王的政治權力受到多方的制衡和限制。在這種生存和發展條件之下，我們所看到的三十九歲之前的秦王嬴政，是一位經歷了種種艱難磨練，正在一步一步成長起來的賢明君王的形象。

另一方面，我們在調查秦始皇親族關係的工作中，也對秦統一天下的過程做了一次清理。清理的結果表明，秦統一天下的過程，是一個延續了數百年的漫長歷史過程。

這個過程，大體可以分為四個階段。

①秦孝公時代（前三六一—前三三八年）。這一階段，可以說是秦統一天下的出發點。在這段時期中，秦孝公任用商鞅，實行變法，富國強兵，奠定了秦統一天下的制度基礎。

②秦惠王時代（前三三七—前三一一年）。這一階段，可以說是穩步東進的階段。在這段時期中，秦惠王派遣司馬錯攻占巴蜀，將關中蜀漢連成一片，建立了東進的穩固基地；任用張儀破解六國聯盟，實現了東進的有利外交環境，北取上郡，南奪漢中，東進三川，開始穩步擴張。

③秦昭王時代（前三〇六—前二五一年）。這一階段，可以說是決定性的階段。在這段時期中，秦國在宣太后和秦昭王的堅強領導下，任用魏冉，內政安穩，外交靈活；軍事上任用大將白起，通過伊闕之戰，殲滅了二十萬韓魏聯軍，使韓國和魏國失去了抗衡秦國的力量；通過長平之戰，殲滅了四十萬趙國軍隊，使趙國失去了抗衡秦國的力量。這時候的秦國，三分天下有其二，領土和實力，已經遠遠凌駕在六國之上，這時候的秦國，統一天下的三大戰役（伊闕之戰、長平之戰和滅楚之戰）已經打贏了兩場，統一天下的大局已經定形，攻滅六國的大勢已經難以逆轉。

④秦始皇時代（前二四六—前二二一年），這是完成統一的最後階段。在嬴政年幼不能親政的十年間，政權由華陽太后、夏太后、帝太后代理，主持國政的呂不韋、昌平君，主持軍事的蒙驁和桓齮都是先王以來的老臣，維繫著內政外交和東進政策的穩定。嬴政二十二歲親政，在祖母華陽太后的督促之下，依靠表叔昌平君等人平定嫪毐之亂，放逐了母親帝太后。事後，他接受齊國使者茅焦的建議，迎回母親，明智地在祖母和母親之間求得平衡，不僅妥善地處理了危機中的秦國政局，也妥善地處理了複雜的多國政治關係。

嫪毐之亂，是嬴政政治生涯中第一次重大的磨練，他順利地經受了考驗，一位有為君王的成長形象由此充分地展現出來。嬴政親政以後，華陽太后威臨王室，丞相昌平君輔佐國政，老將王翦領軍出征，年輕的秦王繼承傳統，開始領導秦國沿著既定的路線繼續東進。華陽太后去世以後，嬴政開始專權，罷斥老臣，放逐昌平君和王翦，強力推動統一的車輪急速猛進，結果是遭受了第一次滅楚之戰的重大失敗。不過，嬴政跌倒後又爬起來，他承認過錯，再次起用王翦，取得了滅楚之戰的最後勝利，完成了消滅六國、統一天下的大業。

如果我們以秦統一天下的過程為背景，將秦始皇的前半生放在這個背景中做一鳥瞰式的概觀的話，大致可以做出一個形象化的評語。秦統一天下的過程，宛若一場四乘一百的接力賽，秦始皇在這個歷史過程中所起的作用，可以比作四人接力賽中的最後一棒，在遙遙領先、勝局已定的跑道上，他接棒衝刺，曾經跌倒，又堅強地爬起來，一鼓作氣跑到了終點，成了頒獎台上的領獎者，歷史鏡頭的聚光點。在這個歷史的聚光燈下，他展現出來的人格是隱忍頑強、堅決果斷，他展現出來的政風是明察謹嚴、知過即改，他展現出來的歷史形象，是一位歷經了種種艱難磨練，正在一步一步成長起來的強勢明君。

5 天意難測民意重

一位年幼君王，經歷了種種磨練，一步一步成長起來，成為強勢明君，儘管遭遇過失敗和挫折，但他最終完成了統一天下的大業，成為歷史聚光燈下的千古一帝，這就是秦始皇前半生的人物形象。這個形象，陽光向上，可以說是正面投影的光輝形象。

投影出這個正面形象的光源，是中國由分裂走向統一的歷史運動。這個歷史運動結束了西周以來的列國並立，代之以統一帝國；這個歷史運動結束了遠古以來的親緣氏族社會，代之以新的編戶齊民社會。這個歷史運動，宛若一種不可阻擋的歷史潮流，一種不可逆轉的歷史大趨勢。這種歷史大趨勢，經典作家稱之為歷史的必然，星相學家稱之為宿命，我稱之為天意。

中國有句古話說，時勢造英雄。何謂時勢？時，時局也；勢，趨勢也。時勢就是歷史大趨勢，就是歷史的必然，就是天意的體現。西周王室衰退以後，由新的政治社會秩序取代舊的政治社會秩序的歷史運動開始啟動，諸侯兼併，列國爭霸；到了戰國時代，各國稱王，齊秦兩國先後稱帝，天下走向統一帝國的趨勢逐步明顯。正是在這種大趨勢當中，秦國以它特有的條件順應了天意，成為實現天意的工具，逐一消滅列國，創建了中國歷史上第一個統一帝國——秦帝國。

秦帝國建立以後，秦始皇五次巡遊天下，刻石記功，宣揚統一天下的大義。嶧山刻石文曰：「追念亂世，分土建邦，以開爭理。功戰日作，流血於野，自泰古始。世無萬數，陀及五帝，莫能禁止。乃今皇帝，壹家天下，兵不復起。災害滅除，黔首康定，利澤長久。」碑文大意是說：「回首亂世之初，紛爭由分封列國開始。從此以後，戰爭無日不有，鮮血遍地長流。古往今來的混戰局面，歷代不能改正，五帝不能禁止。當今時代，皇帝統一天下，戰爭不再出現，災害得以消滅，百姓康泰安定，永久享受和平的恩惠。」我讀嶧山刻石碑文，不僅感到字句鏗鏘，意義深遠，更進而感受到此時此地的秦始皇，登高遠望，志得意滿，儼然是天意的代言人。

另一方面，秦國統一天下的過程，又是一個延續了數百年的殘酷的戰爭過程。面對著秦國如狼似虎、無止無休地蠶食侵攻，執著於傳統、繼鄉眷土的各國人民恐懼悲憤；面對著宛若殺人機器的冷酷秦軍，熱愛祖國的各國人民同仇敵愾，拚死抵抗，上演了無數驚天動地、可歌可泣的感人事蹟。從這個角度來看，秦滅六國統一天下的行動，殘酷地強暴了各國的人心，是違逆大眾民意的。

如果我們以民意為另一束光源來照射秦始皇，投影出來的形象怕是相當地陰暗冷酷，一種為列國人民所痛恨，必欲除之而後快的無道暴君的形象，鮮明地映現出來。相反，民心民意的所向，大眾的熱烈視線，都投向了抗秦的英雄。荊軻別燕國，刺秦王功敗垂成，列國人民為之扼腕嘆息。高漸離繼承荊軻遺志，舉筑擊嬴政未中，一曲「風蕭蕭兮易水寒，壯士一去兮不復還」的悲歌千古迴響。張良變賣家產，求得壯士博浪沙狙擊始皇，他那懷念祖國痛恨暴秦的深情，凝結了韓國的民心民意。屈原賦〈哀郢〉，訴說國都為秦軍攻占的悲傷，哭泣百姓流離失所的苦難：「皇天之不純命兮，何百姓之震愆。民離散而相失兮，方仲春而東遷。」意思是說：「反覆無常的天意啊，為何使百姓遭殃？妻離子散啊家破人亡，仲春二月啊遷徙東方。」他憂國懷鄉，親土愛民。他怨天憫人，哀怨天意之不公，悲泣民生之苦痛。

偉大的屈原，是憂國愛民的詩人。屈原所憂的祖國，是激烈抗擊秦國侵攻的楚國。屈原所愛的人民，是在秦軍的殘酷攻擊下流離失所、痛楚絕望的楚國人民。屈原的著作和人格，不僅體現了楚國的民意，也體現了列國的民意。古往今來，屈原已經成為熱愛祖國鄉土和謳歌民情民意的象徵。

天意無情，民意人性，天意和民意的離合，左右了歷史的動向。我調查秦始皇疑案，整理秦統一天下的往事，深深感到秦滅六國的歷史是一部順天逆民的歷史——天意和民意的背離，製造了無數慘痛的歷史。

秦違逆民意統一天下，暴力強行的結果，古來列國消滅，萬千生靈塗炭；十五年後，有六百年歷史的秦國也不得不為此付出慘痛的代價，國家崩潰，王族滅絕。兩千年來，中國人民也不得不為此付出沉重的代價，呻吟在專制主義中央集權政治體制的壓迫之下，鄉土難以自治，個性難以發揚，改革的動向難以成器，創新的萌芽難以生長，龐大帝國體制的厚重停滯，讓近代中國沉淪到落後的谷底。追根問柢，都要溯源到早產的統一帝國，箝制民意，輕視地方，以暴力維持統一，扼殺任何可能出現的新生機。

一統天下的秦帝國，雖然是早產，畢竟順應了天意。秦帝國的建立，取得了遠古以來從未有過的成功，可謂是前無古人。一統天下的秦帝國，也為以後兩千年中華帝國的歷史，奠定了制度的基礎，規範了延續的藍圖，可謂是後無來者。秦的體制，歷代繼承，統一帝國的形態，延續至今。中國指向統一的天意，可謂是由秦帝國和秦始皇宣告的。

天意和民意的聚散離合，貫穿著中國歷史。屈原傷懷自沉，逆天順民。秦始皇統一天下，順天逆民。秦末大亂，劉邦順天順民，建立漢帝國。歷經王朝更替，演化到了近代，袁世凱復辟稱帝，是一場逆天逆民的短命鬧劇。兩千年中國歷史的基本特點，由統一帝國和民眾暴亂交替而來的王朝循環，也是源出於天意和民意的聚散離合。

天意和民意，是我們洞察歷史的兩束光源，評價歷史和歷史人物的兩個視點。從這個角度觀察開去，我們不但可以將秦帝國和秦始皇看得更清，也可以看清歷代的王朝和帝王，看清他們的明處和暗處，他們的光輝和黑暗，看清他們的成功和失敗，他們的偉大和渺小。

體察天意和民意，方能通古今之變。古代社會，天意重而民意輕；現代社會，民意重而天意薄。天意超前，民意滯後；天意難測而識者少，民意可察而變數多。不從天意，難以成功；不順民意，必將遭到功成後的報復。

蓋棺論定，秦始皇千秋功罪的評說，還得留待整理秦始皇晚年史實之後。以史為鑑，當權者順天重民，調和天意和民意，可謂是須臾而不可忘記。

編者按

有關對秦始皇統一天下及中華統一帝國的評述，可參閱：

黃仁宇，《赫遜河畔談中國歷史》，「秦始皇」「文景之治」「從分裂到統一」「貞觀之治」等節，台北：時報文化，一九八九。

——，《中國大歷史》第二、三、四章，台北：聯經，一九九三。

——著，張逸安譯，〈尋求對歷史的技術辯證〉，《黃河青山：黃仁宇回憶錄》（*Yellow River and Blue Mountains*），台北：聯經，二〇〇一。

葛劍雄，《統一與分裂：中國歷史的啟示》（增訂版），北京：中華，二〇〇八。

顧准，〈歷史筆記〉，《顧准筆記》，北京：中國青年，二〇〇二。

進一步的閱讀與思考，可參見：

（法）邦雅曼·貢斯當（Benjamin Constant）著，閻克文、劉滿貴譯，《古代人的自由與現代人的自由：貢斯當政治論文選》（*Benjamin Constant Writings on Political Thoughts Classic Definitions of Modern Liberal Doctrine*），第三編第一部分第十三小節和第二部分第十、十一、十二小節及其註釋，台北：桂冠，二〇〇四。

結語　我為什麼寫歷史推理

這是我寫的一本歷史推理書。

兩年以前，我出版了新形式的歷史敘述《秦崩：從秦始皇到劉邦》（原書名為《復活的歷史：秦帝國的崩潰》），按照預定的計畫，我開始著手寫第二部：《復活的歷史：漢帝國的誕生》。殊不知，鬼使神差，因緣際會，我竟然先寫成了這本歷史推理，自己也感到意外。

寫歷史推理，是多年以前就有的想法。

我入史學之門，算是科班正途，進北大歷史系，從考證開始起步，經過人物評論、事件原因探索，一直到史學理論，一步一個腳印，從基層走到高層，經歷了一個難得的完整過程。因為喜好哲學，遇事愛尋根問柢，歷史是什麼，歷史學又是什麼的終極問題，始終是我的關懷。畢竟是千古的疑難，怕要求索一生。退而求其次，考證是什麼，考證的原理在哪裡？也一直吸引著我。多次實踐以後，漸漸悟出些道理來了，考證的基本思路，就是基於證據的推理。

基於證據的推理，不僅是歷史學的思想基礎，也是科學的思想基礎。歷史學與科學之間，在基礎的部分有相關的交接點，實在使我感到高興，因為我曾經有過做科學家的少年夢。我愛讀偵探小說，最欽佩柯南•道爾筆下的福爾摩斯，那種智慧的冷峻神態，瘦長的敏捷身姿，很使我著迷。偵探小說讀得多了以後，對於偵探們的思路，也大體看出門道來了，同樣是基於證據的推理。

偵探小說發端於英美，經過日本人的改進，發展成為體裁廣泛的推理小說，內容也由單純的刑警破案擴充到暴露社會生活的各方面。江戶川亂步、松本清張、森村誠一、赤川次郎……眾多的推理作家，宛若燦爛的群星，使人眼花撩亂，目不暇給。

我到日本以後，注意到一個有趣的事情，這些寫偵探小說的名家們，不少人喜好歷史，特別是古代史。他們不但用古代史做題材寫偵探小說，有些人還直接介入到古代史的研究中來。報紙電視關於古代史疑問的討論，常常是歷史學家、考古學家和偵探小說家同堂共議，爭鋒鬥智，那種融會文學和史學、結合實證和推理的動人景象，在中國是未曾見過的。

著名歷史學家周一良先生不僅是中國古代史的大家和日本史的專家，也是偵探小說的愛好者。他讀了日本推理小說家高木彬光的推理小說《成吉思汗的祕密》後有所感，專門寫了一篇文章，題作〈日本的推理小說與清代的考據之學——一種文化比較〉。在這篇文章中，周先生結合自己讀書治學的體驗，指出了推理小說與考據之學間有相通的內在聯繫，兩者在基本思路上相同，都是基於形式邏輯的推理。

周先生是我所敬仰的老師，讀了他的文章，加深了我的感悟。我進而想到，不管是在歐美還是在日本，偵探小說都頗為流行，是得到國民喜愛的通俗文化。反之，在中國的流行文化中，沒有發達的推理小說，國民喜愛的方向，偏重在神怪武俠。神怪武俠是非邏輯的自由遐想，那種上天入地、出神入化的超脫和飛躍，由不得讓我想到莊子的無拘無束，道家的自然自由。諸子百家中，唯有名家是講思辨、重邏輯的哲學派別，經過秦始皇的焚書、漢武帝的尊儒以後，兩千多年來是斷絕了。這種斷絕，對於中國文化和國民心理的影響，不可不謂久遠深長。

諸子百家是中國文化的源頭和根本，是人類脫離鬼神迷信之後的東方理性覺醒，其豐富的內涵和無限的可能，先被政治專制的焚書打斷，後被文化統制的尊儒閹割，從此偏離多元的方向，失去了自由與活力，實在是兩千年來中國文化的不幸。痛定思痛後的當今中國文化，其最大的課題，就是回到古典，重鑄文化，在諸子百家的根上，嫁接現代的普世文化，發展出融會古今中外的新文化來。

歷史是文化的核心，歷史學的開拓也是文化的課題之一。於是我又發奇想，是否可以在考據之學的傳統之上，參照推理小說，發展出一種新的表現歷史的形式？我由此有了歷史推理的想法。

我是理論脫離實際論者，承認任何理論與實際之間都存在著差異，而這種差異，正是人為努力的所在。理論先行，有了想法以後，我開始著手實踐。歷史推理的內容，當然是歷史上的疑案。在古代史領域，到處都是難解的疑團，大到夏王朝是虛幻還是真有其事，小到秦始皇的父親是子異還是呂不韋，大凡是可以做考證文章的題目，都可以成為歷史推理的題材。問題在於形式，尋找合適的形式成了寫作歷史推理的關鍵。

我試圖學習偵探小說的手法，設計一位宛若偵探的歷史學家，引導自己的學生們來出入古今，破解古史之謎。如此深入下去的結果，自然走向了推理小說的方向，在增加了趣味和自由的同時，不可避免地削減了歷史可信度的傳達。我希望堅持歷史學本位的立場，偵查的疑案就是歷史學的問題，證據一定要真實，推理一定要合理，可以構築，但不能編造。虛構人物的推理小說的方式，不是我當下追求的目標。我暫時放下了這種寫法，將原稿封存，留待將來做別的用途。我將注意力轉向題材，期待內容能夠提供形式的啟示。

我在寫作博士論文〈漢帝國的建立與劉邦集團——軍功受益階層研究〉的時候，曾經明確了一個重要的史實：創建了漢帝國的劉邦集團，它的上層，大多是出身於楚國的軍人，數量雖然不大，卻是集團的核心部分，我稱其為楚人集團；它的中下層，大多是出身於舊秦國的軍人，數量最大，構成集團的周邊和主力，我稱其為秦人集團。順著這條線索，我在整理項羽之死的歷史的時候，發現了一件有趣的事情。垓下戰敗，項羽潰圍脫逃，一支漢軍的騎兵部隊奉命追擊，終於在烏江岸邊置項羽於死地。項羽死後，有五位漢軍騎士各自奪得了其遺體的一部分，都被劉邦封為列侯。這五位騎士，無一例外都是出身於關中地區的舊秦軍將士。其中的一位叫做楊喜，他的第五代孫子楊敞是司馬遷的女婿，曾經做過漢朝的丞相，與司馬遷有多年的交往。《史記・項羽本紀》中關於垓下之戰和項羽之死的紀事，因為都出於楊喜的口述，所以栩栩如生，真實得讓人生疑。

這段歷史的澄清，不僅印證了我對劉邦集團地域構成的發現，也堅定了我打通文史哲，回到司馬遷，以《史記》為藍本寫歷史敘述的決心。我進而聯想到兵馬俑，這是一支以秦帝國的京師軍為原型塑造的地下軍團，那些追擊項羽的舊秦軍將士們，甚至是楊喜等五人的身姿，說不定就躋身於其中？興奮感動之餘，我用自己熟悉的形式，就這個題材寫了兩篇論文，一篇題作〈兵馬俑與項羽之死——秦京師軍去向探微〉，在「秦俑學第六屆學術討論會」（二〇〇四，兵馬俑博物館）上發表，後來刊載在《秦文化論叢》第十二輯上。另一篇題作〈論《史記》敘述中的口述傳承——司馬遷與樊他廣和楊敞〉，在「紀念司馬遷誕辰二一五〇週年暨學術討論會」（二〇〇五，陝西師範大學）上發表，後來刊載在《周秦漢唐文化研究》第四輯上，算是兩份歷史研究的學術成果。

兵馬俑與項羽之死的內容，被與會的記者報導，經過報紙和網際網路的轉載，受到歷史愛好者的廣泛關注。一位長輩告訴我，他在火車站的消遣雜誌上看到了相關的文章，候車時買來打發時間。我去年暑假到安徽實地考察，從垓下經過東城到烏江，一步一個腳印地追尋項羽之死的蹤跡。在烏江「項羽祠」出售的旅遊書上，我也看到了相關的文章，買來做紀念。當然，這些文章的作者都不是我，而是各種層面上的愛好者們以不同的方式進行的改寫和再改寫。

在得到上至學會下至娛樂小報的回饋以後，我再一次感到歷史的神祕，感到真實的歷史，可以比虛構的小說更精采；追求歷史真相的樂趣，可以由專家與大眾共用，專家和大眾一樣，都有一顆好奇的心。我由此想到，既然是專家與大眾都感興趣的內容，與其由外行的愛好者來改寫傳布，留下淺入誤出的詬病，何不由專家自己來深入淺出地傳播？受到新的刺激後，我開始考慮以項羽之死為題材，以已經寫成的學術論文為基礎，再一次嘗試歷史推理的寫作，希望大眾看得有趣，專家不會搖頭。

寫作的過程斷斷續續，停停寫寫，持續了好幾個月，結果是失敗了。儘管有好的題材，卻找不到好的形式，我無法脫離學術論文的框架，另外寫成一種既能使大眾感到有趣，也能使我有心寫下去的新東西。我很有些灰頭灰腦，懷疑自己是否走火入魔而為賢者笑，我又一次將歷史推理的想法束之高閣。這一次，我將歷史推理從我的歷史學構想中做了刪除，排除到歷史學之外，乾脆來了個一刀兩斷。

古來賢者說，有所失才能有所得，有所不為方能有所為。不再受歷史推理困擾的我，於是將有限的精力，集中於歷史敘述的追求。感謝神明的眷顧，我竟然在失落的地方有了收穫，在思維的推理上增添了實地的考察，在冷峻的邏輯上增添了移情的體驗，在問題式的求解外追求歷史的自然流程，終於找到一種自己滿意的形式，完成了《秦崩：從秦始皇到劉邦》。

那個時候，我再次思考了自己的歷史學構想，確認了歷史研究、歷史理論和歷史敘述的工作布局，準備順著這個三合一的方向，駕輕就熟地順流而下了。歷史敘述，以「復活的歷史」為系列進入漢帝國；歷史研究，圍繞取代軍功受益階層的諸種新集團，進入西漢中後期；歷史理論，將《歷史的鏡像》整理出來，由知識論進入本體論；然後是諸子百家、茶文化、生死觀、神明和花道……

又是思想先行的宏大計畫。

思想總是走得太快，行動永遠落後於計畫，一些意想不到的因素，不時將我的計畫打亂。《秦崩：從秦始皇到劉邦》出版於二〇〇七年四月（北京：中華書局），大概是在同年二月，《二十一世紀經濟報導》讀書版的編輯李二民先生來信約稿，說中央電視台將播放長篇電視連續劇《秦始皇》，希望我就歷史上真正的秦始皇談談看法。我一口應承下來，沒有絲毫的猶豫和躊躇，反而有正中下懷的愉悅，因為長久以來，秦始皇的事情一直憋在我的心中，成了糾纏不去的情結。

我寫《秦崩：從秦始皇到劉邦》，最初是從秦始皇的出生開始寫的。當我將所有有關秦始皇的史料仔細地過了目，將有關的主要研究論著瀏覽以後，我驚奇地發現，兩千年來，秦始皇是一位被嚴重誤讀了的人物，不僅他個人被誤讀，秦帝國建立前和秦帝國崩潰後的整個歷史背景都被誤讀了，有關他的一生，可以說是迷霧重重。

作為歷史學家，作為秦的子孫，我幾乎是迫不及待地想將所有的迷霧澄清。不過，澄清歷史迷霧，破解歷史疑難，銳利的武器是歷史論文而不是歷史敘述，這就將我置於形式和內容不能兩全的矛盾處境：要從秦始皇開始敘述，就得先寫論文澄清史實。經過反覆試行和多方思考以後，我決定放棄秦始皇，改從漢高祖劉邦開始寫，歷史敘述先於歷史論文。

從結果來看，我的這種選擇是成功的。秦始皇生於西元前二五九年，劉邦生於西元前二五六年，他們是同時代的人。在秦帝國世代，劉邦是一介草民，他的生活圈子有限，有關他個人的史料比較多而且比較可靠，從他入手不但便於敘述，也可以比較完整地展現出當時民間社會的風氣，收到了由下而上復活秦帝國崩潰過程的效果。當然，由於我的這種選擇，澄清秦始皇種種疑問的課題，就被擱置下來，我在敘述秦帝國崩潰的時候，對於相關的事情不得不有所迴避，甚至閃爍其詞。最大的遺憾是，我因此無法對秦始皇的一生功過和秦帝國崩潰的原因，做蓋棺論定的結語。

《二十一世紀經濟報導》的約稿，給我提供了一個宣洩的管道，我一氣呵成，接連寫了三篇長文，分別以〈秦始皇的生父之謎〉、〈秦始皇的後宮之謎〉、〈趙高變形記〉刊載在該報上。報紙是大眾媒體，對於文體有特殊的要求，論文的形式肯定是不合適的。為《二十一世紀經濟報導》寫稿的時候，歷史推理的想法又一次在我心中死灰復燃，我於是借東風，將寫論文的內容，按照紙媒的要求，用一種破案解密的形式寫了出來。結果是讀者有好評，我自己也喜歡。文章傳播開來以後，不斷有各種媒體繼續邀約我，使我欲罷不能。

也許是隨波逐流，也許是順水推舟，經過徬徨和反覆，大概是在二〇〇七年十一月，我正式決定將《復活的歷史：漢帝國的誕生》放下，藉媒體的邀約為動力，接著三篇報紙文章的餘勢，再一次挑戰歷史推理，以研究課題的內容為底本寫一本大眾讀物，將籠罩在秦始皇身上的迷霧一一清除。十一月中旬，我草擬提綱正式動筆，二〇〇八年三月底寫出初稿。六月初，接到東方衛視的「世說新語」節目的邀請，按照電視講座的要求再次改稿。八月底到上海錄製節目，九月底回到日本。十月六日至二十四日，節目以「秦史謎案」的題目播出。節目播放以後，我又根據播放的結果總結得失，按照出版的要求，補充內容，完成本書的定稿。十一月二十九日，我將最後一章改定完畢，發送北京中華書局，終於交出了自己認可的完稿。

由於本書的完成，歷史推理在我的工作布局上復活。我所追求的歷史學，不但綜合了歷史研究、歷史敘述和史學理論，成為一個有科學基礎的人文歷史學，也因為增添了歷史推理而進入大眾領域。

這樣的結果，不但了結了我的一樁心事，使我得到更多朋友，也堅定了我對文化資源學的看法。歷史是一種文化資源，既可以為研究所用，也可以為教育所用；既可以為大眾娛樂所用，也可以為旅遊經濟所用。歷史學的領域，可以步步拓寬，應當與時俱進。

在東方衛視播放的「秦史謎案」講座中，我自己擬了一個提綱挈領的宣傳文。這段文字，體現了本書的理念，我自己也很喜歡，在這裡摘錄下來奉獻給讀者朋友，作為結語的收場：

> 歷史是永恆的謎，因為我們不能再回去。如果我不能給你提供最準確的史實，我將給你提供最合理的推測。
>
> 最準確的史實，是近於美的真；最合理的推測，是近於真的美，都有不可取代的價值。

感謝辭

我是3＋N的歷史學知識論者。

我以為，歷史學的基礎部分有三個世界：往事是第一世界，史料是第二世界，史書是第三世界，在這三個基礎世界之上衍生出來的種種歷史作品，都屬於「N的歷史世界」。

多年以來，我一直遊歷在歷史學的三個基礎世界當中，並未與外面的世界通消息。這本書的出版，是我初次漫遊「N的歷史世界」的成果。能有這樣一次難得的經歷，完全要歸於媒體朋友們的促成，沒有他們的逼迫和鼓勵，我肯定是寫不成這本我至今不甚了然的書的。

我首先要感謝李二民先生，沒有他的約稿，我將會長久地將秦始皇的問題封存。李二民先生情懷激盪，有引領時流主沉浮的意氣，他所主持的《二十一世紀經濟報導》讀書版能夠為我提供那樣大的空間，我至今尚引以為幸。其次我要感謝的，是東方衛視人文頻道「世說新語」節目的製片人李東先生，他乾脆利落，果斷自信，他在越洋電話中一句話打動了我：「我們的節目，將傳播你的思想。」

「傳達思想的聲音」，是「世說新語」節目的宗旨。這個宗旨，與我心中的想法不謀而合。這些年來，我有太多的思考想要表達出來，或者是過於超前而不合時流，或者是未能找到合適的形式，一直在探索碰撞當中。一切歷史都是推想，是我心中越來越明確的理念。基於證據，用合理推想的形式表達歷史，是我表現思想的嘗試。李東先生的話引起了我的共鳴，他那富有吸引力的聲音，至今尚在我心中迴響。

我還要感謝「世說新語」的策畫人劉乃溪女士。李東先生約我做講師，本來是要我講《秦崩：從秦始皇到劉邦》，當時我正在整理秦始皇的事情，自作主張，勉強地將「秦史謎案」加塞先講。因為我缺乏電視講座的經驗，原稿的非時序推理體裁與電視講座一次性通過的形式之間，出現了結合不良的裂痕。在這個困惑的時候，得助於劉乃溪女士的敏銳思路，她一夜之間將我的原稿重新排列，清理出了一個清晰的時間事件系統，終於使錄影順利完成。劉乃溪女士不愧是受過系統的哲學訓練的資深策畫，我寫定這本書，她的思路給了我相當大的幫助。

我寫這本歷史推理，始終有逼上梁山之感，多次想脫離山寨，歸順朝廷。徬徨狐疑的時候，是方希女士睿智的意見鼓勵了我，使我終於堅持下來。方希女士是幹練的文化策畫人，她對圖書界的了解，文化流向的把握，開闊了我的眼界，增強了我的信心。她對本書的肯定理解和明澈意見，她對我工作方向的賢明建議，不但使我深思，也使我折服，我在此深表謝意。

最後，我還必須感謝中華書局的總經理李岩先生和宋志軍、徐衛東兩位資深編輯。李岩先生慷慨贈書連接往事，使我感受到中華書局新人、新風、新領導的新氣象。至於宋、徐兩位編輯，他們是逼我上梁山的始作俑者，我在感謝他們的催促和鼓勵的同時，也不得不自我告誡，不要輕易落草上山，江湖上風雲不定，煙波炫目，容易迷失方向，丟失自我。

當然，我希望再一次申明，本書不是常規的歷史著作，而是大膽的歷史推理作品。我在做這些大膽的歷史推理的時候，盡可能嚴謹地遵從學術論據。這些作為推理基礎的學術論據，不久將以學術論著的形式刊行，請有興趣深入追究歷史之謎的讀者參閱。

附錄

《秦謎：秦始皇的祕密》在大陸出版的時候，沒有附錄和參考書目。理由嘛，比較簡單，我不知道這本書該如何定位，自感不甚了然，因而難以確定有沒有必要附上這些比較專門的東西。書出來以後，我一邊聽取讀者的反應，一邊自我審視，似乎有了一些新的認識。現在看來，我這本歷史推理，可以說是一部學術研究著作的普及推廣讀本。形式上盡可能生動有趣，通俗易懂，基本上是學術研究的最新成果。可以自信的說，本書的內容和見解，都是有學術根據的，不但對於一般的歷史愛好者是新穎的，對於從事相關研究的歷史專家來說，也是新穎的。

有了這樣的認識以後，本書台灣版的定位就比較清楚了。首先，從版本上看，定位在精，相對中華書局的普通版而言，是精品版，新增的地圖和彩照，最是代表。其次，從書品上看，定位是雅，比較中華書局的大眾普及版而言，本書力圖向典雅的方向靠近。基於這種考慮，我為本書增添了〈大事年表〉和〈秦始皇年表〉、〈秦王嬰父子列傳〉和〈昌平君列傳〉，以及〈焚書坑儒，半樁偽造的歷史〉等幾個附錄。這些附錄，既是有利於理解本書內容的便利工具，也是有利於對內容做深入理解的一些學術參考。

在中華書局版中，對於引用史料的來源，都做了明確的標註，對於不得不提到的學術論著的出處，以夾註的形式寫在書中。在台灣版中，我保留了前者，而將本書曾經比較多的參考過的學術論著，以參考論著要目的形式單獨附錄出來，這種安排，也是為了向典雅靠近。

附錄一　大事年表

前三〇六年（秦昭王元年　　楚懷王二十三年）

・秦昭王嬴則即位。宣太后當政。

前三〇五年（秦昭王二年　　楚懷王二十四年）

・魏冉平定季君之亂。

前三〇四年（秦昭王三年　　楚懷王二十五年）

・迎楚夫人為王后。

・秦昭王與楚懷王盟於黃棘（今河南省新野東北），秦楚和好。

前三〇三年（秦昭王四年　　楚懷王二十六年）

・安國君嬴柱生，一歲，母唐八子。

・齊、韓、魏共伐楚。楚使太子熊橫入質於秦而請救，秦發兵救之，三國引兵去。

前三〇二年（秦昭王五年　　楚懷王二十七年）

・楚太子熊横與秦大夫私鬥，殺之亡歸，秦楚交惡。

前二九八年（秦昭王九年　楚頃襄王元年）

・楚太子熊横即位，是為頃襄王。

前二九二年（秦昭王十五年）

・呂不韋生，一歲。

前二八一年（秦昭王二十六年　楚頃襄王十八年）

・嬴柱二十三歲。子異生，一歲。呂不韋十二歲。

前二七八年（秦昭王二十九年　楚頃襄王二十一年）

・秦將白起攻下楚國都城郢（今湖北江陵），楚遷都於陳（今河南淮陽）。

前二七二年（秦昭王三十五年　楚頃襄王二十七年）

・宣太后誘殺義渠王於甘泉宮。

・楚使太子熊元與傅黃歇入質於秦。嬴柱三十二歲。子異十歲。

前二七一年（秦昭王三十六年　楚頃襄王二十八年）

・嬴柱三十三歲。嬴異十一歲。呂不韋二十二歲。

・昌平君生於咸陽，一歲？

前二六六年（秦昭王四十一年　楚頃襄王三十三年）

•范睢為秦相。以穰侯魏冉為首的四貴失勢。

前二六五年（秦昭王四十二年　趙孝成王元年）

•宣太后死。安國君嬴柱為王太子，三十九歲。華陽夫人為太子夫人。

•嬴異十七歲，後到趙國做人質。呂不韋二十八歲，在韓國經商。昌平君七歲。

前二六三年（秦昭王四十四年　楚頃襄王三十六年）

•楚太子熊元亡歸楚，立為王，是為考烈王。其秦妻與子熊啟（昌平君）俱留秦。

前二六二年（秦昭王四十五年　趙孝成王四年　楚考烈王元年）

•秦攻韓。趙國接受韓上黨郡，秦趙戰爭一觸即發。

•子異二十歲，在邯鄲結識呂不韋。呂不韋三十一歲。

•楚考烈王熊元即位。傅黃歇為令尹，封春申君。

前二六一年（秦昭王四十六年　趙孝成王五年）

•秦趙開戰，相距於長平。

•嬴異二十一歲，通過呂不韋認華陽夫人為養母。昌平君十一歲。

前二六〇年（秦昭王四十七年　趙孝成王六年）

•長平之戰趙軍慘敗。

•嬴異二十二歲，與趙姬同居。趙姬有孕。

附錄二　秦始皇年表

前二五九年（秦昭王四十八年　趙孝成王七年）

・一歲，生於邯鄲。

・秦軍攻入趙國，圍困邯鄲。

・父嬴異二十三歲。呂不韋三十四歲。

前二五八年（秦昭王四十九年　趙孝成王八年）

・二歲，一家困處邯鄲。

・秦軍繼續圍困邯鄲。

・父嬴異二十四歲。呂不韋三十五歲。

前二五七年（秦昭王五十年　韓桓惠王十六年　燕孝王元年）

・三歲，與母趙姬留在邯鄲。

・魏信陵君，楚春申君等各國救趙，大敗秦軍。

•嬴異與呂不韋脫城回到咸陽，見華陽夫人，得字楚。不久娶韓夫人？

•表叔昌平君十五歲，與母在咸陽。

前二五六年（秦昭王五十一年　趙孝成王十年　韓桓惠王十七年）

•四歲，與母趙姬留在邯鄲。

•父嬴異二十六歲，次子成蟜出生一歲？表叔昌平君十六歲。呂不韋三十七歲。

前二五五年（秦昭王五十二年　趙孝成王十一年）

•五歲，與母趙姬留在邯鄲。

•秦相范雎死。

•父嬴異二十七歲，弟成蟜兩歲。表叔昌平君十七歲。呂不韋三十八歲。

前二五四年（秦昭王五十三年　趙孝成王十二年　燕王喜元年）

•六歲，與母趙姬留在邯鄲。

•燕太子丹質於趙，與嬴政相識相歡？

•父嬴異二十八歲，弟成蟜三歲，表叔昌平君十八歲。呂不韋三十九歲。

前二五三年（秦昭王五十四年　趙孝成王十三年）

•七歲，與母趙姬留在邯鄲。

•父嬴異二十九歲，弟成蟜四歲，表叔昌平君十九歲。呂不韋四十歲。

前二五二年（秦昭王五十五年　趙孝成王十四年）

・八歲，與母趙姬留在邯鄲。

・父嬴異三十歲，弟成蟜五歲，表叔昌平君二十歲。呂不韋四十一歲。

前二五一年（秦昭王五十六年　趙孝成王十五年）

・九歲，與母親趙姬一道回到秦國。

・秦昭王死，安國君立，是為孝文王，五十三歲。秦國與趙國和解，送嬴政母子歸國。

・嬴異三十一歲，為王太子。弟成蟜六歲。表叔昌平君二十一歲。呂不韋四十二歲。

前二五〇年（秦孝文王元年　楚考烈王十三年）

・十歲，王太子繼承人。

・孝文王即位，華陽夫人為王后，嬴異為王太子。孝文王即位三天死。

・嬴異三十二歲立，是為莊襄王。弟成蟜七歲，表叔昌平君二十二歲。呂不韋四十三歲。

前二四九年（莊襄王元年　楚考烈王十四年）

・十一歲，為王太子。

・嬴異三十三歲即位。尊華陽后為華陽太后，夏姬為夏太后。趙姬為王后。呂不韋為丞相，滅東周。表叔昌平君，進入政壇。弟成蟜八歲。

前二四八年（莊襄王二年　楚考烈王十五年）

•十二歲，王太子。

•表叔昌平君二十四歲。弟成蟜九歲。呂不韋四十五歲。

前二四七年（莊襄王三年　魏安釐王三十年）

•十三歲。

•五月，莊襄王死，三十五歲。太子嬴政立。委政於太后與大臣。太后者，華陽太后、夏太后與帝太后。大臣者，相國呂不韋、昌平君、昌文君與蒙驁、王齮等。

•魏信陵君合五國攻秦，蒙驁軍敗於聯軍。李斯（三十四歲）入秦，為呂不韋舍人。

•表叔昌平君二十五歲。弟成蟜十歲。仲父呂不韋四十六歲。

前二四六年（秦王政元年　楚考烈王十七年）

•十四歲，即位。

•表叔昌平君二十六歲。弟成蟜十一歲。仲父呂不韋四十七歲。

前二四五年（秦王政二年　楚考烈王十八年）

•十五歲。

•表叔昌平君二十七歲。弟成蟜十二歲。仲父呂不韋四十八歲。

前二四四年（秦王政三年　趙悼襄王元年）

•十六歲。

・王齮死。
・表叔昌平君二十八歲。弟成蟜十三歲。仲父呂不韋四十九歲。

前二四三年（秦王政四年　魏安釐王三十四年）

・十七歲。
・信陵君死。
・表叔昌平君二十九歲。弟成蟜十四歲。仲父呂不韋五十歲。

前二四二年（秦王政五年　韓桓惠王三十一年）

・十八歲。
・成蟜出使韓國，韓獻「百里之地」。封長安君。
・表叔昌平君三十歲。仲父呂不韋五十一歲。

前二四一年（秦王政六年　楚考烈王二十二年　魏景湣王元年）

・十九歲。
・楚、趙、魏、韓、燕五國攻秦，被擊退。楚將首都從陳（今河南淮陽）遷徙到壽春（今安徽壽縣）。《呂氏春秋》編成。
・表叔昌平君三十一歲。弟成蟜十六歲。仲父呂不韋五十二歲。

前二四〇年（秦王政七年　韓桓惠王三十三年）

•二十歲。

•夏太后死。帝太后坐大，嫪毐擅權。

•表叔昌平君三十二歲。弟成蟜十七歲。仲父呂不韋五十三歲。

前二三九年（秦王政八年　趙悼襄王六年　韓桓惠王三十四年）

•二十一歲。

•帝太后打擊韓夫人，引發成蟜之亂，成蟜降趙，封於繞（今河北繞縣）。嫪毐以告奸之功封長信侯。

•表叔昌平君三十三歲。仲父呂不韋五十四歲。

前二三八（秦王政九年　楚考烈王二十五年　韓王安元年）

•二十二歲，之雍城行冠禮。

•華陽太后與帝太后對立，嫪毐受到追查，引發嫪毐之亂爆發。相國呂不韋、昌平君、昌文君受命平亂。嫪毐兵敗被處死，帝太后被放逐。

•楚考烈王熊元死，在位二十五年。李園殺春申君。楚幽王熊悍立。

前二三七年（秦王政十年　楚幽王元年）

•二十三歲，迎楚夫人為王后。

•呂不韋（五十六歲）免相，之封地河南。昌平君（三十五歲）為相。下逐客令。李斯（四十四歲）上書請廢逐客令。齊國使者茅焦說秦王，迎回帝太后。

前二三六年（秦王政十一年　韓王安三年）

・二十四歲。

・丞相昌平君三十六歲。李斯（四十五歲）使韓。

前二三五年（秦王政十二年　楚幽王三年　趙王遷元年）

・二十五歲。

・呂不韋（五十八歲）自殺於河南。

・丞相昌平君熊啟（三十七歲）與丞相顛監製銅戈。

前二三四年（秦王政十三年　楚幽王四年）

・二十六歲。之河南。

・趙高（二十三歲）被選拔為尚書卒史，進入秦宮，仕於秦王。

・丞相昌平君三十八歲。

前二三三年（秦王政十四年　韓王安六年）

・二十七歲。

・韓非入秦，死。韓王請為臣。

・丞相昌平君三十九歲。

前二三二年（秦王政十五年　燕王喜二十三年）

•二十八歲。

•燕質子太子姬丹自秦亡歸。

•丞相昌平君四十歲。

前二三一年（秦王政十六年　韓王安八年）

•二十九歲。

•韓南陽假守騰獻地。

•丞相昌平君四十一歲。

前二三〇年（秦王政十七年　韓王安九年）

•三十歲。

•內史騰攻韓，俘韓王安。

•華陽太后死。幼子胡亥生一歲。

•丞相昌平君熊啟（四十二歲）與丞相隗狀監製銅戈。

前二二九年（秦王政十八　趙王遷七年）

•三十一歲。

•王翦攻趙。

・丞相昌平君四十三歲。

前二二八年（秦王政十九年　楚幽王十年　趙王遷八年）

・三十二歲。

・楚幽王熊悍卒，楚哀王熊猶立二月，楚王負芻殺哀王及其母舅李園兄妹立。

・王翦破趙都邯鄲，俘趙王遷。趙公子嘉奔代，自立為代王。嬴政之邯鄲，活埋舊仇家。母帝太后卒。

・丞相昌平君四十四歲。

前二二七年（秦王政二十年　燕王喜二十八年　楚王負芻元年　魏王假元年　趙代王嘉元年）

・三十三歲。

・荊軻刺秦王。王翦攻燕。徙故韓王安居郢陳口山。

・丞相昌平君四十五歲。

前二二六年（秦王政二十一年　燕王喜二十九年）

・三十四歲。

・王翦攻燕，破燕國首都薊，燕遷往遼東。李信得太子丹首獻秦王。王賁攻楚。韓國故都新鄭反。故韓王安死於郢陳口山。王翦罷將歸老頻陽。昌平君（四十六歲）罷相遷徙郢陳口山，居韓王安地。

前二二五年（秦王政二十二年　魏王假三年　楚王負芻三年）

- 三十五歲。
- 王賁水淹大梁，魏王假降，魏亡。李信，蒙武攻楚。昌平君（四十七歲）反秦於郢陳。李信，蒙武回軍，大敗。

前二二四年（秦王政二十三年　楚王負芻四年）

- 三十六歲。
- 嬴政之頻陽強起王翦出征。昌平君（四十八歲）與秦軍戰郢陳。王翦攻楚，破楚都壽春，俘楚王負芻。嬴政之郢陳。

前二二三年（秦王政二十四年　楚王熊啟元年）

- 三十七歲。
- 楚軍大將項燕擁立昌平君（四十九歲）為楚王，反秦於淮北。王翦破楚軍，昌平君死，項燕自殺，楚亡。

前二二二年（秦王政二十五年　燕王喜三十三年　趙代王嘉六年）

- 三十八歲。
- 王賁攻遼東，俘燕王喜，燕亡。攻代，俘代王嘉，趙亡。

前二二一年（秦王政二十六年　齊王建四十四年）

・三十九歲。

・王賁與蒙恬攻齊，俘齊王建，齊亡。天下統一，議帝號，稱皇帝。李斯（六十歲）為廷尉，反對分封，主張全面郡縣制，始皇行之。

前二二〇年（秦始皇二十七年）

・四十歲。

・第一次巡遊，之隴西北地。修馳道。

前二一九年（秦始皇二十八年）

・四十一歲。

・第二次巡遊，東至海，遣徐福入海求仙藥，琅邪刻石。客卿李斯（六十二歲）隨行。

前二一八年（秦始皇二十九年）

・四十二歲。

・第三次巡遊，博浪沙遇刺。之罘刻石。東觀刻石。

前二一七年（秦始皇三十年）

・四十三歲。

・屠睢領秦軍五路攻南越。

前二一六年（秦始皇三十一年）

・四十四歲。

・逢盜蘭池。

前二一五年（秦始皇三十二年）

・四十五歲。

・第四次巡遊，李斯（六十六歲）同行，碣石刻石。遣韓終、侯生等求仙藥。蒙恬伐匈奴。

前二一四年（秦始皇三十三年）

・四十六歲。

・再次出兵進攻南越。蒙恬渡河築長城。

前二一三年（秦始皇三十四年）

・四十七歲。

・發五十萬軍民戍嶺南。丞相李斯（六十八歲）上言焚書，始皇行之。

前二一二年（秦始皇三十五年）

・四十八歲。

・自稱真人。

・修直道。建阿房宮。侯生、盧生等逃亡，處罰方士。扶蘇諫，出至上郡監軍。

前二一一年（秦始皇三十六年）

・四十九歲。

・隕石落東郡。使博士為〈仙真人詩〉。遷三萬戶至北河，榆中。

前二一〇年（秦始皇三十七年）

・五十歲。

・七月，第五次巡遊，死於沙丘。胡亥（十九歲）、趙高（四十七歲）、李斯（七十二歲）有沙丘之謀，偽造遺詔，逼迫扶蘇自殺。二世胡亥立。

・九月，葬驪山。後宮無子者皆令從死。

前二〇九年（秦二世元年）

・十月，二世即位。殺蒙恬、蒙毅兄弟。

・四月，誅殺諸公子公主。

・七月，陳勝起兵於大澤鄉。攻占陳縣，建立張楚政權，楚國復國。

・八月，武臣為趙王，趙國復國。

・九月，田儋起兵稱齊王，齊國復國。

・韓廣稱燕王，燕國復國。

・項梁起兵於會稽。劉邦起兵於沛縣。

前二〇八年（秦二世二年）

・十二月，陳勝敗死。張楚亡。
・魏咎立為魏王，魏國復國。
・一月，楚王景駒立。
・趙王歇立。
・六月，項梁擁立楚懷王。
・韓王韓成立，韓國復國。
・七月，趙高為丞相。
・田假立為齊王。
・八月，田榮立田市為王。
・魏豹為魏王。

前二〇七年（秦二世三年）

・十二月，項羽大破秦軍鉅鹿下。
・七月，趙高專權，指鹿為馬。章邯投降項羽。
・八月，望夷宮政變，趙高殺二世。嬴嬰立為秦王，殺趙高。
・九月，秦王嬴嬰遣兵拒劉邦於嶢關及藍田，兵敗。

前二〇六年（漢元年）

・十月，秦王嬴嬰降，秦亡。

附錄三　秦王嬰父子列傳

秦王嬰者，始皇帝弟長安君成蟜子也。

莊襄王為秦質子於趙，娶趙姬生政於邯鄲。長平戰起，趙軍大敗，秦軍圍邯鄲。呂不韋護莊襄王脫出，赴秦軍歸，娶韓夫人生成蟜，夏姬愛之。夏姬者，韓女，莊襄王生母也。後數年，趙送趙姬與政歸。及莊襄王即位，尊華陽夫人為華陽太后，夏姬為夏太后，兩宮並立。韓夫人與夏太后親，趙姬附華陽太后。

秦王政五年，微夏太后意，成蟜使韓，不用甲，不伸威，韓出百里之地，遂封長安君。

七年，夏太后薨。帝太后權大，寵用嫪毐，稍侵韓夫人與成蟜。

八年，長安君成蟜將軍擊趙，反屯留，軍吏皆斬死，遷其民於臨洮。嫪毐有告反之功，封長信侯。

成蟜留趙，封饒。子嬰留咸陽，在繈褓中，華陽太后憐而護之。

二世即位，聽李斯趙高，欲誅蒙氏，嬰進諫曰：「臣聞故趙王遷殺其良臣李牧而用顏聚，燕王喜陰用荊軻之謀而倍秦之約，齊王建殺其故世忠臣而用後勝之議。此三君者，皆各以變古者失其國而殃及其身。今蒙氏，秦之大臣謀士也，而主欲一旦棄去之，臣竊以為不可。臣聞輕慮者不可以治國，獨智者不可以存君。誅殺忠臣而立無節行之人，是內使群臣不相信而外使鬥士之意離也，臣竊以為不可。二世不聽。

二世與趙高謀，盡誅諸公子公主。嬰為二世從兄，以故得幸無患害。

陳勝吳廣亂起，秦鉅鹿戰敗，章邯軍降，劉邦軍直武關。趙高逼殺二世於望夷宮，立嬰為秦王。嬰與兩子及宦者韓談謀，刺殺高，夷其三族。使秦軍守藍田，軍敗，遂降劉邦，在位四十六日。項羽入咸陽，誅嬰及秦王族，事在《史記・秦始皇本紀》。

治史者曰：賈生言秦之亡：「子嬰立，遂不悟。藉使子嬰有庸主之才而僅得中佐，山東雖亂，三秦之地可全而有，宗廟之祀未宜絕也。」誤哉！余補《史記》，推言嬰為長安君成蟜子，及讀子嬰諫二世存蒙氏而遠奸臣，誅趙高而討叛逆，遣兵據守藍田，存亡救難之舉具矣。然大勢已去，回天無力，孤立無親，微弱無助。即位旋即，餐未及下嚥，酒未及濡唇，楚兵已抵霸上，素車嬰組，奉其符璽，歸降以免秦人於屠戮。子嬰君王之質明矣，死生之義備矣，班孟堅之論，誠有可取之義哉。子嬰墓，聞在臨潼劉家村，二〇〇七年春，余訪求不得，言已毀於文革，傷痛感懷，暴虐何論古今。

秦王嬰父子列傳（譯文）

秦王嬰，是秦始皇的弟弟長安君成蟜的兒子。

子異（後來的秦莊襄王）在趙國做人質時，娶趙姬為妻，在邯鄲生下了長子嬴政。長平之戰爆發，趙軍大敗，秦軍圍困了邯鄲。呂不韋護送子異脫出圍城奔赴秦軍，回到了秦國。子異在咸陽另外娶了韓國出身的韓夫人，生下了次子成蟜。成蟜得到了夏姬的格外寵愛。夏姬，出身於韓國的王族，是子異的親生母親。

數年以後，趙國將趙姬與嬴政送歸秦國。莊襄王子異即位以後，尊養母華陽后為華陽太后，親母夏姬為夏太后，兩宮並立。韓夫人親近夏太后，趙姬依附於華陽太后。

秦王政五年，出於夏太后的安排，成蟜出使韓國，兵不血刃，韓國被迫獻出百里的土地與秦國。成蟜因此被封為長安君。

七年，夏太后去世。帝太后趙姬權勢膨脹，日漸侵凌韓夫人與成蟜。

八年，長安君成蟜領軍進攻趙國，在屯留叛秦降趙。結果，參與叛亂的將士都被處死，參與叛亂的庶民被遷徙到臨洮。帝太后的寵臣嫪毐因為告發反叛有功，被封為長信侯。

成蟜留在了趙國，被授予封地繞。他的兒子嬰留在咸陽，尚在襁褓中，受到了祖母華陽太后的憐愛和保護。

秦二世即位以後，聽信趙高和李斯，準備誅殺蒙恬、蒙毅一族，嬴嬰勸諫說「臣下聽說，趙王遷誅殺良將李牧而起用顏聚為將，燕王喜私用荊軻之謀而背棄和秦之約，齊王建殺戮舊臣而用佞幸後勝，這些耳詳能熟的事情，皆是驟然變更人事，導致國家滅亡，主上身首異地的教訓。蒙氏世代大臣，三世有功於秦，是國家的棟梁，主上剛剛即位就無故誅殺，臣下竊以為不可。臣下有所耳聞，慮事輕易的人難以治理國政，一意孤行的人不可以輔佐主上。誅殺忠臣而重用無廉行節操的人，這是內使群臣陷於不信而外使將帥離心的事情，望陛下熟慮。」二世沒有聽從。

在二世與趙高的策畫下，將諸位公子、公主全部誅殺。嬴嬰是二世的從兄，不在誅殺的計畫中，有幸得以保全。

陳勝吳廣叛亂蜂起，秦軍在鉅鹿戰敗，大將章邯投降項羽，劉邦領軍逼近武關。趙高發動政變，在望夷宮逼迫二世自殺，立嬴嬰為秦王。嬴嬰與兩個兒子以及近臣韓談密謀，刺殺趙高，夷滅他的三族。派遣秦軍保衛藍田，兵敗，劉邦軍進入霸上，於是投降，在位僅僅四十六日。項羽進入咸陽以後，誅殺嬴嬰以及秦國王族。這些事情，都記錄在《史記・秦始皇本紀》當中。

治史者說：賈誼在總結秦亡的教訓時說：「子嬰被立為秦王，仍然沒有醒悟。如果子嬰有平庸的君主之才，只要得到中等程度的輔佐，山東地區雖然叛亂，三秦地區仍然可以保全所有，秦的宗廟祭祀未必會絕滅。」這是錯誤的結論！我補寫《史記》，推斷嬴嬰是長安君成蟜的兒子，當讀到嬴嬰勸諫二世寬恕蒙氏疏遠奸臣，誅殺趙高討伐叛逆，派遣軍隊守衛藍田時，深感他存亡救難的舉措是相當周全。然而，當時秦國的大勢已去，他回天無力，孤立無親，微弱無助。剛剛即位，飯尚未嚥下肚，酒尚未沾上唇，楚軍已經抵達霸上，他乘喪車繫綬帶，手奉璽印歸降，使秦國吏民免於被屠殺。作為君王，嬴嬰的資質不可不謂果斷賢明，作為個人，他所展現的生死大義，也是到達了完備的境界。嬴嬰的墓，聽說在臨潼劉家村，二〇〇七年春天，我去尋訪而沒有結果，據說已經在文革中被毀壞，傷痛感懷，暴虐的事情，古今都有。

秦王嬰父子年表

父成蟜

年代	年齡	事件
秦昭王五十一年（前256年）	1歲	成蟜生於咸陽。
秦昭王五十六年（前251年）	6歲	趙姬與嬴政回到咸陽。
孝文王元年（前250年）	7歲	嬴異為王太子。
莊襄王元年（前249年）	8歲	華陽太后與夏太后兩宮並立。
秦王政元年（前246年）	11歲	趙姬為太后。
秦王政三年（前244年）	13歲	質自趙歸？
秦王政五年（前242年）	15歲	使韓，韓獻百里之地，封長安君。
秦王政七年（前240年）	17歲	夏太后薨。帝太后勢大，寵嫪毐。
秦王政八年（前239年）	18歲	反屯留，降趙。嫪毐因告反之功封長信侯。

秦王嬰父子年表（續）

子嬰

年代	年齡	事件
秦王政八年（前239年）	1歲	生於咸陽。成蟜之亂，華陽太后憐而護之。
秦王政九年（前238年）	2歲	嫪毒之亂，帝太后被放逐。
秦王政十年（前237年）	3歲	呂不韋免相，迎帝太后回咸陽。
秦王政十四年（前233年）	7歲	韓王請為臣。
秦王政十七年（前230年）	10歲	華陽太后薨。韓王安降。
秦王政二一年（前226年）	14歲	昌平君免相出京徙陳。
秦王政二二年（前225年）	15歲	昌平君反秦。
秦王政二十六年（前221年）	19歲	秦統一。
秦始皇三十五年（前212年）	28歲	扶蘇受譴出京到上郡。
秦始皇三十七年（前210年）	30歲	始皇死，扶蘇自殺，李斯趙高立胡亥。
秦二世元年（前209年）	31歲	二世殺蒙氏，嬰諫之，不聽。二世盡誅諸公子公主，嬰以從兄故，得免。
秦二世三年（前207年）	33歲	趙高逼殺二世，立嬰。嬰與子及韓談謀，刺殺趙高。遣軍距劉邦軍於藍田。
漢元年（前206年）	34歲	10月，降劉邦。不久，被項羽誅殺。

附錄四　昌平君列傳

昌平君者，楚考烈王庶子也，名啟。頃襄王二十七年，秦楚平，使太子元入質於秦，秦留之十年。啟生於秦，其母，蓋秦昭王女也。

頃襄王三十六年，王病重，元與春申君謀，隻身亡歸。秋，頃襄王卒，元立，是為考烈王。

啟與母俱留秦，與舅母華陽夫人親。及子異為華陽夫人養子，遂與子異親。莊襄王即位，啟以至親入仕，華陽太后寵之，封昌平君。

莊襄王卒，子政十三歲代立為秦王，委政於太后與大臣。太后者，華陽太后，夏太后與帝太后也。大臣者，相國呂不韋、昌平君與昌文君等也。

秦王政九年，王親政，嫪毐作亂於咸陽。王令相國、昌平君、昌文君定之。是時，昌平君蓋為御史大夫，多與力焉。嫪毐事，竟及呂不韋。秦王政十年，呂不韋免，昌平君為相。

十二年，啟與左丞相顛監造銅戈。顛，或疑為昌文君也。十七年，華陽太后薨，秦王益壯，昌平君不自安。是時，左丞相為隗狀，啟與狀監造銅戈於郚陽。

二十一年，秦王欲攻楚急，王翦慎之，言不用，謝病歸老頻陽。昌平君附王翦，另有微辭，俱失秦王意。新鄭反，韓王安死於郢陳口山。昌平君徙於郢，居韓王死處，有死士屬之。

二十二年，李信、蒙武攻楚。昌平君反秦於郢陳，李信、蒙武軍回，遂大敗李信軍，殺七都尉。

秦王大怒，之頻陽強起王翦，使擊楚，攻陳，南至平輿，破壽春，虜楚王負芻。楚將項燕立昌平君為楚王，反秦於淮北。事在秦王政二十三年。

二十四年，王翦、蒙武攻楚，大破楚軍於蘄，昌平君死，項燕自殺，楚亡。

治史者曰：余之陳（今淮陽），訪楚都故跡。頃襄王二十一年，秦將白起拔郢，楚徙都陳。頃襄王卒，葬陳，墓今在平糧台。考烈王得春申君助，亡歸立於陳。韓王安遷死，昌平君反秦，張良學禮，張耳陳餘避秦難，具在陳。及至陳勝兵起，詐稱扶蘇項燕，號張楚都於陳。七十餘年間，淮陽何其為天下之要衝，時局之樞軸也？

及余訪商水，始察陳之陽城乃陳勝故里，勝豈非陳之後乎？陽城故址在今扶蘇村，東有扶蘇墓。昌平君勾通秦楚，連接扶蘇項燕，其據陳反秦為楚之舊事，豈有故跡可尋乎？

秦滅六國，天意也，六國抗秦，人情也。昌平君王孫跨國亂世難涉，朝朝暮暮秦楚兩心，彼浮沉於天意人情之際，躊躇於楚父秦母之間，始於秦而終於楚，豈非時也，豈非命哉。

昌平君列傳（譯文）

昌平君，是楚考烈王的庶子，名字叫做熊啟。楚頃襄王二十七年，秦國和楚國和好，楚國派遣太子熊元到秦國做人質，被留在秦國十年之久。熊啟出生於秦國，他的母親，應當是秦昭王的女兒。

楚頃襄王三十六年，頃襄王熊橫病重，熊元與春申君密謀，單身從秦國逃亡，回到楚國。同年秋天，頃襄王病逝，熊元被立為楚王，這就是考烈王。熊啟和母親一道留在秦國，親近舅母華陽太后。到了子異認華陽太后為養母的時候，熊啟於是與子異也親近起來。莊襄王子異即位，熊啟以王室至親的關係出仕，受到華陽太后的寵愛和信任，受封為昌平君。

莊襄王病逝，長子嬴政十三歲，被立為秦王，委政於太后與大臣。當時，太后有三位，嬴政的養祖母華陽太后、親祖母夏太后、母親帝太后。大臣有多位，主要有相國呂不韋、昌平君和昌文君等人。

秦王政九年，嬴政親政，長信侯嫪毒在咸陽發動武裝政變。秦王命令相國呂不韋、昌平君和昌文君領兵平定叛亂。當時，昌平君當為御史大夫，為平叛出力甚多。嫪毒的案件，牽涉到呂不韋。十年，呂不韋免相，昌平君被任命為丞相。

十二年，右丞相熊啟與左丞相顛共同監造銅戈。十七年，華陽太后過世，秦王日益成長壯大，昌平君愈益感到旁落不安。這個時候，左丞相是隗狀，熊啟與他一道監造在郃陽製造的銅戈。

二十一年，秦王急欲攻滅楚國，大將王翦慎重其事，諫言不為所用，被貶斥罷將，稱病回到故鄉頻陽養老。丞相熊啟在朝廷的會議上附和王翦，另有隱情微辭，同時失去秦王的信任。就在這個時候，韓國故都新鄭發生叛亂，被俘後遷徙到郢陳口山的韓王安受牽連死去。於是，秦王將昌平君罷相，遷徙到韓王安死去的地方，有敢死之士追隨他前往。

二十二年，李信、蒙武領軍進攻楚國。昌平君在郢陳起兵反秦，迫使李信、蒙武軍撤回。在楚軍的夾擊下，李信軍大敗，部下七名都尉被殺。

秦王大怒，親自前往頻陽陳謝，強使王翦出任大將，領軍進攻楚國。圍困郢陳，南出平輿，攻破楚國都城壽春，俘虜楚王負芻。於是楚國大將項燕擁立昌平君為楚王，撤退到淮北繼續抗秦。這一連串事件，都發生在秦王政二十三年。

二十四年，王翦、蒙武繼續攻擊楚國，在蘄縣大破楚軍，昌平君戰死，項燕自殺，楚國至此滅亡。

治史者說：我到陳地（今淮陽），訪問楚國的都城故跡。楚頃襄王二十一年，秦將白起攻陷楚國都城郢，楚國被迫遷都到陳。頃襄王過世，埋葬在陳，墓在今天的平糧台。楚考烈王得到春申君的幫助，從秦國亡歸楚國，在陳被立為王。韓王安遷徙死亡，昌平君反秦復楚，張良學習儀禮，張耳陳餘躲避追捕，這些名人往事，都發生在陳。到了陳勝起兵反秦，詐稱秦公子扶蘇和楚大將項燕復活，建立張楚政權建都於陳。七十餘年間，淮陽為什麼會成為天下的要地，時局的軸心呢？

到了我訪問商水，方才察明陳之陽城是陳勝的故鄉，陳勝或許是古陳國公族的後裔？陽城遺址在今扶蘇村，東面有扶蘇墓。昌平君是勾通秦國和楚國，連接扶蘇和項燕的人物，他在陳起兵反秦復楚的往事，也還能夠尋找得到留蹤遺跡嗎？

秦滅六國，順從了天意。六國抗秦，也是人情使然。昌平君身兼秦楚兩國王室貴胄，難以跨越離合兼併的亂世，免不了在秦楚兩國間猶疑。他在天意和人情之間浮沉，在父親的楚國和母親的秦國之間游移，以在秦國建功立業開始人生，以回到楚國救亡稱王結束生命，難道不正是時勢造就的人物，命運的一種自然歸宿嗎？

昌平君年表

年代	年齡	事件
秦昭王三十六年	1歲	生於咸陽。
秦昭王四十四年	9歲	熊元亡歸楚。熊啟與母俱留秦。
莊襄王元年	23歲	開始進入秦國政界。
秦王政元年	26歲	成為輔佐年幼的秦王的大臣之一，受封為昌平君。
秦王政九年	34歲	擔任御史大夫。嫪毒之亂爆發時，與相國呂不韋一道受命鎮壓叛亂。
秦王政十年	35歲	呂不韋免相，昌平君出任丞相。
秦王政十二年	37歲	監造「十二年丞相啟顛戈」。
秦王政十七年	42歲	監造「十七年丞相啟狀戈」。
秦王政二十一年	46歲	免相出京，遷徙到郢陳。
秦王政二十二年	47歲	起兵反秦於郢陳，大破李信軍。
秦王政二十三年	48歲	項燕立昌平君為楚王，反秦於淮北。
秦王政二十四年	49歲	軍敗死。楚亡。

附錄五　焚書坑儒，半樁偽造的歷史

歷史，像是一個說故事的評書場。為名人說故事。千百年來，許多人圍繞著秦始皇編造了一個又一個故事，真假參半，添油加醋。他的家世，被塗抹得陰暗淫亂。說他的父親是呂不韋，一個出身於外國的大商人，說他的母親養面首生孩子，發動政變要奪秦王的權。他的為人，被渲染得暴虐恐怖，說他的聲音如同豺狗，內心如同虎狼，說他焚書坑儒，滅絕文化。

近年來，我著手考察秦始皇的歷史，追究秦始皇的故事，清理有關秦始皇的傳聞和神話，隨著清查工作的進程，兩千年來燒得通紅的虛火漸漸熄滅，冷澈透明的真相一一浮現出來。呂不韋不是他的父親，她的母親也不曾想要奪他的權。他有第一流的遺傳基因，相貌堂堂，行動敏捷。他聽信了老鼠丞相李斯的壞主意，確是下了焚書令，但是，他不反儒，也未曾坑埋儒生。不但沒有坑埋儒生，說他坑埋了四百六十名方士的故事，也是編造的謊言。現在看來，有關秦始皇的一生，多半要推倒重來。

焚書可靠，坑儒可疑

焚書的事情，詳見於《史記・秦始皇本紀》。紀事說：

秦始皇三十四年，在咸陽宮的酒席宴上，博士們之間發生了爭論，爭論的主要分歧，在於秦政府是否應當以歷史傳統為師，修正全面實行郡縣的政策。秦始皇將這個問題下到朝廷會議繼續討論。在廷議的討論中，一貫主張全面郡縣制的丞相李斯，大力強調薄古厚今，進而提出了焚書的建議。李斯的建議，被秦始皇採納，作為法令，頒布執行。

焚書這件事情，是秦帝國君臣間經過議論後，頒發並執行重大政令的政治事件。《史記》的紀事中，時間、地點、人物、事情都有明確的交代，焚書詔令的產生和下達的也符合秦代政令的程序，文本的信用度相當高。深入追究下來，這件紀事，司馬遷是根據《奏事》這部書寫成的。《奏事》是記載秦國大臣的上奏文和名山刻石的史料集，是可信的第一手史料。從而，焚書，作為歷史事實，可以說是鐵板釘釘，古今中外，沒有人去冒傻氣瞎質疑，浪費時間精力。完全可以斷言論定，《史記・秦始皇本紀》中關於焚書的記載，是可靠的信史。

坑儒的事情，也見於《史記・秦始皇本紀》。然而，對照之下，坑儒的紀事，很像是一段起伏跌宕的故事，事情起於秦始皇求仙求藥的個人喜好，變化於方士們的不滿脫逃，突變於秦始皇的一怒之間，進而牽連到公子扶蘇的命運。這段紀事，作為傳聞故事來閱讀，作為野語村言來賞析，固然是不錯的文學作品，作為歷史紀事來看，卻是相當不靠譜，到處都是欲蓋彌彰的漏洞。我們不妨一一挑出來看看。

「坑儒」疑點一：受害者稱謂的奇怪變化

晚年的秦始皇懼怕死亡，他的主要心思，都放在追求長生不老上，這是坑儒事件的起源。

在古代中國，修煉長生不老之術，提煉仙丹仙藥的人，被稱為方士。方士是古代的氣功師，也是古代的化學家，在思想流派上與道家息息相關。為了迎合秦始皇的喜好，大量的方士被召集到秦始皇身邊，進進出出，數量有三百人以上。其中，最有名的有徐福、侯生、盧生和韓眾等人，他們受到秦始皇的禮遇厚賞，四處為秦始皇尋找不老的仙藥。

仙藥哪裡找得到？盧生和侯生等一幫方士們，實在是有些玩不轉了，於是串通起來，一起大逃亡。這是坑儒事件的導火線。《史記・秦始皇本紀》記載由此引爆的坑儒事件說：

> 始皇聞亡，乃大怒曰：「吾前收天下書不中用者盡去之。悉召文學方術士甚眾，欲以興太平，方士欲練以求奇藥。今聞韓眾去不報，徐市等費以巨萬計，終不得藥，徒奸利相告日聞。盧生等吾尊賜之甚厚，今乃誹謗我，以重吾不德也。諸生在咸陽者，吾使人廉問，

或為訞（妖）言以亂黔首。」於是使御史悉案問諸生，諸生傳相告引，乃自除。犯禁者四百六十餘人，皆阬（坑）之咸陽，使天下知之，以懲後。

這段紀事說，秦始皇聽說方士盧生和侯生逃亡以後，大怒說道：「我沒收天下的書籍，將其中沒有用的通通清除。廣泛召集了很多文學、方術之士，希望由此振興太平，讓方士們尋求仙藥。現在了解到韓眾逃亡不歸，徐福等人的耗費數以億計，末了還是得不到仙藥，傳來的都是相互告發謀利圖私的消息。對待盧生等人，我不但尊重，而且賞賜甚厚，現在反而誹謗我，以此加重我的不德。對於在咸陽的諸生，我派人查問，其中有人製造妖言，惑亂百姓。」於是派遣御史一一審問諸生，諸生們相互告發以解脫自己。犯禁違法的有四百六十餘人，全部在咸陽活埋，讓天下都知道，以懲戒後人。

上面的紀事，就是所謂坑儒事件的第一文本，千百年來有關坑儒的種種故事議論，都是從這段紀事生發出來的。下面，我請大家仔細閱讀這段文本，在閱讀的時候，請注意下面的疑點。

在坑儒事件中具體提到名字的人都是方士。侯生和韓眾，韓國出身的方士。徐市，就是徐福，齊國出身的方士。盧生，燕國出身的方士。這些有名有姓的方士多年出沒在秦始皇身邊，糊弄秦始皇，終於引發了秦始皇的怒氣，當然地成了坑儒事件的打擊對象。

但是，當秦始皇大怒時，被譴責的對象由方士變成了「文學方術士」。「方術士」，就是方士。「文學」，就是文學之士，可以泛稱博學善文的人，也可以用來指稱儒學之士。不過，我提請大家注意的是，這裡提到的文學，沒有一個有真名實姓，都是含含混混，一筆帶過的。

進而，到了這段文字的下半段，文學方術士被變更成了「諸生」。諸的意義是多，生的意義是學生，諸生的字面意義，是多位學生，後來往往用來指學習經書的儒生。以「諸生」取代「文學方術士」，淡化了方士，強化了儒生，當然，這種濃淡之間的人為塗抹，畢竟還是有些偷偷摸摸，是在隱晦處進行的。

「坑儒」疑點二：誰添加的說明？

在《史記・秦始皇本紀》中緊接著這段紀事的，是公子扶蘇登場勸諫秦始皇不要重罰儒生的紀事。這段紀事的原文是這樣的：

> 益發謫徙邊。始皇長子扶蘇諫曰：「天下初定，遠方黔首未集，諸生皆誦法孔子，今上皆重法繩之，臣恐天下不安，唯上察之。」始皇怒，使扶蘇北監蒙恬軍於上郡。

這段紀事說，於是益發徵調罪人徙邊。始皇帝的長子扶蘇勸諫道：「如今天下剛剛安定，遠方的百姓尚未歸附，諸生都是誦讀和師法孔子的人，如今父皇以重法懲處他們，兒臣擔心天下不安，望父皇明察。」秦始皇怒氣上來，派遣扶蘇到上郡蒙恬軍中去做監軍。

非常明顯，這段紀事是作為有關坑儒事件的一條重要補充而添加上去的。按照常理講，坑儒事件起源於方士，扶蘇勸諫秦始皇，話當從方士求藥開始，奇怪的是他沒有提及這些，而是突如其來地扯到諸生，而且，他話裡的諸生，意義變得非常明確了，就是誦讀和師法孔子的儒生。看得出來，扶蘇這句話，明顯的是一句掐頭去尾，有意圖地剪裁歷史的話。這句話，不像是為了勸諫秦始皇說的，倒像是為說明諸生就是儒生而說的。如果沒有這條添加的說明，秦始皇坑埋的是儒生這件事情就站不住腳。

為了便於大家識破真相，我將上述資料中坑儒事件受害者的稱謂變化做了一個整理如下：1.方士——2.文學方術士——3.諸生——4.「皆誦法孔子」的儒生。體察這種變化，難免不使人對這段紀事的真實性產生懷疑，隱約感覺到在這段文字的背後，有一隻暗藏的黑手，巧妙地偷換了歷史的內容？

「坑儒」疑點三：受害者處刑的奇怪

根據前一段紀事，秦始皇大怒以後，下令將這批文學方術士，交給了御史處置，「於是使御史悉案問諸生」。御史，或者是指負責監察的御史，也可以是御史大夫的略稱。御史大夫是副丞相，法務在其職責內，御史們都歸他管轄，他們辦公的地方，叫做御史台。

按照秦國的制度，文學方術士們交由御史處置，他們將接受嚴格的法律審判。根據秦始皇怒氣中口述的罪名，他們將被定以「妖言」的罪名，處以腰斬之刑。從記載的結果來看，他們是被活埋處死的。然而，根據我們已經了解得比較多的秦漢法律，特別是近年來出土的大量法律文書來看，死刑沒有活埋處死的律文和案例。在秦漢歷史上，活埋處死，僅僅出現在殘酷的戰爭中，而且，往往是作為受到譴責的暴行被記載下來的。有名的比如，秦國大將白起活埋趙國四十萬戰俘，項羽活埋秦國二十萬降卒。由此看來，編造這段故事的人對於法律不太專業，留下了作偽的馬腳？

「坑儒」疑點四：殺了小鬼，放了閻王

活躍於秦始皇身邊的方士大約有三百人之多，其中有名有姓者有五人，韓眾（終）、侯生、盧生、石生和徐福（市）。他們都曾經受到秦始皇的禮遇和厚賞，積極為秦始皇尋找仙人和仙藥。侯生，韓國人。盧生，燕國人。徐福，齊國人。韓眾和石生，出身不詳。

在所謂的坑儒事件中，方士盧生、韓眾和侯生等逃亡，沒有受到法律的制裁，從此下落不明。石生也是沒有了消息。徐福是與韓眾和侯生等一起直接受到秦始皇譴責的人，指名道姓，罪行最

重。奇怪的是，徐福並沒有受到事件的影響，他沒有逃亡，也沒有受到法律的追究，他逍遙法外，一直在琅邪台愉快地生活，繼續為秦始皇尋找永遠找不到的仙藥。

根據《史記・秦始皇本紀》的記載，就在坑儒事件的第二年，也就是秦始皇三十七年，秦始皇第五次巡遊天下，又來到了琅邪台，再一次與徐福相見。秦始皇不但沒有將徐福繩之以法，反而再一次聽信徐福的巧語花言，乘船下海射大魚，親自動手清除妨礙仙人仙藥出現的障礙。由此看來，在所謂的「坑儒」事件中，被坑的都是名不見經傳的無名小鬼，罪大惡極的四名閻王，不是逃亡就是安然無恙，這種名不符實的結局，實在是使人懷疑秦始皇是否坑埋過方士？至於將這件事情說成是「坑儒」事件，可以肯定是別有用心的編造。

「秦始皇坑術士」——方士們編造的故事

遍查《史記》以前的文獻，都沒有提到過秦始皇坑方士的事情。

賈誼是活躍於漢文帝時代的政論家，他撰寫《新書・過秦論》專門討論秦始皇和秦政失敗的原因，他在該文中對秦始皇焚書一事多次予以嚴厲的批評，對於坑方士的事情，完全沒有提到。

淮南王劉安活躍於武帝初年，他主編了《淮南子》一書，對於道家很是推崇。董仲舒是獨尊儒術的發案者，他著有《春秋繁露》一書，是儒家的經典。這兩個人，都比司馬遷老，這兩本書，都比《史記》早，都沒有說過秦始皇曾經坑埋過方士。

根據我最新的調查結果，坑方士這件事情，本是一段流傳於西漢初年的歷史故事，這段故事的原型，見於《說苑・反質》篇。這篇故事，比《史記・秦始皇本紀》所載的故事更完整，更生動，更好聽，典型的一條街談巷語，道聽塗說的秦始皇段子。這條段子的前半段大體同於《史記》坑方士的紀事，在這條段子的後半段中，逃亡的方士侯生被抓住了，秦始皇親自升堂審問，準備痛斥後處以車裂的酷刑。結果呢？這位侯生大人，臨危不懼，正義凜然，他口若懸河，對怒氣沖沖的秦始皇來了一段長篇說教，直說得秦始皇先是默然不語，繼而覺悟動搖，最後感嘆悔過，釋放了侯生。一派為方士臉上貼金的野語村言。

司馬遷是嚴謹的歷史學家，他口風緊，不亂編故事，但是，他耳朵長，愛聽故事。他編撰《史記・秦始皇本紀》，主要使用秦國政府的紀錄、奏事詔令和石刻等資料，這些都是比較可靠的史料。不過，這些史料比較枯燥，缺少故事文采。為了使紀事更加豐滿而有血有肉，司馬遷也在戰國以來流傳的歷史故事中選取了一部分材料添加進去，這些故事生動有趣，精采動人。但是，這些動人故事的可信性比較低，有些純屬超時空的天方夜譚，坑方士的紀事，就是其中之一，屬於不可信的一個。

司馬遷是有思想有獨立人格的歷史學家，《史記》是私家著作。司馬遷編撰《史記》，有自己的著作宗旨和編撰意圖。他寫《史記》的時候，正是漢武帝熱衷於信神求仙，方士們再次大紅大紫的時期。被方士們捉弄得神魂顛倒的漢武帝，腦子進了水，鬧得家國不寧，一時間想要去國離鄉，捨棄妻子兒女，昇天成仙。司馬遷看不慣這些荒唐事情，又不能明說，他於是在《史記》中採用秦始皇坑方士的故事，借古諷今，諷喻漢武帝如同秦始皇一樣偏執迷信，也譴責和警告那些裝神弄鬼的方士，你們早晚也要如同秦始皇坑方士一樣被坑埋，所以，他截取了方士們被坑的上半段，捨棄了侯生教育秦始皇的下半段。想來，因為偏愛選用這個故事的意義，對於這個故事的真偽，他沒有做嚴格的鑑定。

焚書坑儒：儒生們製造的二次八卦

秦始皇坑儒，是一個比坑方士更荒唐的二次八卦。這個八卦，是儒生們改編坑方士這個假故事加工製造出來的，改編的年代是東漢，加工的方法比較高明，將真焚書和假坑方士合為一體，混為一談，渾水中再將被焚的諸種書籍偷換成儒家的經書，將被坑的方士偷換成讀經書的儒生。

考察西漢一代，焚書坑儒這個用語還沒有出現。方士們編造秦始皇坑方士的故事，本來是為了美化自己，告誡誅殺方士的帝王終究是要後悔的。這個假故事，渲染一種宗教的獻身精神，方士們以生命的付出，換來了正義的榮光。不過，在西漢時代，對於方士們自編自敘，津津樂道的這個故事，其他各派人士大都不以為然，甚至有一種幸災樂禍的痛快感。漢武帝以來，繼方士之後興起的儒生們，開始也持同樣的態度，並沒有想到接手這個故事，來一番冒名頂替的改造。

經過王莽之亂，東漢建國，中興之君光武帝喜好經術，二代明帝，三代章帝一脈相承。儒學成了國教，儒家的經典有了朝廷的欽定，解釋經典的傳文，也有了官方的認可，上行下效之下，掀起一陣改造歷史，附和經書的風潮。衛宏是活躍於光武帝時代的儒學經師，他為欽定的儒家經典作序，在《詔定古文官書》中將秦始皇坑方士的故事做了偷梁換柱的改造。在這個改造的故事中，本來沒有的坑儒地點，正式確定在始皇陵南面的驪山陵谷，就是後來傳說的坑儒谷。坑埋的時間也更具體了，是在冬天。情節更為詳細，陰謀十分明顯，因為坑儒谷有溫泉，冬天種瓜結了果，藉怪異出現之事，使套子騙儒生們去考察議論。坑埋的方法有了改進，先射死，後填土。被坑埋的儒生數量也增加到七百人，不僅有諸生，而且加進了博士。改造的細節，處處露出東漢的實情的馬腳，改造的宗旨，是要將儒生們塑造成殉教的聖徒。

歷史被改造以後，儒生們又根據新的歷史製造新的名詞。班彪活躍在東漢初年，《漢書》是他與兒子班固，女兒班昭的共著，遵從官方的旨意，供奉經學為正統。《漢書．五行紀》數落秦始皇的暴政，「燔詩書，坑儒士」開始同時並舉。再經過精煉提取，「燔書坑儒」，作為一個四字專用名詞，出現在《漢書．地理志》中。從此以後，燔書坑儒——焚書坑儒，作為一個漢語常用詞彙，作為一個「歷史事實」，作為一個文化觀念，應運生發出來。

讓秦始皇繼續將黑鍋背下去？

我們現在所讀的《史記・秦始皇本紀》，是東漢明帝以後的版本，經過東漢的儒生和正統史家們的添加和竄改，已經不是司馬遷當年寫的樣子。不明白這一點，不但書讀不懂，秦始皇也永遠讀不懂。我前面說有關秦始皇的一生，多半要推倒重來，有一半的理由在這裡。

焚書坑儒，究竟是歷史還是八卦？至此可以做一個簡單的總結：焚書可信，斷無可疑。秦始皇坑方士，本來是方士們編造的假故事，編造的時間在西漢初年，一不小心，被司馬遷寫進了《史記》。到了東漢初年，儒家的經師們將焚書改造成了焚經書，將坑方士改造成了坑儒生，他們不但將被坑埋的假紅帽子搶來戴在頭上，以未曾支付過的犧牲騙取道德的榮光，而且私下裡偷偷做了手腳，將《史記》的相關記載按照自己的意圖做了相應的修改。

從此以後，坑儒的謊言變成歷史，焚書坑儒這個真假參半的合成詞，變成一種文化符號。這個文化符號，藉譴責專制暴君，譴責文化暴行之名，將儒家經典抬舉為聖經，將儒生抬舉為殉教的聖徒。因為這個文化符號，秦始皇背了兩千年的黑鍋。

諸子百家是中國文化的源頭和根本，是人類脫離鬼神迷信之後的東方理性覺醒，其豐富的內涵和無限的可能，先被政治專制的焚書打斷，後被文化統治的尊儒閹割，從此偏離多元的方向，失去了自由與活力。焚書，是赤裸裸的文化暴行，易於識破，危害有限。尊儒，是陰慘慘的文化收買，迷惑人心而危害深遠，更需要理性而明智的警覺。

法國寓言家拉封丹說，人對真理是一塊冰，對謊言是一團火。如果對坑儒這個謊言一定較真，焚書坑儒這個漢字的常用詞將分解，坑儒將被認定是尊儒的幫襯，兩千年來數不清的史籍文獻要修訂，無數的高談闊論要收斂。而今眼下，中國的歷史教科書、日本的歷史教科書、韓國的歷史教科書、世界的歷史教科書都要改寫？

……

麻煩大了去，還是讓秦始皇繼續將黑鍋背下去嗎？

參考論著舉要

著書

王輝，《秦出土文獻編年》，台北，新文豐出版公司，二〇〇〇。
向宗魯，《說苑校證》，北京：中華書局，一九九一。
李開元，《秦崩：從秦始皇到劉邦》，台北：聯經出版，二〇一〇。
金谷治，《秦思想史研究》，東京：日本學術振興會，一九六〇。
金春峰，《漢代思想史》，北京：中國社會科學出版社，一九八七。
馬非百，《秦集史》，北京：中華書局，一九八二。
梁玉繩，《史記志疑》，北京：中華書局，一九八一。
冨谷至，《秦漢刑罰制度の研究》，東京：同朋社，一九九八。
——編，《東アジアの死刑》，京都：京都大學學術出版會，二〇〇八。
楊寬，《戰國史》，上海：上海人民出版社，一九九八。
——，《戰國編年史料輯證》，上海：上海人民出版社，二〇〇一。
藤田勝久《史記戦国史料の研究》，東京：東京大學出版會，一九九七。（中文本：曹峰、廣瀨薫雄譯，《《史記》戰國史料研究》，上海：上海古籍出版社，二〇〇八。）

藤田勝久，《項羽と劉邦の時代：秦漢帝国興亡》，東京：講談社，二〇〇六。

論文

尹在碩，〈睡虎地秦簡和張家山漢簡所反映的秦漢時期後子制和家系繼承〉，收入中國社會科學院簡帛研究中心編，《張家山漢簡《二年律令》研究文集》，桂林：廣西師範大學出版社，二〇〇七。

田鳳嶺、陳雍，〈新發現的「十七年丞相啟狀」戈〉，《文物》，一九八六年三期。

西嶋定生，〈嫪毐の乱について〉，《中国古代国家と東アジア世界》，東京：東京大學出版社，一九八三。

李開元，〈說趙高不是宦閹——補《史記》趙高列傳〉，《史學月刊》，二〇〇七年八期。

——，〈秦王「子嬰」為始皇弟成蟜子說〉，《秦文化論叢》第十四輯，二〇〇七年十月。

——，〈末代楚王史跡鉤沉——補《史記》昌平君列傳〉，《史學集刊》，二〇一〇年一期。

——，〈「十七年丞相啟狀戈」之「啟」為昌平君熊啟說〉，《秦漢研究》第四輯，二〇一〇年。

李零，〈楚國族源、世系的文字學證明〉，《文物》，一九九一年二期。

邢義田，〈秦或西漢初和奸案中所見的親屬倫理關係——江陵張家山二四七號墓〈奏讞書〉簡180-196考論〉，收入柳立言主編，《傳統中國法律的理念與實踐》（中央研究院歷史語言研究所會議論文集之八），台北市：中央研究院歷史語言研究所，二〇〇八。

胡正明，〈「丞相啟」即昌平君說商榷〉，《文物》，一九八八年三期。

容庚，〈詛楚文考釋〉，《古石刻零拾》，考古學社，一九三四。

徐剛，〈衛宏《古文官書》考述〉，《中國典籍與文化》，二〇〇四年四期。

商水縣文物管理委員會，〈河南商水縣戰國城址調查記〉，《考古》，一九八三年九期。

郭沫若，〈詛楚文考釋〉，收入郭沫若著作編輯出版委員會編，《郭沫若全集》第九卷，北京：科學出版社，一九八二。

彭適凡，〈秦始皇十二年銅戈銘文考〉，《文物》，二〇〇八年五期。

黃盛璋，〈雲夢秦墓出土的兩封家信與歷史地理問題〉，《歷史地理論集》，北京：人民出版社，一九八二。

楊寬，〈秦〈詛楚文〉所表演的「詛」的巫術〉，收入《楊寬古史論文選集》，上海：上海人民出版社，二〇〇三。

——，〈馬王堆帛書《戰國縱橫家書》的史料價值〉，收入《楊寬古史論文選集》，上海：上海人民出版社，二〇〇三。

藤田勝久，〈馬王堆帛書『戦国縦横家書』について〉，收入佐藤武敏監修，工藤元男、早苗良雄、藤田勝久譯注，《馬王堆帛書　戦国縦横家書》，京都：朋友書店，一九九三。

秦謎：秦始皇的祕密

2010年10月初版 定價：新臺幣360元
2018年9月初版第十一刷

著者	李開元
叢書主編	胡金倫
	簡美玉
整體設計	江宜蔚

出版者	聯經出版事業股份有限公司	總編輯	胡金倫
地址	新北市汐止區大同路一段369號1樓	總經理	陳芝宇
編輯部地址	新北市汐止區大同路一段369號1樓	社長	羅國俊
叢書主編電話	(02)86925588轉3932	發行人	林載爵
台北聯經書房	台北市新生南路三段94號		
電話	(02)23620308		
台中分公司	台中市北區崇德路一段198號		
暨門市電話	(04)22312023		
郵政劃撥帳戶第0100559-3號			
郵撥電話	(02)23620308		
印刷者	文聯彩色製版印刷有限公司		
總經銷	聯合發行股份有限公司		
發行所	新北市新店區寶橋路235巷6弄6號2F		
電話	(02)29178022		

行政院新聞局出版事業登記證局版臺業字第0130號

本書如有缺頁，破損，倒裝請寄回台北聯經書房更換。 ISBN 978-957-08-3652-3 (平裝)
聯經網址 http://www.linkingbooks.com.tw
電子信箱 e-mail:linking@udngroup.com

繁體中文版由中華書局授權出版

國家圖書館出版品預行編目資料

秦謎：秦始皇的祕密/李開元著．初版．
新北市．聯經．2010年9月（民99年）．
400面．14.8×21公分．參考書目：3面
ISBN 978-957-08-3652-3（平裝）
[2018年9月初版第十一刷]
1.秦史

621.9 99013936